기업지배구조, 회계
그리고 ESG

: 기업지배구조를 넘어 ESG 시대로

기업지배구조, 회계 그리고 ESG

: 기업지배구조를 넘어 ESG 시대로

초판 1쇄 발행 2022년 6월 27일
초판 4쇄 발행 2023년 9월 27일

지 은 이 안홍복, 류지호, 이미숙, 김훈태
펴 낸 이 신일희
펴 낸 곳 계명대학교 출판부
출판등록 제347-1998-1호(1970. 9. 1)
주 소 대구광역시 달서구 달구벌대로 1095
대표전화 053-580-6233
팩 스 053-580-6235
홈페이지 www.kmupress.com

ISBN 979-11-6516-143-9 93320 정가 24,000원

기업지배구조, 회계 그리고 ESG

: 기업지배구조를 넘어 ESG 시대로

안홍복, 류지호, 이미숙, 김훈태

계명대학교 출판부

서문

본서 "기업지배구조, 회계 그리고 ESG"는 패러다임의 전환기에 있는 기업경영의 현 상황을 제대로 이해하는 데 필요한 세 가지 주제인 "기업지배구조, 회계 그리고 ESG"에 대한 독자의 이해를 돕기 위해 출간되었다. 부제 "기업지배구조를 넘어 ESG 시대로"에서 알 수 있듯이 기업경영은 기존의 경제적 가치 중심 회계에서 ESG라는 사회적 가치까지 포괄하는 회계의 시대로 전환하고 있다. 제도적 측면에서 ESG라는 사회적 요구를 수용하기 위해 IFRS를 비롯한 글로벌 기구들이 세계적 수준에서 협의를 진행하고 있다.

우리는 '무엇'이 있기 이전(before)과 이후(after)로 구분하여 역사를 바라보는 관점에 익숙하다. 올해는 AD 2022년으로 예수가 탄생한 지 2022년째를 맞이하였다. 최근에는 코로나 이전과 이후를 기준으로 사람들의 생각과 행동이 크게 달라져서 사회 트렌드 변화를 예측하는 사람들은 BC(Before Corona)와 AC(After Corona)로 표현하기도 한다. 이전과 이후를 나누는 기준이 의미가 있으려면, 그 '무엇'이 미친 영향이 뚜렷해야 한다. 예수가 인류 역사에 미친 영향은 그만큼 컸기 때문에

서양의 종교 지도자가 전 세계 달력 표준으로 자리 잡은 것이다.

인류가 생겨나서 지금까지 생존해 오면서 이룩한 발전, 그 속도가 최근 몇백 년만큼 급속했던 시대는 없었다. 발전속도가 가속화하는 데 여러 가지 요인이 영향을 미쳤지만, 그중 가장 강력한 하나는 기업이 아닐까 한다. 즉 기업이 탄생한 이전과 이후로 인류의 경제적 발전 속도는 완전한 달라졌다. 특히 현대적 의미의 주식회사가 탄생하면서 인류의 삶은 완전히 달라졌다. 그래서 기업은 인류 최고의 발명품 중 하나라는 이야기까지 듣고 있다.

기업이 탄생하기 전에는, 한 국가의 왕이라 할지라도 "원하는 사람과 원하는 시간"에 소통하는 것은 불가능했다. 현재 지구상에 존재하는 거의 대부분의 사람은 핸드폰을 사용하여 "원하는 사람과 원하는 시간"에 소통할 수 있다. 기업은 수도와 전기를 공급하여 누구나 편리하고 청결한 생활을 가능하게 했을 뿐만 아니라, 세계여행을 보통사람들도 즐길 수 있는 경제적인 상품으로 만들었다. 기업은 누구의 도움도 받지 않고(기업은 정부처럼 세금을 징수하거나, NGO처럼 기부금을 받지 않음) 개인의 불편이나 사회의 문제를 "지속가능한 형태"(단, 수익이 창출되어야 함)로 해결해 왔다. 기업은 미처 우리가 인식하지 못했던 불편까지 찾아서 시장을 만들고, 새로운 비즈니스 모델을 창조하는 방식으로 해결해 오고 있다.

공산주의가 왜 실패했을까? 대부분 실패했던 공산주의 혹은 사회주의 경제 중에서 중국은 어떻게 부활하였고, 세계 경제의 중심으로 재진입할 수 있었을까? 그 중심에는 강력한 경쟁력을 지닌 기업들이 자리 잡고 있음을 부정할 수 없을 것이다. 인간의 끝없는 욕망을 기반으로 성장하는 기업이 없었다면 글로벌 경제 생태계는 번성할 수 없었을 것이다. 정부의 역할이 더 중요하다고 주장할 수도 있다. 그러나 공산주의 국가에도 정부는 있었다. 다만, 끝없는 혁신과 경쟁력을 기반으로 글로벌 시장을 지배하는 기업은 존재하지 않았다. 기업이 끝없는 혁신과 경쟁력을 발휘하기 위해서는 제도적 기반이 중요한데, 그 핵심이 지배구조와 회계 시스템이다.

이처럼 현대 경제에서 기업의 역할은 아무리 강조해도 지나치지 않을 정도로 중요하다. 현재 지구상에 존재하는 중요한 사회적 문제들은 대부분 기업과 관련 있거나 혹은 기업이 개입하지 않으면 해결이 불가능하다고 할 정도이다. 기업이 어떤 역할을 담당하는가에 따라 인류의 지속가능성과 삶의 질은 완전히 달라진다는 생각은 착각이 아니다. 관건은 길 위를 총알처럼 달리는 자동차처럼, 기업 또한 어떻게 활용하는가에 따라 폭주하는 자동차가 될 수도 있고, 무한한 가치를 창출하는 도깨비 방망이가 될 수도 있다는 점이다. 지배구조와 회계 시스템이 제대로 작동하면, 기업은 올바른 방향으로 달릴 수 있다.

이 책에서 다루는 기업지배구조, 회계 그리고 ESG라는 주제는 과거, 현재 그리고 미래에 있어서 기업이 어떻게 역할해 왔고, 어떻게 역할하는 것이 바람직한 것인가를 고민할 때 반드시 알고 있어야 할 개념들이다. 주식회사는 다수 주주가 모여 특정한 목적을 달성하기 위해 만들어진다. 주주가 한 명 이상이고, 기업의 경영은 경영자를 비롯한 다수의 직원을 통해 이루어진다. 주주들은 경영자들이 원래의 목적에 부합하여 합리적으로 의사결정하고 있는지, 법적으로 이슈가 될 사업에 투자하지는 않는지 등이 궁금할 것이다. 그래서 이사회라는 지배구조를 통제 경영자를 감시하기 시작했고, 경영자는 회계시스템을 만들어 경영의 모든 과정과 성과를 투명하게 공개하기 시작했다.

최근까지 회계와 이사회 중심의 지배구조는 기업을 관리하는 가장 효과적인 시스템으로 인식되었다. 그러나, 기업이 탄생한 이후, 사회에 긍정적인 영향을 미치면서 사회는 경제적으로 풍요로워졌고 더욱 발전하면서 기업에 대한 사회의 요구 또한 증대되기 시작했다. 기업의 탄생 이후 돈을 투자한 주주가 회사의 주인이라는 관념하에 주주의 부를 극대화하는 것이 기업의 가장 중요한 목표라고 인식되었으나, 사회가 발전하면서 기업의 역할에 대한 사회의 기대 또한 변화되었다.

최근 ESG라는 용어가 경제 영역을 넘어 모든 영역으로 확산되고 있는 것이 이를 보여준다. 기업에 대한 사회적 요구는 경제적 가치를 넘어 환경, 사회 등 모든 영역으로 확대되고 있다. 거버넌스 또한 다양한 이해관계자의 요구에 부응하여 새롭게 변화되기를 요구받고 있다. 기업이 주주를 위한 경제적 이윤 창출에만 전념하는 경우, 지속가능성 관점에서 기업이 ESG 리스크에 직면할 가능성이 점점 커질 것이라는 주장이 힘을 얻고 있다. 기업은 지속가능해야 하는데, 경제적 성과는 과거 경영활동의 결과일 뿐이지 앞으로도 지속가능할 것인지는 설명할 수 없다는 것이다.

운전자가 차를 운전할 때는 전방의 도로 상황도 확인하고, 대시보드의 여러 계기판도 참고하며 백미러로 후방도 주시한다. 차가 목적지에 안전하게 도착하기 위해서는 전방 시야를 통한 도로의 상태를 정확하게 인식하는 것이 제일 중요하다. 마찬가지로 기업에 투자를 할 때, 재무성과만을 보고 투자하는 것은 백미러만 보고 운전하는 것과 같다고 비유할 수 있다. 그 기업의 ESG 관련 지배구조, 환경 관련성과, 사회적 기여도 등은 미래 기업의 지속가능성을 예측하는 기준이다. ESG를 고려하지 않는 것은 전방을 주시하지 않고 백미러만 보고 운전하는 것에 비유할 수 있다는 것이다.

기업지배구조, 회계에 더해서 ESG 또한 투자자라면 당연히 살펴봐야 하는 것이며 마땅히 기업은 ESG 관련 정보를 투명하게 공개할 것을 요구받게 되었다. 과거 기업이 행한 선한 기부나 공헌활동, 사회적 기여 행동은 모두 자발적인 차원에서 이루어진 것이고 이를 굳이 공개할 것을 요구받지도 않았다. 투자자가 명시적으로 요구해서 하는 것은 아니었다.

과거의 자발적 공헌활동과 지금의 ESG가 가장 대표적으로 다른 것 하나를 이야기하라고 한다면, 그것은 경제적인 영향이다. 즉 과거의 사회공헌에 대해 실천이나 그 성과를 공개하도록 강제받지 않았지만, ESG는 하지 않으면 안 되는 것이 되었다. ESG 관련 정보를 공개하지 않으면, 금융 조달 비용이 급격히 상승하거나 심지어는 자금조달이나 투자를 받는 것이 불가능한 세상이 전개되고 있다.

그렇다면 왜 투자자는 ESG를 중시하게 된 것일까? 이유는 너무도 간명하다. 자신의 경제적 가치를 가능한 오래 지키기 위해서이다. 블랙록과 같은 거대 글로벌 투자자들은 1년 혹은 2년이 아니라 10년, 20년, 30년을 보고 투자하기 때문에 자신이 투자한 기업의 미래 지속가능성을 가늠할 수 있는 ESG라는 요소를 보지 않으면 안 되는 시점이라는 것을 인식했다.

시간이 흘러 수십 년 후에는 ESG 이전과 이후로 나누어 기업경영을 이야기할 수 있는 시점이 도래할 것이다. 지금은 ESG를 새로운 규제로 생각하거나 하지 않을 방법을 고민하는 사람도 있겠지만, 르네

상스 시대에 만들어졌던 복식부기가 어느 순간 기업활동의 필수적인 언어인 회계로 자리 잡았듯이 ESG 또한 기업활동의 필수적인 언어로 자리 잡을 것이며 기업 경영의 방식을 완전히 새롭게 변화시킬 것이다.

본서를 통해 사회적 변화와 이에 적응하는 기업 경영, 그 핵심적인 요소인 "기업지배구조, 회계 그리고 ESG"에 대한 기본적인 개념을 조금이나마 이해할 수 있도록 돕고자 하는 것이 저자들의 바람이다.

마지막으로 본서는 저자들의 향후 출간예정인 ESG 시리즈 저서에 앞서 기본적인 개념 이해와 입문 성격에서 저술되었다. 따라서 ESG 경영을 보다 깊이 있게 이해하고자 하는 독자들에게 다음 시리즈 저서에서 ESG 경영에 관한 내용을 충실히 저술할 예정임을 미리 알려드리니 독자들의 지속적인 관심과 응원을 부탁드린다.

저자 일동

차례

서문 4

I부 기업지배구조

Prologue 14
기업 형태의 출현 15
소유와 경영의 분리 : 경영의 전문화 23
대리인 문제의 해소 방법 28
기업지배구조의 개념 33
기업지배구조의 구성요소 37
누가 기업을 지배하는가? 53
주주행동주의 60
우리나라의 재벌 기업지배구조 64

II부 기업지배구조와 회계

Prologue 72
기업지배구조에 기초한 회계연구의 동향 74
기업지배구조에 기초한 회계연구의 분류체계 78
2002년 이전 연구 관점 83
2002년 이후 연구 관점 : 글로벌금융위기와 유럽재정위기 86
2011년 이후 연구 관점 : 다차원 패러다임 91
기업지배구조의 내부원천 97
기업지배구조의 핵심구조인 감사위원회 107
기업지배구조의 의사결정권자인 경영자의 효용과 위험 122
기업지배구조의 통제관점-내부통제제도 129
이사회 138
회계실패의 경제적 효과 143
기업지배구조의 외부원천 144
규제, 법령, 외부자본시장 151
실무적 시사점 160

국내 기업지배구조 동향 164
새로운 시각 166
미래 연구 173

Ⅲ부 기업지배구조를 넘어 ESG 시대로

Prologue 186
ESG의 배경 187
ESG가 대세인가? 190
ESG의 중요 개념 191
ESG 환경(Environmental)요인 194
ESG 사회(Social)요인 194
ESG 지배구조(governance)요인 196
ESG 개념의 측정 197
ESG Framework 주요기관 199
순위제공기관(Rating Agency) 201
ESG 투자 204
ESG 투자를 움직이는 힘 206
ESG 투자의 추세와 전망 207
ESG가 재무적 또는 경제적 성과를 창출하는가? 209
ESG 경영체계 212
ESG 정보의 공시 제도 217

부록 ESC 경영 보고서 사례

넷플릭스의 2020 ESG 경영 보고서 224
Scotiabank의 2020 ESG 경영 보고서 252

REFERENCE 262
저자소개 310

I부
기업지배구조

Corporate governance, accounting and ESG

I부

기업지배구조

Prologue

거버넌스(governance)는 현재 가장 널리 사용되는 용어이다. 단어의 어원은 익히 알려진 바와 같이 라틴어인 구베루나레(gubernare) 즉, 조종을 의미한다. 고대 사회에서 바다는 그 어떤 곳보다 변화와 신비가 가득한 곳이고, 미지의 세계였다. 이러한 곳을 여행하는 배의 경우 수많은 난관과 어려움이 항상 존재하였고, 이러한 절대절명의 순간 누가 배의 키를 쥐고 있는가는 선원 전체의 운명을 결정하는 문제이다, 따라서 배의 조종권인 키를 조종한다는 의미는 그 배의 모든 운명을 결정한다는 의미와 동일어가 되는 것이다. 배의 조종권은 따라서 배의 항해권, 선원의 생명결정권, 운송화물에 대한 책임, 선주에 대한 의무 등을 모두 포괄하는 용어라 할 수 있다. 이것이 현대 사회의 기업 운영에 있어서 다양한 이해관계자의 재산과 이윤을 책임지는 부분을 지칭하는 용어로 변형되어 사용되고 있다.

전통적인 기업지배구조 개념인 주주 중심의 관점은 점점 오늘날 그 논리적 근거와 권위를 잃어 가고 있다. 최근 기업지배구조의 관점은 주주의 이윤 극대화라는 전통적이고 보수적인 주장을 넘어 기업의 지속가능성을 바탕으로 한 모든 이해관계자의 가치를 반영하는 포괄적이고 광의적인 "매트릭스 자본주의" 관점으로 확장되고 있다. 따라서 본 저서는 기업지배구조의 역사적 배경과 기본적인 개념, 그리고 이론적 체계 및 다양한 관점에서의 주장들을 살펴봄으로써 현대 기업의 변화에 대한 본질적인 이해를 도모하고자 한다.

기업 형태의 출현

기업지배구조 개념을 본격적으로 논의하기에 앞서 자본주의의 근간을 이루고 있는 기업 형태가 왜 출현하게 되었는지에 대해 살펴봄으로써 기업지배구조 개념이 등장하게 된 역사적 배경을 이해할 수 있다. 기업은 이윤을 창출할 목적으로 인적자원과 물적자원을 결합하여 재화나 서비스를 생산하거나 유통하여 고객에게 제공하는 조직 형태라 할 수 있다. 그런데 기업 형태의 사업조직이 왜 만들어진 것일까? 왜 존재하게 된 것일까? 단순히 이익 창출이라는 이유만으로는 기업의 출현 이유를 설명하기에 뭔가 부족하다[01].

이 문제에 대한 최초의 근대적 논의는 Adam Smith(1723~1790)의 "국부론(Wealth of Nation)"(1776)에서 찾아볼 수 있다. 그는 "국부론"에서 당시 "동인도회사"라는 분업화(division of labor)된 사업조직으로서의 기업 형태를 설명하였는데, 기업 형태가 생산성을 향상시키고 경제활동의 효율성을 제고시킴으로써 인류의 경제 성장에 크게 기여하였다. 당시 영국 동인도회사(1600~1874)는 말레이제도와의 교역을 목적으로 설립되어 점차 인도, 중국과 교역하는 기업으로 발전하였다. 이러한 바닷길을 개척해 가며 교역을 하는 비즈니스의 경우 투자위험이 상당히 크므로 다수의 투자자를 모아서 위험을 분산하는 주식회사 형태가 나타났다. 특히, 17세기 초부터 인도네시아를 중심으로 말레이제도와 교역 사업을 주로 하였던 네덜란드 동인도회사(1602~1799)는 주주 유한책임(limited liability) 원칙과 주식양도 자유원칙, 법인격의 보호(corporate veil), 비용에 대한 세제혜택, 파산 등의 이점을 가지는 세계 최초의 주식회사 형태였는데[02], 소유와 경영이 분리되어 주식은 네덜란드 국민들에게 분산되어 보유되었다. 따라서 분산된 주식을 소유한 투자자들은 자신들을 대신하여 동인도회사를 경영할 수 있는 전문가를 필요로 하였다. 그러나 그는 주주들로부터 경영을 위임받은 경영전문가이었지만 주주들의 기대와는 달리 열심히 일하지 않고 또한 기업의 규

---

01 기업 형태의 사업조직이 왜 출현하게 되었는가에 대한 학자들의 연구 결과들은 기본적으로 다음에서 설명하는 주식회사의 기업 형태를 가정하고 있다. 이는 자본주의의 발전과 함께 주식회사가 가장 보편화된 기업 형태로 인식되기 때문이다.

02 주식회사 형태의 기업에게 다양한 혜택을 제공하게 된 것은 주식회사 형태가 재화와 서비스 생산에 있어서 가장 효율적인 형태로 이해되었기 때문이다.

모가 커질수록 통제하는 데 어려움이 발생한다는 점을 알게 되었다. 따라서 그는 주주와 경영자 간의 이해관계 충돌의 문제를 심각한 기업 경영의 문제로 인식하였기에 주식회사 형태는 향후 널리 확산되지는 않을 것으로 섣불리 예상하기도 하였다.

이후 본격화된 최초의 연구는 미시경제학의 대가이자 1991년 노벨경제학상을 수상한 Coase(1937)에 의해 이루어졌다. 그는 기업(firm)을 시장(market)과 비교하면서, 생산활동을 위한 자본, 인력 등의 생산요소를 구매(out-sourcing)를 통해 시장에서 거래할 경우 상당한 거래비용(transaction cost)이 발생하는 데에 비해 기업은 생산요소에 대한 복잡한 거래를 기업 내 내부화(in-housing)하여 상대적으로 적은 비용에 거래할 수 있기 때문에, 기업 형태를 혁신적인 시스템이라고 하였다. 즉, 기업은 조직 간 위계조직과 같은 계층(hierarchy) 관계와 보상체계를 갖추고 있어서 조직 내 구성원 간 이해관계의 충돌이 발생할 경우 이러한 계층 관계와 보상체계가 신속하고 효율적으로 갈등 문제를 해소시켜 줌으로써 최적의 생산 과정을 실현할 수 있는 관리적 효율성을 지닌다. 이에 비해 외부에서 생산요소를 거래하는 경우 경제주체 간 이해충돌이 발생하면 법적 절차 등을 통해 해결할 수밖에 없어 시간과 비용이 많이 발생하는 비효율의 문제가 있을 수 있다.

Alchain and Demsets(1972)는 기업의 계층 관계를 보다 현대적인 관점에서 연구하였다. 그들은 기업의 다양한 경제주체 간 계약을 체결토록 하고 다른 경제주체들이 계약을 충실히 수행하고 있는지를 감시하는 경제주체로서 주주(shareholder)의 역할을 강조하였다. 즉, 기업의 성과가 불확실한 상황에서 투자자인 주주는 경영성과에 따른 위험을 부담하기 때문에 위험부담자인 주주가 주요 의사결정권자가 되는 것이 가장 이상적이며 기업에 필요한 다양한 계약의 주체이자 감시자가 되어야 한다는 것이다. 만약 고정적인 이자를 받는 채권자나 고정적인 급여를 받는 근로자에게 주요한 의사결정을 맡길 경우 그들은 안정적인 사업만을 추진하고자 하는 경향을 가질 것이며 또한 기업의 지속가능한 성장을 위한 장기 계약을 주저할 것이며 위험자본의 조달을 시도하지 않으려고 할 것이다. 따라서 다른 경제주체보다 기업의 가치와 성과를 제고시키려는 유인을 가진다는 점에서 기업경영의 통제권 또는 경영권은 주주에게 귀속된다고 하였다.

이러한 주주의 역할에 대해 Chandler(1977)는 Adam Smith(1909)의 "보이지 않는 손"에 빗대어 기업 내에 "보이는 손(visible hand)"이 존재하여 기업의 효율성을 극대화한다고 주장하였다. 이를 보다 구체화하여 2009년 노벨경제학자 수상자인 Williamson(1985)는 경제주체들이 거래비용을 절감시키고 그로 인한 효율성을 나누기 위해 일종의 계약관계인 기업에 지속적으로 참여하게 되었다고 하였다. 또한 그는 시장이 갖고 있는 자율적인 조정 기능을 대신하여 기업지배구조를 기업 내부의 다양한 이해관계의 상충 문제를 완화시키고 계약 및 거래비용을 감소시키는 메커니즘이라 설명하였다. 이를 통해 기업의 "보이는 손"으로서 기업지배구조의 역할을 제기함으로써 기업지배구조 연구가 본격화되는 계기가 되었다.

이상의 연구 결과들을 종합하면 18세기부터 진행된 산업혁명으로 인해 나타난 생산기술의 발전과 그에 따른 사회적인 변화는 자본주의 경제의 확립을 가져왔다. 이후 경제 활동 주체들은 생산성을 향상시키고 경제 활동의 효율성을 제고하기 위해 경제 주체 간 분업화의 필요성을 느끼게 되고, 특히 동인도회사와 같은 투자위험이 큰 대규모 사업을 진행하면서 투자 위험을 분산시키는 동시에 대규모 자본을 확충하기 위해 주식의 분산 소유 형태로 소유구조의 변화를 꾀하게 되었다. 또한 시장에서 거래되던 생산 요소에 대해서도 거래 비용을 절감시키고 그로 인한 효용성을 나누기 위해 내부 거래를 할 수 있는 조직 형태를 필요로 하였다. 이와 같은 역사적 배경과 이유로 인해 기업 형태의 사업조직이 출현하게 되었다.

기업의 소유구조 형태

기업은 소유구조에 따라 개인기업(sole proprietorship), 파트너십(partnership), 그리고 주식회사(corporation)로 구분할 수 있다(Kim et al. 2009)[0304]. 개인기업은 개인에 의해 설립되고 소유된 기업 형태로써 가장

---

03 독일의 경제학자 R. Liefmann(1912)은 "Die Unternehmungsformen(기업형태론)"에서 기업의 소유와 경영의 관계에서 기업을 개인기업·회사기업(인위적 회사·자본적 회사)으로 분류하기도 하였다.

04 우리나라 상법 170조에 따르면 회사를 합명회사, 합자회사, 유한책임회사, 주식회사, 유한회사로 분류하기도 한다. "합명회사"는 2인 이상의 무한책임사원으로만 구성되어 법적으로 직접, 연대, 무한의 책임을 지는데, 합명회사의 사원은 각자 업무집행 및 회사대표의 권한을 갖고 있어 그 지분의 양도는 다른 사원 전원의 동의를 필요로 한다. "합자회사"는 무한책임사원과 유한책임사원으로 구성된 회사를 말하는 것인데, 유한책임사원은 회사채권자에 대하여 직접, 연대 책임을 지나 정관으로 정한 출자액 한도 내에서 책임을 진다. "유한책임회사"는 2012년 상법 개정에 따라 도입되었는데 회사 설립을 위해 직접 자본금을 투자한 1인 이상의 유한책임사원으로 구성되며 출자자인 사원이 직접 경영에 참여할 수 있다. 유한책임사원은 출자금액을 한도로 간접, 유한 책임을 지며 사원은 출자금에 상관없이 의결권을 하나씩 부여받는데 내부적으로 '조합'의 성격을 가지며 사모투자펀드, 세무회계법인, 창업 벤처기업 등에 적합하다. "유한회사"는 균등액의 출자로써 성립하는 자본에 대한 출자의무를 부담할 뿐 회사채권자에 대해 아무런 책임을 가지지 않는 사원만으로 구성된 회사인데, 주식회사와 비슷하지만 비교적 폐쇄적이고 비공개적인 형태를 가진다. 따라서 다국적기업의 현지법인이 대부분 유한회사에 해당된다. 상세한 내용은 상법 관련 서적을 살펴보기 바란다.

많은 수와 비중을 나타내고 있지만 자금 조달에 있어 제한을 가질 수 있고 소유주 개인이 무한 책임을 부담하게 된다. 파트너십은 소유주가 2인 이상 복수라는 점에서 개인기업과 차별화되는데 특히 파트너들의 능력을 결합하는 데 있어 큰 장점을 가진다. 예를 들어 법무법인, 회계법인 등이 대표적인 형태이다. 그러나 여전히 파트너들은 개인회사와 마찬가지로 무한 책임을 가진다.

이에 비해 오늘날 자본주의 경제하에서 가장 대표적인 기업 형태는 주식회사 형태라 할 수 있다. 개인기업이나 파트너십과 달리 주식회사는 법적 실체 그 자체이다. 따라서 개인기업이나 파트너십은 소유주의 생명과 은퇴 등에 따라 기업수명이 유한한 것을 가정하지만 주식회사는 그 자체로써 무한수명을 가정한다. 이와 같은 주식회사는 다음과 같은 장점들로 인해 자본주의 경제의 발전과 함께 보편화되었다.

첫째, 주식회사의 소유주인 주주는 투자한 지분 내에서만 출자 의무와 유한책임을 진다. 만일 기업에서 부도가 날 경우 채권자들은 오직 기업의 잔여 자산만을 대상으로 채권을 확보할 수 있지만, 채무에 대한 책임을 지지는 않는다. 즉, 주주들은 기업의 부도로 인해 투자 금액을 회수하지 못할 위험을 지지만 추가 출자 등의 의무를 부담하지 않는다.

둘째, 주식회사는 법적 소송에서 법적 실체로서 원고가 되거나 피고가 될 수 있다. 따라서 주주들은 기업의 법적 행위에 직접적인 관련이 없다면 이에 따른 책임 문제에서 자유로울 수 있다.

셋째, 개인기업과 파트너십은 기업 자체로서 세금을 납부하지 않고 소유주 또는 구성원들이 자신의 소득에 기반하여 세금을 납부한다. 그러나 주식회사는 소유주의 세금 납부와 상관없이 기업 자체가 세금을 납부해야 한다. 따라서 기업의 각종 세금 부담 문제에서 주주들은 자유로울 수 있으며 누진세 공제 등으로 절세와 다양한 보조금 등을 지원받을 수도 있다.

넷째, 주식회사는 다른 형태의 기업보다 상대적으로 자금을 조달하기 쉽다. 즉, 주식회사에서 추가적인 주식 발생을 통해 얼마든지 대규모 자본금 조달이 가능하고, 투자자들도 분산된 주식을 소규모로 투자함으로써 기업의 직접적인 자본 출자에 쉽게 접근할 수 있다.

다섯째, 주식회사는 자본 조달을 위해 소수의 주주만이 출자를 전담하여 투자위험을 감수하는 것이 아니라 다수의 주주들이 함께 출자하여 투자위험을 분산하여 부담할 수 있다.

이러한 특징들로 인해 기업의 창업자들은 사업확장을 위해 개인기업 또는 파트너십을 주식회사로 전환하기도 하고, 나아가 기업을 공개한 후 일반투자자 대상으로 주식을 공모함으로써 대규모의 투자를 유치할 수 있게 되었다.

한편 주식회사는 다음과 같은 단점을 가지고 있음을 인지해야 한다.

첫째, 주주의 입장에서 보면 이중과세의 문제가 제기될 수 있고 대표자의 독점적인 이윤이 보장되지도 않는다. 주식회사는 배당 전 세전 이익 기준으로 세금을 납부하며, 주주들은 기업으로부터 받은 배당에 대해서도 개인소득과 합산하여 세금을 납부하여야 한다. 그렇다면 주주들은 기업 이익에 대해 이미 세금을 납부하고 받은 배당임에도 불구하고 한 번 더 세금을 납부하는 이중과세에 해당된다.

둘째, 주식회사를 운영하려면 상대적으로 많은 관리 비용이 발생하며 신속한 의사결정이 어렵다. 예를 들면 외부감사 비용, 이사회 및 감사위원회 운영비용, 공시 및 사회적 책임 비용 등 개인기업이나 파트너십과 비교할 수 없을 정도의 운영 비용이 발생한다.

셋째, 주식회사는 다음 절에서 구체적으로 살펴보게 될 소유와 경영의 분리로 인한 대리인 문제가 심각하게 발생할 수 있다.

〈표 Ⅰ-1〉 기업의 소유구조 형태

구분 / 형태	소유주	소유주의 법적 책임	법적 소송 주체	세금 납부 주체	자본 조달의 용이성	위험분산
개인기업	개인 (1인)	무한	개인 소유주	개인 소유주	×	×
파트너십	파트너 (2인 이상)	무한	파트너 소유주	파트너 소유주	△ (개인기업에 비해 상대적으로 용이)	×
주식회사	주주	유한	개인 소유주	기업	○	○

소유와 경영의 분리 : 경영의 전문화

Berle and Means(1932)는 미국의 상당수 기업이 주식의 소유 분산에 따라 소유와 경영의 분리 현상이 나타나고 있음을 최초로 설명하였다. 즉, 대규모 상장기업에서는 수많은 투자자들이 존재하여, 그들이 기업을 소유하지만, 기업의 일상적인 의사결정은 전문화된 경영자에 의해 이루어지게 되었다. 소유의 분산은 기업의 경영활동에 관심이 없는 다수의 투자자(주주)를 탄생시켰는데 이러한 소극적 투자자들은 기업의 일상적인 의사결정에 모두가 참여할 수도 없고, 또한 별로 관심이 없으며 관심을 가질 시간적 여유도 없었다. 오로지 투자수익의 극대화와 투자위험을 줄이는 데에만 관심을 가졌고, 그 결과 투자자들은 분산투자를 통해 투자위험을 줄일 수는 있었지만, 기업에 대한 영향력을 적극적으로 행사할 수 없게 되었다. 이에 따라 주식을 전혀 보유하지 않거나 소수 지분을 가진 전문경영인에게 책임 경영을 하도록 경영을 위임하였다. 그러나 그들 또한 책임 경영을 위임받은 경영자들은 투자자들의 기대 수준만큼만 이익을 추구하고 동시에 자기자신의 사적 이익을 극대화하려고 한다는 점을 지적하였다.

이어서 Jensen and Meckling(1976)은 자신들의 논문에서 소유와 경영의 분리에 따른 대리인 문제를 이론화(Principal-Agency Theory)하여 제시한 연구자들이다. 그들은 대리인 문제가 발생하는 주요 배경 요인으로 소유와 경영의 분리를 전제하면서 기업을 모든 경제주체들 간 계약 집적체(complex of contracts)로 보았다. 경영자는 우월한 정보를 보유하고 경영함으로써 자신들의 노력을 통해 창출된 효용을 기업의 소유자인 주주들에게 배분하는 계약을 체결한다. 그러나 경영자의 이익과 주주들의 이익이 항상 일치하는 것은 아니기 때문에 필연적으로 대리인 비용을 발생시키며 그 결과 실제로 기업가치를 극대화시키지 못한다. 즉, 경영자들은 주주들의 이익을 위해 최선을 다하지 않을 수 있고, 경영자 자신의 사적 이익을 극대화하기 위해 수없이 많은 기회주의적 의사결정을 하면서 다양한 문제들을 발생시킬 수 있으며 그 결과 기업의 소유주인 주주들과 실제 경영을 담당하는 경영자들은 목적불일치(goal incongruent)로 인한 이해관계의 상충 문제가 발생하게 된다는 것이다. 이로써 분업화된 사업조직 형태인 기업은 투자자와 경영자가 분리될 때 시장에서 거래비용을 절감시키는 강점을 가지지만 경영자들의 사적이익 추구와 같은 대리인 비용을 발생시킨다. 이러한 대리인 비용을 발생시키는 것을 대리인 문제(agency problem) 또는 수탁자-위탁자 문제(principal-agent problem)라 하였다.

또한, Holmstrom(1979) 외 다수의 연구자는 주주와 경영자 간 정보비대칭하에서 경영자가 기업 성과를 주주들에게 정확히 알리지 않고 수익의 일부를 사적으로 유용하거나 최대한의 노력을 기울이지 않는 도덕적 해이가 발생할 수 있음을 지적하였다. 즉, 투자자(주주)들과 경영자간 정보비대칭(information asymmetry) 현상이 발생하기 때문에 정보우위에 있는 경영자가 자신의 사적 이익을 극대화하기 위해 역선택(adverse selection)이나 도덕적 해이(moral hazard)와 같은 대리인 문제를 발생시킬 수 있다.

이를 종합하면 기업규모의 증대, 투자위험의 분산, 분업화를 통한 효율화 등을 위해 경영 활동에 적극적이지 않는 다수의 투자자(주주, 소유주)들이 탄생하였고, 이를 통해 소유와 경영의 분리가 이루어졌다. 소유와 경영이 분리된 기업에서 주주와 경영자 간 이해관계의 불일치 현상과 정보비대칭 현상으로 인해 경영자의 역선택과 도덕적 해이와 같은 대리인 문제가 발생할 수 밖에 없다. 즉, 대리인으로서의 경영자들은 주주의 이익을 위해 최선을 다하지 않고 자신의 사적 이익을 극대화하기 위해 다양한 기회주의적 의사결정을 하게 된다. 이와 같이 주인과 대리인 간에 발생하는 다양한 문제를 대리인 문제라고 하며 대리인 비용을 발생시킨다. 대리인 비용으로는 회사 자금의 횡령, 경영자의 직무태만(shirking), 능력이 없는 친인척이나 지인 채용(hiring family or friends), 지나친 기업 자산의 사적 이용(consuming excessive perks)[05], 제국 건설(empire building) 유인[06]에 따른 기업 규모 확대, 위험 회피를 위한 지나치게 보수적인 투자 결정, 임기 말 R&D 투자의 축소, 주식시장에서 내부자거래와 시세조정 등을 생각해 볼 수 있다.

오늘날 대리인 문제는 다양한 곳에서 쉽게 찾아 볼 수 있다. 다음은 대리인 이론을 사회 현상에 어떻게 적용하여 해석하는지를 보여주고 있다. 이를 살펴본다면 대리인 이론에 대한 개념을 독자들이 보다 쉽게 이해할 수 있을 것으로 생각한다.

---

05 자신의 집무실에 지나치게 고가의 가구를 구입하거나 회사 규모 등을 감안하지 않고 지나치게 비싼 고가의 자동차를 구입하고 개인적으로 사용하는 행위 등을 말한다.

06 기업의 성과와 주가 등과 관계없이 경영자 개인의 위상을 높일 목적으로 기업의 규모를 확장하는 의사결정을 하는 행위 등을 말한다.

〈사례 1〉 사회 문제를 대리인 문제로 설명한 사례

남의 돈을 관리하는 사람은 '선량한 관리자의 의무'를 다함으로써 대리인 문제가 발생하는 것을 예방해야 한다. 민법에서도 이를 명문화하고 있다.

과거 우리나라에서 뜨겁게 제기되었던 윤미향 전 정의연(정의기억연대) 이사장의 의혹을 기억할 수 있는데 우리는 이를 대리인 문제로 살펴볼 필요가 있다. 분명 문제가 된 시민단체는 성격상으로나 관행상 불특정 다수로부터 금전 지원을 통해 목적사업을 영위하고 있는 조직이라 하더라도 너무 자의적이고 엉성하게 관리하여 왔기에 국민의 관점에서 볼 때 여러 가지 의혹이 제기되었던 것이다.

만약 윤미향 이사장이 기업의 경영자였다면 민법상 선량한 관리자의 의무를 다하지 않은, 횡령이나 배임과 같은 대리인 문제로 간주될 것이다. 특히 후원금 또는 장례비 등 외부 기부금을 개인계좌로 모집하였다는 것은 이후 관련 자금을 다시 시민단체로 보냈다고 해명한다 하더라도 분명히 대리인 문제라 할 수 있다. 후원자들은 시민단체의 경영자가 투명하게 기부금을 관리해 줄 것을 기대하지만, 그러한 기대와 달리 '투명성'과 거리가 먼 개인계좌로 관리되었다는 것은 경영자의 '횡령'에 해당한다고 생각되며. 따라서 이번 윤미향 사태는 분명 이러한 대리인 문제에 해당된다.

우리나라에서 시민단체의 주주는 기부금을 내고 있는 국민이다. 또한 시민단체의 목적사업에 정부의 보조가 이루어지기 때문에 세금 납부를 통해 지지를 보내는 국민 또한 '광의의 주주'라 할 수 있다. 따라서 우리나라 공공분야에 중요한 역할을 수행하고 있는 시민단체를 운영하는 사람들은 '선량한 관리자의 책무'를 이행하기 위해 최선의 노력을 기울임으로써 대리인 문제가 발생하지 않도록 해야 한다. 또한 시민단체의 운영에 우리 모두 주주로서, 감시자로서 역할을 수행함으로써 대리인 문제를 예방할 수 있도록 견제에 힘써야 한다.

〈사례 2〉 공기업 비리를 대리인 문제로 설명한 사례

우리나라의 대표적인 공공기관인 LH 직원들의 땅투기 문제로 인해 2021년 국민들은 들끓었다. 즉, 일부 직원들이 신도시 개발 정보를 사전에 취득하고 이를 국민들에게 공개하기 전에 토지와 주택을 사들여 막대한 사익을 추구하였던 것이 드러났다.

이러한 공공기관 직원들의 사적 이익 추구 행위에 대해서도 대리인 문제(agent problem)에 해당된다고 볼 수 있다. 공공의 이익을 위해 의사결정이나 사업을 대리인에게 위임한 사람들의 이익보다 이를 위임받은 대리인 자신의 이익을 더 추구하고자 할 때 발생하는 문제라는 것이다. 보다 쉽게 설명하면 기업에서 발생하는 여러 가지 대리인 문제, 즉 기업의 주인인 주주를 대신하여 경영을 위임받은 경영자가 주주들의 이익이 아닌 경영자의 이익을 위해 회계장부를 조작하여 이익을 조정하는 등 분식회계를 통해 주주들에게 신임을 얻어 계속적으로 경영을 위임받으려고 하는 행위, 과다하게 성과급을 책정하는 행위와 다를 바 없고, 국민의 대표인 국회의원들이 그들을 뽑아준 국민의 이익이 아닌 자신들의 사익을 위해 법을 바꾸는 행위와 동일한 문제로 바라봐야 한다.

공공기관인 LH는 국민들이 신도시 개발과 같은 일을 위임한 대리인이라 할 수 있다. 저렴한 원가로 주택을 공급하는 것이 이를 위임한 국민들의 기대일 것이다. 그러나 대리인인 LH 직원들은 이러한 기대를 저버리고 자신들의 사익을 우선적으로 추구하려 했다면 분명 민법상 업무방해에 해당되는 대리인 문제로 바라봐야 한다.

〈사례 3〉 기업 성과와 상반된 경영자 보수 인상 사례

2019년 9월 3일 GS칼텍스는 주주총회에서 허진수 회장, 허세홍 대표이사 사장, 김형국 사장 등 등기이사 3명의 보수를 작년보다 50% 증가한 150억 원을 승인하였다고 공시했다. 그런데 문제는 회사 경영실적이 부진함에도 불구하고 고액의 보수를 승인받았다는 점에서 '도덕적 해이'라는 여론을 피해갈 수 없는 것 같다. 특히 직원들의 임금은 저조한 실적을 핑계로 작년도에 2% 미만으로 묶은 것과 대비되고 있다.

작년 회사의 영업이익과 당기순이익이 2017년에 비해 각각 38.3%, 51.5%이 감소하는 등 경영실적이 저조하였다. 업계에서는 경영지표인 영업이익이 급감했지만 경영 능력과 실적 등에 관계없이 대표이사 보수가 고액으로 책정되었다는 점에서 대표적인 대리인 문제로 뽑고 있다.

〈사례 4〉 전문경영자의 급속한 기업규모 확장 사례

카카오의 2021년 6월 말 반기보고서를 보면 해외 법인을 포함하여 계열사는 158개에 이른다. 2014년 말 카카오와 다음이 합병했을 때 계열사 수는 36개였는데 무려 4배 넘게 늘어난 것이다. 이러한 계열사 규모는 대규모 삼성, SK, 현대차, LG 등 재벌집단과 비슷한 수준이다. 지금까지 고속성장을 이루어왔던 계열사별 독립 경영이 카카오의 이러한 급속한 기업규모를 가져왔고, 이를 우리나라 대표적인 스타트업으로 성장한 카카오의 '성장통'이라 바라보아야 한다는 지적이다.

카카오의 각 계열사는 카카오라는 기업집단에 부정적 여파를 미치는 사안에 대해 각각 계열사의 전문경영자가 독자 결정을 하면서 대리인 문제가 극대화되는 모양새이다. 예를 들어 1조 원 넘는 투자유치 과정에서 투자자들의 기업공개(IPO) 압박으로 카카오모빌리티의 유료화 등 무리한 수익화 결정, 카카오 브랜드에 대한 프리미엄을 얻고자 미용실 예약, 대리운전, 스크린 골프, 영어교육 등 문어발식으로 영역을 확대하는 결정 등이 모두 각 계열사의 철저한 독립 경영에 따른 전문경영자의 독자 결정으로 인한 것이었다.

여전히 창립 초기의 느슨한 스타트업 집단형태, 사전에 주요 사안에 대해 조율하는 조직이나 시스템이 다른 재벌집단과 비교해 볼 때 부족한 부분에 해당된다. 따라서 전문경영자의 대리인 문제를 마땅히 통제할 시스템이 갖추어지지 않은 것도 섣부른 전문경영자의 독자 결정을 부추기고 있다고 볼 수 있다.

대리인 문제의 해소[07] 방법

현대 기업들은 소유와 경영의 분리로 인해 투자자들(주주)과 경영자 간의 대리인 문제가 발생할 수 있으며 이로 인한 대리인 비용은 기업가치를 낮춘다. 따라서 기업가치를 극대화하기 위해서는 무엇보다 대리인 비용을 낮추려는 노력이 필요하다. 이를 위해 경영자들에게 보상 등과 같은 유인 방안을 제공하여 주주와 경영자 간 목적을 일치시키기 위해 노력할 수 있고 모니터링을 통한 감시·통제시스템을 구축하여 대리인 문제를 해소하기 위해 노력할 수 있다.

경영자 보상(Executive Incentive Contract)

대리인 문제를 해소하기 위한 첫 번째 방법은 "경영자 보상 계약(Executive Incentive Contract)"을 설계하는 것이다. 대리인 문제의 원인이 주주들과 경영자 간 "이해관계 불일치"로 인한 것이라면 경영자가 주주의 부를 극대화하는 방향으로 의사결정을 하도록 유인하는 보수구

---

07 표준국어대사전에 의하면 "해소(解消)"란 의미는 첫째, 어려운 일이나 문제가 되는 상태를 해결하여 없애 버림, 둘째, 어떤 관계를 풀어서 없애 버림, 셋째, 어떤 단체나 조직 따위를 없애 버림으로 이해할 수 있다. 기업에서는 궁극적으로 대리인 문제를 해결하여 없애 버리기 위해 여러 가지 방안을 마련해서 실행한다는 측면에서 "대리인 문제의 해소 방안"이란 표현이 의미상 가장 적절할 것이다.

조를 설계하는 것이 경영자의 동기부여 측면에서 중요하다(Jensen and Murphy 1990; Core et al. 2003). 즉, 경영자는 높은 보수를 통해 인센티브를 충족하거나 위험 공유 차원에서 외부 주주가 제시한 계약에 합의할 유인을 가지므로(Watts and Zimmerman 1986) 주주의 부를 극대화하기 위해 경영자가 열심히 일할수록 금전적 유인을 더 많이 제공받을 수 방법을 설계하여 대리인 문제를 해소할 수 있다. 따라서 기업은 다음과 같은 금전적 유인을 설계하여 경영자의 대리인 문제를 해소하기 위해 노력한다.

첫째, 기업은 경영자들과 보수 계약을 통해 기본적으로 경영자를 보상한다. 우리나라 상법상 경영자와 임원들의 보수는 주주총회의 최종 승인을 받도록 정하고 있으나 총액 한도에 대해 승인하는 절차에 불과하므로 사실상 이사회에서 결정된다고 볼 수 있다. 그런데 이사회에서도 사외이사들은 경영자 보수 결정에 깊이 관여하지 않으려는 경향이 있고 경영자가 이사회에 상당한 영향력을 미칠 가능성이 크기 때문에, 현실적으로는 기업 내부 담당 부서에서 업계 전반적인 수준이나 경쟁기업의 급여 기준을 벤치마킹하여 입안하고 경영자가 이를 승인하여 결정하는 경우가 많다. 이처럼 이사회에서 경영자의 영향력이 클 경우 과다한 경영자 보수 책정이 경영자의 참호구축(entrenchment) 효과[08]를 유발하여 기업가치에 부정적 영향을 미치기도 하며 이를 대리인 문제의 한 유형으로 보기도 한다(Bebchuk and Fried 2004; Bebchuk et al. 2011). 그룹 경영 체제하의 기업은 회사의 경영 실적과 그룹 내 타 계열

08 "참호구축효과"란 경영자들에게 소유와 경영이 집중되었을 때 이들이 안주하거나 회사에 대한 통제력 유지를 위해 참호를 파고 숨는 현상을 의미한다.

사의 경영자 보수 수준 등을 감안하여 그룹 차원에서 경영자 보수를 결정하기도 한다. 이에 반해 해외 기업들은 실적 평가를 통해 경영자 보상을 객관적으로 결정하고 과도한 보수 책정을 통제할 목적으로 보상위원회(compensation committee)를 설치하여 운영하고 있다(Bebchuk and Fried 2004)[09]. 사외이사들로만 구성된 보상위원회에서는 경영실적 평가를 통해 경영자의 보수 수준이 적절한가를 검토하여 과도한 보수 수준을 통제하고 나아가 경영 성과가 좋은 경영자에게 적절한 보상을 제공하도록 결정함으로써 유능한 경영자를 확보하고자 하는 목적도 가진다. 따라서 이러한 보상위원회의 목적을 달성하기 위해서 무엇보다 사외이사의 독립성 확보가 중요한데, 우리나라 기업에서 보상위원회를 도입하고자 할 경우 사외이사의 독립성을 제고하는 차원에서 제도화를 고려하여야 할 것이다.

둘째, 매년 기업의 회계성과를 측정하여 경영자의 보상에 연동시키는 보상체계를 설계할 수 있다. 이러한 회계성과에 따른 대표적 보상 방법이 현금보너스이다. 현금보너스는 매출액, 영업이익, 주당순이익(EPS), 세전이익(EBIT) 등과 같은 회계성과에 따라 일회성으로 지급하는 금전적 보상으로 기본연봉에 누진적으로 가산되지는 않는다. 회계성과에 따른 보상체계는 상대적으로 측정하기 용이하여 보상과 연동시키기 쉽고, 과거의 회계성과에 대해 일회성으로 지급하므로 미래의 미실현 현금흐름에 영구적으로 영향을 미치지는 않는다는 장점을

---

09 뉴욕증권거래소는 2004년부터 상장기업들이 보상위원회 설치를 의무화하고 있다(New York Stock Exchange Listed Company Manual, Section 303A.05(a)). 우리나라의 경우에도 보상위원회를 이사회 내 소위원회로 구성하여 운영할 수 있고 일부 상장기업에서 활용하고 있다.

가진다. 그러나 경영자로 하여금 기업가치 및 기업의 장기적인 성과를 소홀히 하게 하고 지나치게 단기 성과에 집중하도록 유인할 수 있어 위험회피 성향의 의사결정을 할 가능성이 있다. 따라서 기업가치를 중시하는 주주들의 입장에서 보면 회계성과에 따른 경영자 보상체계는 과거에 발생한 단기성과 측정치에 기반한 보상이므로 주주와 경영자 간 목적 일치성을 가져오는 방안이라고 보기는 힘들다.

셋째, 경영자의 대리인 문제를 해소하기 위해 주가에 연동한 보상체계를 설계할 수 있다. 즉, 주주들의 가장 큰 관심 사안인 기업 주가에 따라 경영자 보상이 결정되도록 하는 방법이므로 경영자들은 기업의 주가를 높이기 위해 노력할 것이다. 주가와 연계하는 경영자 보상체계의 가장 대표적인 방법이 주식매수선택권(stock option)인데, 경영자가 사전 정해진 가격인 행사가격(exercise or strike price)으로 정해진 수량에 주식을 살 수 있는 권한을 부여하는 계약을 의미한다. 만일 향후 주가가 행사가격 이상으로 상승하면 경영자는 정해진 행사가격으로 주식을 매수하여 차액에 해당하는 이익을 챙길 수 있다. 따라서 경영자가 일정기간 이후 주식매수선택권(stock option)을 행사할 수 있도록 주가가 상승하는 방향으로 의사결정을 하도록 유인을 제공하므로 주주와 경영자 간 목적이 일치될 수 있어 대리인 문제를 크게 완화시킬 수 있을 것으로 평가받고 있다(Core et al. 1999; Bryan et al. 2000). 또한 유능한 경영자를 채용하고자 하나 충분한 보수 및 현금 보상을 제시할 수 없는 벤처기업 등에서 주식매수선택권(stock option) 부여 등을 통해 우수 경영자를 유치할 수도 있다. 이러한 장점들로 인해 미국에서는 1980년대 이후 주식매수선택권(stock option) 제도가 활성화되었고(Abowd and Kaplan 1999), 2000년대 이후 전 세계적으로 확산되고 있다

(Cheffins 2003).

그러나 근본적으로 주가는 기업의 성과나 경영자의 노력이 주가와 반드시 일치하는 것이 아니라 외부 요인 등 통제 불가능한 요인들이 주가에 영향을 미치는 경우가 많아 경영자의 보상체계로는 적절하지 않다는 비판도 많이 받고 있다. 또한 경영자가 내부 정보와 영향력을 이용할 경우 주식매수선택권(stock option) 행사 시점을 고려하여 이익조정을 하거나 경영자가 주주들에게 배당을 잘 하지 않으려는 문제점들도 발생하고 있어 1997년 우리나라에서 제도 도입 후에도 활용 빈도는 미미한 실정이며 이미 도입한 일부 기업조차 주식매수선택권 제도를 폐지하는 사례가 증가하고 있다.

〈표 I-2〉 국내 상장기업의 주식매수선택권(stock option) 부여 현황 : 2008년~2018년

연도	전체 상장사	주식매수 선택권 부여기업	주식매수선택권 공정가치 공시기업	주식매수 선택권 부여 기업 비중(%)	공정가치 공시기업 비중(%)
2008	1,306	112	55	8.6	49.1
2009	1,372	108	64	7.9	59.3
2010	1,467	113	71	7.8	62.3
2011	1,533	124	99	8.1	79.8
2012	1,567	120	112	7.7	93.3
2013	1,618	114	104	7.0	91.2
2014	1,691	130	123	7.7	94.6
2015	1,805	137	121	7.6	88.3
2016	1,890	163	143	8.6	87.7
2017	1,975	179	162	9.1	90.5
2018	2,085	224	194	10.7	86.6

(출처) 국내 상장기업의 임원보수 현황 문석 및 시사점 (2020, 한국기업지배구조원)

모니터링(Monitoring)

대리인 문제 해소를 위한 두 번째 방법은 "모니터링(Monitoring)"을 통해 경영자를 감시 및 통제하는 시스템을 구축하는 것이다. 대리인 문제의 또 다른 원인이 주주와 경영자 간 "정보의 비대칭 현상"에 따른 것이라 할 수 있는데 기업의 모니터링 시스템을 통해 경영자를 적절히 감시할 경우 경영자는 주주들의 이익과 상반되는 결정을 하기가 힘들 것이다. 즉, 경영자가 주주의 부를 극대화하기 위해 열심히 일하고 있는지를 모니터링을 통해 감시할 수 있다면 대리인 문제가 크게 완화될 수 있을 것이다. 이러한 점에서 기업들은 대리인 문제를 완화하기 위해 다음 절에서 상세히 설명하는 이사회, 감사위원회, 외부감사 등과 같은 기업지배구조 메커니즘을 구축하여 운영함으로써 경영자를 감시하고 통제하고자 한다.

기업지배구조의 개념

기업지배구조 개념은 통일된 정의가 부재하지만[10], 그 의미의 변천

10 Solomon(2007)은 기업지배구조가 연구자마다 다양한 의미로 사용되고 있고, 통일된 정의가 존재하지 않는다고 주장하였다.

을 살펴보는 것은 기업지배구조에 기초한 회계연구를 이해하는 데 매우 중요하다.

Cadbury Committee Report(1992)는 기업을 운영하고 통제(감시)하는 시스템으로 정의하였고, La Porta et al.(1997)은 기업의 자본투자자가 자신의 투자에 대한 수익성을 담보하기 위해 수립하는 다양한 방법의 집합체로 규정하였다.

OECD(1999)는 기업지배구조를 지도받고 통제하는 시스템으로 이사회, (최고)경영자(Chief Executive Officer: CEO), 재무이사(Chief Financial Officer: CFO), 주주, 기타 이해관계자 등과 같은 기업의 상이한 참여자 간 권리와 책임의 분배를 규정하고, 기업에 관한 의사결정의 규칙과 절차를 명확하게 설명해주며, 이것을 실행함으로써 기업지배구조는 기업목적이 정해지는 구조와 그러한 목적을 달성하고 성과를 감시하는 수단도 제공해 주는 시스템으로 정의하였다.

또한 Denis and Kruse(2000)는 경영자의 사적이익을 억제하고 기업가치(소유자)를 극대화하기 위해 구성되는 다양한 기구 및 메커니즘의 집합체를 의미한다고 주장하였고, Solomon(2007)은 모든 주주와 사회에 대한 기업의 책임에 대한 확신성을 제공하기 위해 기업 내부 및 외부에서 이를 점검하고 감시하는 시스템으로 정의하였다. 최근 Tricker(2015)는 기업지배구조란 기업의 경영에 관한 권한이 어떻게 행사되어야 하는가 하는 방법에 관한 논의이고, 또한 기업을 관리하고 통제하는 체계를 의미하며, 이러한 체제에서 이사회와 주주, 경영진, 외부회계감사인, 시장규율기관 및 이해관계인과의 관계 등을 모두 포함한다고 주장하였다.

이러한 기업지배구조 개념에 관한 논의를 종합하여 보면 광의의 의미와 협의의 의미로 나누어 정의할 수 있다. 광의의 개념으로 기업지배구조는 기업의 경제활동 단위를 둘러싼 이해관계자들의 관계를 조정하는 메커니즘으로 정의내릴 수 있다. 여기에서 이해관계자는 주주, 경영자, 종업원, 채권자 등뿐만 아니라 지역사회와 국가를 포함할 수 있다. 협의의 개념으로 기업지배구조는 주주와 이사회, 경영자간의 권한 배분 문제를 이야기하는 것이며, 나아가 보다 좁은 의미로 기업지배구조는 경영자에 대한 통제 메커니즘을 말한다.

따라서 기업지배구조의 다양한 정의에 대한 핵심적 개념을 다음과 같이 정리할 수 있다.

- 기업 이해관계자들의 관계를 조정하는 메커니즘
- 경영자원의 조달과 운용, 수익의 분배 등에 대한 의사결정 과정과 이에 대한 감시기능
- 기업가치 극대화를 위해 이해관계자간 대리인 비용(agency cost)과 거래비용(transaction cost)을 최소화하는 메커니즘
- 기업경영을 감시, 규율하는 것 또는 이를 행하는 기구

기업지배구조의 초창기 연구는 지배구조와 소유구조의 개념을 거의 동의어로 이해하고, 기업소유구조를 기업지배구조의 대표적 대리변수로 사용하였다[11]. 소유구조, 소유지배권구조 및 지배구조의 개념적 구분은 매우 중요한데, 지배구조 연구의 초기 단계에서 대부분 소유

11 이러한 경향은 미국의 기업제도가 소유권(property) 개념에 기초를 두고 있는 반면, 대륙의 경우 지배구조는 관계(relation) 개념에 기초를 두고 있기 때문이다(장기웅 2004).

구조를 통해 지배구조를 파악하려고 한 것은 국내 관련 연구가 지배구조를 소유경영체제로 이해하였기 때문이다. 즉, 소유경영체제란 기업의 지배주주가 기업 경영에 대한 최고 의사 결정권자로서의 역할을 직접 수행하는 체제를 의미한다. 소유경영체제는 지배주주의 지분 비율이 매우 높은 상황에서 나타나기 때문에 새로이 생겨난 소규모 기업이나 중견 규모의 기업에서는 거의 예외 없이 사용된다. 우리나라에서는 아직도 대기업의 주식 소유의 분산 정도가 낮기 때문에 거대 재벌이라고 하더라도 실질적으로 소유경영체제를 유지하고 있다.

- 소유구조 : 주주의 소유지분율 분포
- 소유지배권구조 : 지배주주의 소유권과 지배권 괴리
- 지배구조 : 기업을 감시·통제하고 지휘하는 메커니즘

따라서 기업지배구조에 기반한 대리인 이론 관점의 기존 연구들에서 기업지배구조의 개념은 주주의 이익을 극대화할 수 있도록 기업을 감시·통제하고 지휘하는 메커니즘을 의미하는데, 구체적으로 소유와 경영의 분리로 발생하는 주주와 경영자 간 대리인 문제를 해소시켜 주주의 부를 극대화할 수 있도록 경영자를 통제하는 모니터링 시스템을 말한다. 즉, 기업지배구조는 경영자들의 경영과 의사결정을 모니터링함으로써 경영자가 주주의 부를 극대화하는 방향으로 유인하는 것이다.

—

기업지배구조의 구성요소

기업지배구조의 요소는 감시·통제 유형에 따라 내부 메커니즘(internal mechanisms)과 외부 메커니즘(external mechanisms)으로 구분된다(Bushman and Smith 2001). 대리인 이론에서 경영자와 주주 간 대리인 비용의 최소화가 내부수단의 주요 목적이라고 주장한다(Agrawal and Knoeber 1996). 따라서 대리인 이론에서 좋은 기업지배구조는 소유와 경영의 분리에 의해 파생되는 대리인 비용을 감소시키는 지배구조를 의미한다.

내부 메커니즘(internal mechanisms)

내부 메커니즘은 기업 내부에서 경영자를 효과적으로 모니터링하고 감시하기 위한 통제 수단을 의미하며, 대표적인 제도로써 이사회와 사외이사의 선임, 감사위원회 등을 들 수 있다(Ajinkya et al. 2005; Brochet and Srinivasan 2014; Chen, et al. 2017).

• 이사회

이사회는 기업 내부 의사결정 체계에서 가장 상위 단계에 해당되므로 경영자의 의사결정을 통제하는데 가장 효과적인 모니터링 장치이다. 따라서 경영에 관한 실질적인 권한이 경영자에게 위임된 기업일수록 이사회는 강력한 권한을 가지고 경영자를 견제하는 동시에 지원해야 한다.

이사회는 주주총회에서 주주의 지분에 비례한 투표를 통해 선임된 이사로 구성되며 임기는 3년이다(상법 제296조)[12]. 이사회의 고유 기능은 이사의 직무집행 감독권, 중요재산의 처분권, 그리고 대규모 재산의 차입권 등을 들 수 있는데(상법 제393조), 이는 기업과 주주들의 경제적 이해관계에 있어 가장 중요한 의사결정에 해당된다. 상법의 다른 조항에서도 이사회의 기능을 별도로 정하고 있는데, 주주총회의 소집(제362조), 재무제표의 승인(제447조), 사채의 발행(제469조) 등이다[13]. 이외의 경영자 의사결정에 대해서 이사회는 직접적으로 관여하지 않고 경영자에게 일반적으로 위임한다. 나아가 이사회는 경영자에게 전문가의 입장에서 적절하게 조언과 자문을 제공하여 경영자의 의사결정을 지원하는 역할도 수행한다. Pfeffer and Salancik(1978)은 이사회가 자문과 상담, 외부 정보에 대한 전달 역할, 외부자원의 선제적 획득, 사회적 정당성 확보 등의 역할도 수행할 수 있다고 주장하였다.

미국 기업의 이사회는 운영의 효율성 차원에서 여러 가지 위원회를 별도로 설치하여 특정 안건을 위원회에서 다루도록 하고 있다. 예를 들어 실행위원회(executive committee), 재무위원회(finance committee), 감사위원회(audit committee), 보상위원회(compensation committee), 선임위원회(nomination committee) 등을 운영한다. 하지만 대부분 중요한 안건에 대한

---

12 주주총회에서는 발행주식 총수의 과반에 해당하는 주주의 출석으로, 출석 지분의 과반수 이상의 동의로 이사가 선임된다.

13 이사회의 기능에 속하지만 정관으로 주주총회의 권한으로 정할 수 있는 기능은 대표이사의 선정, 신주발행, 전환사채의 발행 등이므로 이러한 기능은 이사회의 고유 기능이라 보기 어렵다.

의결은 전체 이사회에서 하고 특수한 안건에 대해서만 위원회에 일임하는 것이 보편적이다.

그렇다면 이사회가 경영자로부터 독립성이 심각하게 결여되어 있거나 견제 및 감시 역할을 수행하기에 경험과 능력이 부족한 이사들로 구성되어 있다면 이사회는 경영자의 대리인 문제를 해결할 수 있는 모니터링 및 감시 장치로서 작용할 수 없을 것이며 단순히 "거수기"와 같은 역할만 한다는 비난을 피할 수 없을 것이다.

• 사외이사

과거 사내이사만으로 구성된 이사회는 경영자의 영향력과 유착관계 등으로 인해 제대로 된 견제 기능을 행사하는 데 한계가 있을 수밖에 없었다(Lorsch 2013). 이에 따라 이사회의 독립성을 제고하기 위해 발전하게 된 제도가 사외이사 제도인데, 이사들의 역할이 기업 경영보다 경영자에 대한 감독과 견제에 더 집중해야 한다는 점에서 도입되었다고 볼 수 있다.[14]

미국 기업들은 1960년대까지 대부분 사내이사가 다수인 이사회 체제를 유지하였는데, 점차 이사회 내 사외이사의 비중이 증가하여 1970년에는 1/4 이상, 2005년에는 3/4 이상을 차지하게 되어 현재 대다수 기업들은 사외이사가 다수인 이사회를 운영하고 있다(Gordon 2007).

---

14 사외이사의 정의에 대해서 상법 제382조 제3항에서는 "이사로서 상무에 종사하지 않는 자"로 정의하고 있고, 자본시장법 제9조 제3항에서는 "회사의 상시적인 업무에 종사하지 않는 자"로 정의하고 있다.

우리나라에서도 1997년 외환위기를 계기로 기업지배구조 개선 차원에서 이사회 내 사외이사의 비중을 1999년에는 상장법인의 경우 1/4 이상, 2000년에는 자산 2조 원 이상의 상장법인의 경우 1/2 이상을 선임하도록 제도화하였다[15].

경영자와 독립적인 위치에 있는 사외이사가 경영자의 직무집행에 대해 감독함으로써 내부통제 기능을 수행하며 또한 분야별 전문가들인 사외이사들이 투자결정을 포함한 제반 의사결정에 대해 경영자에게 전문적인 조언과 자문을 제공하는 역할까지 수행한다.

그러나 사외이사 제도가 이사회의 독립성에 효과적인지에 대해서는 많은 비판적 의견이 있는 것도 사실이다. 예를 들어, 의안에 대한 찬성율이 거의 100%에 가까운 "거수기론"이 대두되고 있다. 그러나 ESG경영이 부각되면서 〈사례 5〉의 기업 사례와 같이 사외이사의 독립성을 강화하여 이사회 운영을 개선해 나가려는 움직임도 확산되고 있다.

---

15 우리나라에서는 1998년 2월 증권거래소의 "유가증권상장규정"이 개정되면서 사외이사 제도가 처음 도입되었다. 상법 제542조의 8 제1항에 의하면, 상장회사는 자산규모 등을 고려하여 대통령령으로 정하는 경우를 제외하고는 사외이사가 이사 총수의 4분의 1 이상이 되도록 이사회를 구성하여야 하며, 자산 규모 등을 고려하여 대통령령으로 정하는 상장회사의 사외이사는 3인 이상으로 하되 이사 총수의 과반수가 되도록 하여야 한다고 정하고 있다.

〈사례 5〉 사외이사의 역할 강화 사례

2021년 10월 SK그룹은 계열사의 최고경영자(CEO) 평가와 중장기 전략 수립 등의 핵심 경영 사항에 대한 권한을 각 계열사의 이사회에 부여하기로 하였다. 이는 재벌총수 등이 행사하였던 막강한 권한을 계열사의 이사회에 부여함으로써 선진적인 지배구조를 갖추겠다는 것이다. 이를 통해 SK그룹은 '거버넌스 스토리'(Governance Story)를 만들어 나가기면서 글로벌 스탠다드를 뛰어넘는 수준으로 이사회 경영을 강화하기로 하였다.

실제 이사회의 권한도 커지고 있다. SK㈜는 이사회 내 'ESG위원회'가 투자 안건 검토 권한을 가지고 있어서, 회사의 중장기 경영 전략이나 중요 투자 결정들은 재벌총수나 소수의 최고경영자가 아닌 'ESG위원회'를 통과해야 한다. 그 구성원도 파격적이다. 위원회 구성도 사내이사(1명)과 사외이사(5명)으로 구성되어 있는데, 이를 통해 재벌총수는 소수의 의견에 불과하게 되었다.

단적으로 예를 들어 보면 2021년 8월 20일 SK㈜ 이사회에서 투자 안건을 심의하였는데 사내이사인 최태원 회장과 이찬근 사외이사 등 2명은 반대했음에도, 나머지 사내이사 3명과 사외이사 4명이 찬성하여 안건이 가결됐다. 즉, 재벌총수가 반대한 투자 안건에 대해서도 사내이사와 대부분의 사외이사가 찬성하여 안건을 통과시켰다는 이야기이다. 이에 대해 SK그룹 관계자는 "실질적으로 이사회가 독립적이고 투명하게 작동하고 있음을 보여주는 사례"라고 이야기했다.

또 다른 예로 9월 29일 SKC 이사회에선 영국의 한 회사와 합작사 설립 안건이 심의되었는데, 이사들의 반대로 부결되었다. 예전의 경우에는 사전 조율된 안건에 대해 이사들 간 부결이 되었다는 것은 국내 기업에서 잘 볼 수 없는 모습이다.

SK그룹은 17개 계열사 중 상장기업 10개사가 사외이사 비중이 약 60%이며, 7개사는 이사회 의장을 사외이사가 맡고 있다. 최태원 회장은 "지배구조가 투명하다는 것을 시장에 증명함으로써 장기적으로 신뢰를 구축할 수 있는 것"이라고 했다.

• 감사위원회

감사위원회는 이사회 내 설치되는 위원회 중 하나로써 기업의 회계와 공시의 적정성에 대해 감시 및 감독 역할을 수행함으로써 재무제표의 신뢰성을 높이고, 경영자의 경영 성과를 정확히 평가하는 기능을 수행하는 기구이다. 또한 외부감사인을 선임하고 외부감사인이 적절하게 재무제표 감사를 수행하고 있는지에 대해 검토하며 내부신고제도를 효율적으로 운영하여 내부 부정을 적발하는 데 기여한다. 그리고 경영자가 설계하고 운영하는 내부회계관리제도를 평가한 후 외부감사인과 협의를 통해 내부회계관리제도의 적정성을 이사회와 주주총회에 보고한다.

미국에서는 1940년대부터 증권감독위원회에서 감사위원회 설치를 권장하고 1977년 뉴욕증권거래소에 상장된 기업에 설치가 의무화되었다. 이에 비해 우리나라 기업의 감사위원회 제도는 1997년 외환위기를 계기로 1999년 상법 개정시 도입되었는데 우리나라 기업의 감사가 제대로 된 감시·감독 기능을 수행하지 못하고 있다는 비판에 따른 개선 차원이었다. 따라서 주식회사는 정관에 근거하여 감사를 대신하여 감사위원회를 설치할 수 있고 감사위원회를 설치한 경우 감사를 별도로 둘 수 없도록 정하고 있다. 이는 우리나라 기업의 감사위원회가 회계에 대한 감독권과 함께 상법상 가지는 감사 권한을 동시에 가지고 있음을 의미한다고 할 수 있다.

감사위원회의 구성에 대해서 2인 이상의 이사로 구성된 다른 이사회 내 위원회와 달리 감사위원회는 3인 이상의 이사로 구성하도록 하고 있다. 특히 자산 2조 원 이상의 상장기업은 감사위원회를 의무적으로 설치하여야 하고 감사위원회는 총 위원의 2/3 이상을 사외이사로 구성하여야 하며 위원장은 사외이사로 하여야 한다고 규정하고 있다(상법 제54조). 그리고 무엇보다 감사위원회 위원 중 1인 이상을 회계 또는 재무전문가로 선임하도록 정하고 있음을 알 수 있는데(상법 제542조의 11)[16], 이는 감사위원 중 최소 1인은 관련 분야에서 교육을 통해 재

16 여기서 회계와 재무전문가란 공인회계사 자격을 가진 자로서 그 자격과 관련된 업무에 5년 이상 종사한 경력이 있는 자, 재무 또는 회계 분야의 석사 학위 이상의 학위를 가진 자로서 연구기관 또는 대학에서 재무 또는 회계 관련 분야의 연구원 또는 전임강사 이상의 직에 5년 이상 또는 임직원으로 10년 이상 근무한 경력이 있는 자, 정부·지방자치단체·정부투자기관·금융감독원 또는 증권관계기관에서 재무 또는 회계 관련 업무 또는 이에 대한 감독업무에 5년 이상 근무한 경력이 있는자, 금융감독기구의 설치 등에 관한 법률 제38조의 규정에 의한 검사대상기관에서 재무 또는 회계 관련 업무에 5년 이상 근무한 경력이 있는 자 등을 말한다(상법시행령 제16조 제2항).

무제표를 이해할 수 있는 능력이 있고 재무제표를 작성하거나 재무제표 감사에 대한 경험을 보유할 것을 요구하고 있어 감사위원회의 전문성을 확보하고자 하였다. 이외에도 독일의 경우 특이한 점은 근로자 수에 따라 '근로자 대표 감사'를 선임할 수 있도록 함으로써 '주주감사'와 공동으로 감사위원회를 구성하도록 하여 독립성을 제고하고자 하였다.

감사위원회를 의무적으로 설치할 필요가 없는 기업에 대해서는 감사의 독립성을 강화하기 위해 주주총회에서 감사를 선임할 때 일반적인 의결 방법과 달리 발행주식의 3%를 초과하는 주식에 대해 의결권을 제한하는 제도가 도입되었다(상법 제409조)[17].

다음은 감사위원회를 설치할 필요가 없는 기업에서 경영투명성을 제고하기 위해 자발적으로 감사위원회를 설치한 사례를 소개한 내용이다.

〈사례 6〉 비의무대상 기업의 감사위원회 신설

자산 2조 원 미만으로 감사위원회를 둘 필요가 없는 JW그룹의 3개 상장 계열사가 경영투명성을 제고하기 위해 '감사위원회'를 신설하였다. 이를 위해 지주회사인 JW홀딩스, 주력 계열사인 JW중외제약과 JW신약은 2019년 정기 주주총회에서 감사위원회 도입을 위해 정관을 변경하였다. 마찬가지로 설치의무가 없는 한미약품 그룹의 상장 계열사들도 2019년에 감사위원회를 설치하기도 하였다.

---

17 예를 들어, ㈜한국의 주주가 대주주 A 지분율 51%, 2대 주주 B 20%, 3대 주주 C 지분율 10%, 기타주주 D, E, F의 지분율이 각각 3%, 2%, 2%라고 가정한다면 일반 안건의 의결은 과반수 출석주주의 과반수 찬성으로 의결되므로 50%를 초과하는 지분 보유 주주의 출석과 출석주주의 과반인 최소 25%를 초과할 경우 의결이 가능하여 사실상 대주주 A의 찬성만으로 의결할 수 있지만, 감사 선임 안건의 경우 주주 A, B, C, D의 의결 지분율은 각각 3%로 동일하며 E와 F의 의결 지분율이 각각 2%, 2%에 해당되므로 전체 의결지분율은 16%이며 8%를 초과하는 의결 지분율의 찬성이 있을 경우에만 감사가 선임될 수 있다. 이를 "3% rule"이라 한다.

외부 메커니즘(external mechanisms)

외부 메커니즘은 기업 외부에서 경영자를 효과적으로 모니터링하고 감시하는 모든 통제장치를 말하며, 예를 들어 외부감사, 기관투자자, 외국인투자자, 금융기관, 채권자, 인수합병과 같은 기업지배권 시장(market for corporate control) 등이 경영자를 감시하고 감독하는 역할을 수행할 수 있다.

• 외부감사

주주와 경영자 간 대리인 문제를 발생시키는 요인 중의 하나가 주주와 경영자 간 정보의 비대칭성이다. 이를 줄이기 위해 경영자가 주주들에게 정기적으로 기업의 재무제표와 주석 등의 회계정보를 제공하여야 한다. 그러나 경영자가 정기적으로 제공한 재무제표와 주석 등의 회계정보가 신뢰성과 적정성을 담보할 수 없다면 정보비대칭성 문제는 해소될 수 없다.

외부감사는 기업의 경영자에게 제공받은 재무제표의 신뢰성과 적정성을 평가하여 의견을 주주들에게 제공해 주는 대표적인 기업 모니터링 및 감시 시스템이다. 따라서 무엇보다 재무제표 공시 전에 독립된 외부감사인으로부터 외부감사를 받도록 함으로써, 외부감사인은 주주를 대신하여 경영자가 제공한 회계정보를 모니터링하고, 경영자는 외부감사인의 모니터링으로 인해 회계부정을 저지를 수 없도록 감시를 받게 된다. 우리나라에서는 "주식회사 등 외부감사에 관한 법률"(제5조)에서 외부감사인으로부터 외부감사를 받아야 할 기업 대상을 정하고 있다.

〈표 I-3〉 외부 감사 대상 기준

구 분	주식회사	유한회사
공 통	주권상장법인, 주권상장법인이 되려는 기업	
자산 총액	직전 사업연도 말 기준 500억 원 이상	
매출액	직전 사업연도 말 기준 500억 원 이상	
일정규모	직전 사업연도말 2가지 이상 충족 ① 자산총액 120억 원 이상 ② 부채총액 70억 원 이상 ③ 매출액이 100억 원 이상 ④ 종업원수 100명 이상	직전 사업연도말 3가지 이상 충족 ① 자산총액 120억 원 이상 ② 부채총액 70억 원 이상 ③ 매출액이 100억 원 이상 ④ 종업원수 100명 이상 ⑤ 사원수 50명 이상

주권상장법인과 주권상장법인이 되려는 기업, 자산총액이 500억 원 이상인 기업, 매출액이 500억 원 이상인 기업은 모두 외부감사 대상 기업이며, 그 외 기업은 다음의 요건을 충족할 때 외부감사 대상이 된다. 먼저 주식회사의 경우, '직전 사업연도' 기준 다음의 4가지 요건 중 2가지 요건을 충족하는 경우 외부감사 대상이 된다. 첫째, 직전 사업연도 말의 자산총액이 120억 원 이상 둘째, 직전 사업연도 말의 부채총액이 70억 원 이상 셋째, 직전 사업연도 말의 매출액이 100 억 원 이상, 넷째, 직전 사업연도 말의 종업원 100명 이상. 다음으로 유한회사의 경우 다음의 5가지 요건 중 3가지 이상을 충족하는 기업은 외부감사 대상이 된다. 첫째, 직전 사업연도 말의 자산총액이 120억 원 이상 둘째, 직전 사업연도 말의 부채총액이 70억 원 이상 셋째, 직전 사업연도 말의 매출액이 100억 원 이상, 넷째, 직전 사업연도 말의 종업원 100명 이상, 다섯째, 직전 사업연도 말의 사원 50명 이상이다.

최근 외부감사인의 독립성과 회계투명성을 확보하기 위해 기업이 외부감사인을 자유롭게 선임하던 기존의 선임 방식에서 일정기간 자유 선임한 기업에 대해 증권선물위원회(금융감독원에서 위탁받아 지정)가 감사인을 지정하는 "주기적 지정 제도"가 도입되었다[18]. 주기적 지정제도는 2019년 9월 1일을 기준으로 대상 기업을 지정하여 2020년부터 본격적으로 시행하게 되었는데, 연속하는 6개 사업연도의 감사인을 자유 선임한 주권상장법인 또는 소유·경영 미분리 비상장법인[19]에 대해 다음 3개 사업연도 외부감사인을 증권선물위원회(금감원)에서 지정하게 된다. 다음은 신외감법 개정에 따라 시행되고 있는 외부감사인의 주기적 지정제도의 시행에 대해 잘 설명해 주고 있다.

〈사례 7〉 외부감사인의 지정감사제 도입

2021년 10월 17일 금융위원회에 따르면 전체 상장사 중 절반이 넘는 1,253개의 기업이 지정감사제를 통한 외부감사를 받을 예정이다. 지정감사제가 적용된 상장사는 매년 증가 추세다. 2017년 전체 상장사의 7.8% 수준인 감사인 지정 상장사는 2018년 12.7%, 2019년 34.7% 등으로 증가했고, 2020년에는 44.5%를 차지했고, 2021년에는 절반이 넘는 51.6%의 상장사가 감사인을 지정받을 것으로 예상된다고 밝혔다.

금융당국은 지정 감사인의 감사품질을 제고하기 위해 '지정감사 업무 수행 모범규준'을 발표하였다. 첫째, 지정 감사인과 기업 간 감사 인력, 감사시간 및 보수 등의 감사 계약 사안에 대해 사전 협의를 의무화하였다. 이를 위해 지정 감사인은 감사 계약 조건에 대한 근거 자료를 기업에 제시하여야 한다. 또한, 지정 감사인이 기업에 부당한 자료를 요구하는 지위 남용 사례를 막기 위한 방안도 시행된다.

---

18 주식회사 등의 외부감사에 관한 법률 제11조 제2항의 개정에 따라 2018년 11월 1일부터 1년이 경과한 날 이후 시작하는 사업연도부터 적용되었다.

19 소유·경영 미분리 비상장법인이란 직전 사업연도 말 자산규모가 1천억 원 이상인 비상장사로서 지배주주 및 특수관계자의 지분율이 50% 이상이고, 지배주주 및 특수관계자인 주주가 대표이사인 회사를 말한다.

그리고 지정 감사인이 전기 재무제표를 수정해야 한다고 판단할 경우엔 기업 및 전기 감사인과 협의를 하도록 의무화했다. 이는 신 외부감사법이 시행된 이후 전기와 당기의 감사인 간 의견이 일치하지 않는 경우가 늘어나고 있기 때문이다. 만약 협의 이후에도 이견을 좁히지 못한다면 금융감독원 또는 한국회계기준원에 질의하거나 회사에 '전기와 당기 감사인 의견 조정 협의회'를 통해 의견 조정이 가능하다. 그동안 감사시간이 표준감사시간에 미달하면 회계법인은 한국공인회계사회 징계를 받고 기업도 감사인을 지정받게 된다는 오해가 있었다. 따라서 이에 대해 명확히 하기 위해 표준감사시간에 대한 유권해석을 포함하였다.
마지막으로 금융당국은 향후 회계법인에 대한 제재를 강화하겠다는 계획이다. 부당행위에 대한 신고가 접수되었을 때 합리적인 사유 없이 조정에 불응하는 지정 감사인은 감사인 지정이 취소될 예정이다. 이후 금감원 등 유관기관 조사 후 지정 제외점수 및 징계 등 제재가 부과되는 방식이다.

• 기관투자자

기관투자자는 개인투자자와 대비되는 형태로 법인 형태를 가지는 투자자를 말한다. 은행, 보험회사, 증권회사, 투자신탁회사, 연금 및 기금을 관리·운용하는 법인, 공제사업을 영위하는 법인 등이 여기에 포함된다.

개인투자자는 기관투자자에 비해 다음과 같은 특징으로 인해 기업지배구조 시스템으로 한계가 있다. 첫째, 개인투자자는 경영자나 기업을 모니터링하는 데 있어 발생하는 비용이 너무 크다. 또한 투입하는 비용에 비해 개인투자자가 얻게 되는 효익이 불확실하고 크지 않을 것으로 예상되므로 개인투자자는 경영자 감시에 적극적인 유인을 가지지 못한다. 둘째, 소액 개인투자자는 기관투자자에 비해 정보 수집 능력과 분석 능력이 높을 수 없고 기관투자자에 비해서 장기 보유에 대한 동기가 상대적으로 낮다. 셋째, 개인투자자는 모니터링한 정보를 토대로 적극적으로 주주 행동에 나서기는 현실적으로 쉽지 않다. 이에 비해 기관투자자는 상대적으로 대규모 자본을 투자하고 있어 경영자 감시 및 견제에 소요하는 비용 대비 효익이 클 것으로 예상되며, 정보 수집 능력과 분석 능력이 뛰어나 적극적인 감시 및 견제기능을 수행할 수 있는 능력을 보유하고 있다. 따라서 기관투자자는 적극적으로 경영자를 감시하고 견제함으로써 대리인 비용을 낮추고자 노력할 유인을 가지므로 외부 기업지배구조 메커니즘으로 역할을 기대할 수 있다.

우리나라는 외환위기를 겪기 전인 1997년까지 기관투자자의 의결권 행사를 제한하여 기관투자자가 경영자의 감시 및 견제 역할을 수행할 수 없는 환경에 있었다. 그러나 IMF 외환위기 이후 기업지배구조 개선의 일환으로 2003년 기관투자자의 의결권 행사를 허용하고, 2008년과 2011년 '스튜어드십 코드'로 불리는 기관투자자의 의결권 행사와 관련된 가이드 라인을 제정하였으며 2013년 자본시장법 개정을 통해 기관투자자의 충실 의무를 명시하고 기관투자자의 의결권 행사 내역을 공시하도록 제도화하였다.

이상에서 살펴본 바와 같이 우리나라에서 기관투자자의 적극적인 기업지배구조 역할을 위한 법적·제도적 환경이 조성되고 있지만 이제까지 해외에 비해 기관투자자의 경영자나 기업에 대한 모니터링 역할이 이루어지지 못했고 오히려 소극적이기까지 하였다. 그러나 후술하는 주주행동주의로 인해 기관투자자에게 적극적인 기업지배구조로서의 역할을 기대하게 되었다. 이에 대해서는 '주주행동주의'를 논의하는 절에서 상세히 후술한다.

• 외국인투자자

우리나라 자본시장은 1992년에 외국인의 투자한도를 종목당 10% 이내로 제한하는 선에서 외국인의 직접투자를 일부 허용한 후

IMF 시절인 1998년 5월에 일부 업종을 제외하고 투자 한도를 없애면서 국내 자본시장을 외국인에게 전면 개방하였다. 외국인의 직접투자 개방 이후 외국인투자자가 우리나라 자본시장에서 차지하는 비중이 상당히 커졌다. 유가증권 시장에서 외국인투자자의 보유 비중은 시가총액 기준으로 1998년 말 19.6%에서 2005년 말 39.73%까지 꾸준히 증가하다가 최근 다소 하락하여 2021년 7월 말 기준으로 34.03%를 차지하고 있고, 외국인투자자의 주식 보유 수 기준으로 전체 상장 주식수 대비 1998년 말 10.52%, 2005년 말 22.96%, 2021년 7월 말 기준 18.6%의 추이를 보이고 있다.

외국인투자자의 유형을 살펴보면 외국계 투자은행, 뮤추얼펀드, 외국계 연기금, 헤지펀드, 개인투자자 등으로 구분할 수 있으며 그 중 상당한 비중을 차지하는 유형은 외국계 금융기관과 펀드 등의 외국 기관투자자들이다. 예를 들어 골드만삭스, JP모건, 히델리티, 템플턴, 푸르덴셜, 캐피털 그룹 등의 세계 유수의 금융투자기관이 우리나라 기업의 주식에 직접 투자하고 있다.

외국인투자자들은 국제적인 정보 네트워크와 전문적인 지식을 보유하고 있어 일반투자자들에 비해 정보 수집 및 분석 능력이 뛰어나고 대량의 거래 주문을 통해 상대적으로 안정적이고 장기적인 투자성향을 특성을 가진다. 또한, 투자 기업에 대해 투명한 회계책임을 요구하며 양질의 회계정보 제공을 유도하는 등 경영자를 효과적으로 통제 및 견제할 수 있는 대표적인 외부 주주이다(전영순 2003; 김동순와 전영순 2004; 안윤영 등 2005; 박경서와 이은정 2006; 박경서 2017). 특히, 주식의 분산도가 높은 상장기업에서 5% 이상의 지분을 소유한 외국인 대주주는 이사의 선임과 해임, 주주총회 소집, 회계장부 열람 청구 등을 통해 경영에 대한 실질적인 견제나 간섭이 가능하다는 점에서 일반적인 소액 투자자와 구분되며 대리인 문제의 해소를 위해 통제 및 감시 기능을 기대할 수 있다(설원식와 김수정 2006).

• **금융기관 및 채권자**

기업에 돈을 빌려주는 금융기관과 채권자도 경영자의 대리인 문제를 해소하는 기능을 수행할 수 있다. 금융기관과 채권자는 기업에 자금을 빌려준 다른 차원의 중요한 투자자에 해당하므로 기업지배구조에 관심을 가진다. 즉, 금융기관과 채권자는 기업에게 대규모 자금을 공급해 줌으로써 공급해 준 자금을 정상적으로 회수할 목적으로 모니터링 유인을 가진다. 또한 기업은 금융기관과 채권자로부터 자금을 공급받게 되면 정상적으로 이자를 납부해야 할 의무가 발생하므로 기업과 경영자에 대한 모니터링 유인을 금융기관과 채권자에게 제공하게 된다.

특히, 금융기관과 채권자들은 기업으로부터 부채계약 체결 시 제공받은 정보를 통해 효과적으로 모니터링할 수 있는 능력을 보유하고 있고, 그러한 모니터링의 결과를 활용하여 대출계약 조건 변경, 대출금 조기 회수, 추가 대출 거부 등의 강력한 견제 수단을 사용할 수 있으므로 기업지배구조의 외부 메커니즘으로 역할을 수행하게 된다.

• **애널리스트**

애널리스트는 자신이 속한 기업(예를 들어, 증권회사 또는 투자회사)이나 일반 투자자들에게 기업과 관련된 전문적인 투자 의견을 제공하는 역할을 수행하는 전문가이다. 따라서, 애널리스트는 자신이 수집한 정보를 분석하여 기업의 경영성과를 예측하고 주식의 매수 및 매도를 추천하는 보고서를 작성하여 투자자들에게 정보를 제공한다. 즉, 개별 기업의 미래 이익을 예측하고, 목표 주가를 제시하여 매수, 보유, 매도 의견을 전문적으로 제공한다. 이렇듯 애널리스트는 방대한 정보 수집 능력을 통해 기업 경영자의 의사결정을 분석하고 투자자들에게 제공한다는 점에서 전문적으로 경영자의 감시자 역할을 수행하고 있으므로 기업지배구조의 외부 메커니즘에 포함시킬 수 있다.

• **인수합병시장**(market for corporate control)

인수합병(M&A)시장에서 기업지배구조에 관심을 가지는 이유는 인수하거나 합병하고자 하는 기업의 전문경영자 또는 지배주주의 도덕적 해이 정도가 심각할 경우 주가는 정상적인 기업에 비해 훨씬 낮을 것이므로 이때는 기업을 인수하거나 합병하고 최고 경영진을 교체하는 방법[20] 등을 고려하여 경제적 이득을 취할 수 있다는 점을 인지할 수 있기 때문이다(Martin and McConnell 1991; Lel and Miller 2014). 따라서 적절하게 운영되지 않았던 기업을 대상으로 한 인수합병은 중요한 기업지배구조 메커니즘으로 볼 수 있다. 만일 경영자가 무능하거나 도덕적 해이 정도가 심해 기업을 제대로 운영하지 못한다면 그러한 기업은 인수될 것이며 경영자는 인수합병을 통해 교체될 것이다. 이러한 관점에서 인수합병은 강력한 경영자에 대한 감시 및 견제 수단으로 경영자

20 적대적 인수합병의 경우 합병 후 경영자를 교체하거나 경영 방법 등을 획기적으로 바꾸는 방법을 사용하여 조직을 효율적으로 변화시킬 수 있는데, 이러한 방식의 인수합병을 "규율적 인수합병(disciplinary takeovers)"라 한다(Kim et al. 2009)

의 재량권을 통제할 수 있다(Jensen 1993).

이상에서 살펴본 기업지배구조의 기본요소는 다음과 같다.

먼저 기업지배구조의 기본요소는 이사회와 감사위원회(Board of Directors and Committees), 법률 및 규제(Legal and Regulatory Framework), 조직계층(Organizational Hierrchy), 감시와 내부통제(Monotoring and Internal Control), 투명성 및 회계책임성(Transparency and Accountability), 정책 및 절차(Policies and Procedures)로 구성되며, 각각의 요소는 기업 사명, 목적, 전략, 비전에 중요한 역할을 담당한다.

- 이사회 및 감사위원회는 기업지배구조의 실질적 핵심요소로써 최종 의사결정의 집행과 견제의 수단이다.
- 기업지배구조와 관련된 다양한 법률 및 규제의 형식은 기업지배구조의 방향성을 결정한다.
- 기업지배구조가 기업의 형태를 결정짓는 요인이므로 해당 기업지배구조는 기업의 조직구성에 결정적인 영향요인으로 작용한다.
- 기업지배구조의 기본 개념은 감시 및 통제 메커니즘으로 이해되므로 해당 기업의 감시 및 내부통제 형식은 매우 중요한 기업지배구조의 특성 요인이다.
- 기업지배구조의 궁극적 목표는 기업의 투명성 확보와 회계책임성의 강화로 귀결되므로 이러한 목표들이 기업지배구조의 핵심 관심사라 할 수 있다.
- 기업지배구조의 성공적 운용은 해당 기업의 기업지배구조 관련 정책과 절차 수행의 효율성과 밀접한 관련성이 있다.

〈**그림 I-1**〉 기업지배구조의 기본요소

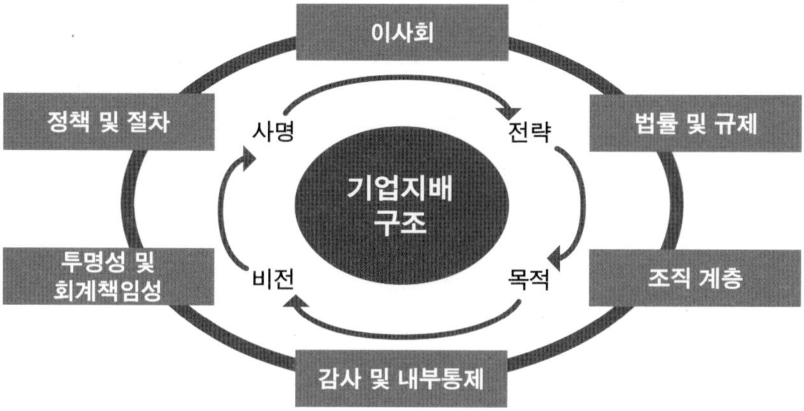

누가 기업을 지배하는가?

경영자에 대한 감시·통제 메커니즘이라는 전통적인 기업지배구조 개념은 기본적으로 기업의 주인이 주주라는 가정하에서 경영자에게 나타날 수 있는 대리인 문제를 해소하기 위한 내·외부 장치로 이해되어 왔다.

그런데 전통적인 기업지배구조 메커니즘에서 벗어나 다양한 시각에서 기업지배구조를 논의하고자 하는 주장들이 대두되고 있다. 우선, 주주뿐만 아니라 다양한 이해관계자의 이익까지를 함께 고려하여 기업의 장기적 가치를 제고해야 한다는 주장이 제기되고 있으며 이러한 주장은 환경, 사회, 지배구조를 중시하는 ESG 경영의 활성화에 영향을 미쳤다고 볼 수 있다.

다음으로 소유와 경영의 분리로 인해 경영자가 전문적으로 경영을 하고 주주는 지분 소유를 통해 기업을 소유한다는 전통적인 기업 소유구조 개념에서 나아가 소유 기능도 투자 및 저축 기능의 전문화가 이루어졌고 기업의 자본을 공급하는 실제 경제 주체와 주주 명부에 등재되어 의결권을 행사하는 주체가 분리되어 소유 기능도 분리되는 현상이 두드러지고 있다는 주장도 제기되고 있다.

마지막으로 소유와 경영의 분리는 주로 미국과 영국의 기업들을 대상으로 한 현상이며 유럽과 아시아의 기업들은 오히려 지배주주들에게 소유가 집중되고 있고 이러한 소유의 집중 현상으로 인해 지배주주와 소수 주주 간의 대리인 문제가 보다 심각하다는 주장들도 논의되고 있다.

주주주의(stockholderism)와 이해관계자주의(stakeholderism)

지배구조 논의의 핵심 중 하나는 기업의 주인을 누구로 볼 것인가, 그리고 기업을 둘러싼 이해관계자 간의 관계를 어떻게 이해할 것인가이다. 기업의 주인이 누구인가에 대한 관점은 주주 중심 대 이해관계자 중심으로 양분되어진다.

주주가 기업의 주인이라는 주주주의(stockholderism)는 미국을 중심으로 한 대표적인 기업지배구조에 대한 관점이다(Friedman 1970). 미국의 지배적인 시각은 아직까지도 기업의 주인은 주주라는 것이다. 그렇기 때문에 경영자들은 주주를 위하여 일해야 하고, 기업의 중요한 의사결정에도 주주의 이해관계를 철저히 반영해야 한다는 것이다. 특히, 기관투자가들이 소유한 기업의 지분이 늘어나면서 이들의 주주 행동주의 때문에 주주를 기업의 주인으로 보는 시각이 현실적으로는 강화되고 있다.

그러나 최근 이러한 관점의 문제점이 일부 학자와 산업계 전문가에 의해 제기되면서 기업을 둘러싼 다양한 이해관계자들을 기업의 주인으로 보자는 이해관계자주의(stakeholderism)가 제시되고 있다(Dragomir 2008). 주주주의를 중시 여기는 미국에서조차 영향력 있는 주요 기업 최고경영자 181명이 2019년 8월 비즈니스라운지 테이블(BRT)를 통해 주주 우선주의 시대는 막을 내렸다고 선언하면서 기업의 목적은 고객, 근로자, 거래기업, 지역사회, 주주 등 모든 이해관계자에게 봉사하는 것임을 발표하였다.

이와 같이 이해관계자주의는 기업의 주인인 주주의 이익만을 추구할 것이 아니라, 기업의 다양한 이해관계자(종업원, 채권자, 소비자, 지역사회, 국가 등)들의 이익도 고려하여야 함을 주장한다. 따라서 이해관계자주의는 이해관계자의 이익을 보호하는 내용이 핵심이 되며 주주에 대한 배려보다 기업에 소속된 모든 이해관계자와 공존공생하는 것을 경영목표로 한다. 이해관계자주의 관점에서 기업지배구조 개념은 기업을 둘러싼 이해관계자들 간의 관계를 조정하는 메커니즘을 의미한다고 할 수 있다(Gregory 2000).

소유의 분리와 전문화

Clark(1981)은 자본주의의 발전 단계를 기업가 시대, 전문경영인 시대, 투자전문가 시대, 저축설계사 시대 등 4단계의 발전과정으로 설명하였다[21]. 특히 그에 의하면 세 번째 단계인 투자전문가 시대 이후 소유 기능이 세분화되고 전문화되었다.

1960년대부터 나타난 투자전문가 시대에서 기업의 자본을 전문적으로 관리하고 투자하는 기관투자자 또는 금융중개인 등의 투자전문가가 크게 활약하게 됨으로써 기업의 소유 기능이 자본의 공급 기능과 투자 기능으로 분리되어 투자 기능이 전문화되었다. 즉, 기업의 자본을 투자하는 데 사용할 것인지와 어떻게 투자할 것인지에 대

21 첫번째 단계는 19세기 후반에 등장한 기업가(entrepreneur)의 시대이다. 기업의 규모가 확대되면서 기업가는 대규모 사업조직을 통해 사업을 구상하고, 투자하고, 직접 경영하고자 하였다. 이 단계에서는 대규모 기업들이 과도하게 규모를 키우고 성장하면서 지나치게 큰 영향력을 행사하며 시장질서를 교란시킬 수 있음을 우려하게 되었다. 따라서 대규모 기업들을 위험한 존재로 인식하였으므로 기업을 어떻게 통제할지에 큰 관심을 가졌기에 예를 들어 독점금지법 등이 제정되었다. 두번째 단계는 20세기 초에 본격적으로 출현한 전문경영인의 시대이다. 앞서 설명한 바와 같이 전문경영인들의 출현과 함께 소유와 경영의 분리가 이루어졌다. 기업들은 기업 공개를 통해 투자 자금을 확보하고 기업의 주인인 주주들을 대신하여 전문경영인이 생산 활동과 영업 활동의 주도적 역할을 담당하는 등 본격적으로 경영 활동을 전문화하였다. 따라서 전문경영자들을 어떻게 효과적으로 모니터링하고 통제할 수 있는지와 동시에 전문경영자들에게 강력한 사업 결정에 관한 권한을 어떻게 보장해 줄 수 있는지가 중요한 과제로 대두되었다. 세 번째 단계에서 소유의 기능이 자본의 공급 기능과 투자 기능으로 분리되어 투자 기능이 전문화되었다면 네 번째 단계에서 자본의 공급 기능이 금융자산에 대한 청구 기능과 저축 결정 기능으로 분리되어 특히 저축 결정 기능이 전문화되었다. 이에 대해 Clark(1981)는 저축설계사(saving planner)의 시대라 명명하였다. 미국 기업의 경우 이제 저축을 할 것인지, 그리고 얼마나 저축할 것인지에 대한 결정도 개인이 아니라 소속 기관의 대표들이 하는 경우가 많아지게 되었다고 설명하면서, 예를 들어 단체건강보험, 단체생명보험, 연금 등의 저축 규모가 커졌고 연금관리자들과 같은 저축설계자들은 적극적으로 투자하지 않게 되었다. 그들은 일반적으로 은행, 보험회사, 투자회사 등의 금융 상품에 가입하여 보유자산을 투자한다. 따라서 이 시대에서는 연금 제도의 건전성이 관심을 받게 되어 연금보호법 등이 제정되었다.

한 의사결정이 전문화되어 소유 기능의 분리가 이루어지게 됨으로써 주주들은 투자에 관한 의사결정에서 벗어날 수 있었다. 이렇듯 기업가시대와 전문경영인 시대에서는 기업의 주주들이 직접 투자를 결정하였지만, 투자전문가 시대에서는 주주들이 투자를 직접 결정하지 않고 투자전문가에게 위임하게 되었다.

그런데 기관투자자나 금융 중개기관들도 주주의 실질적인 주인된 권리인 의결권 행사를 주주로서 주주총회에 직접 참석하여 행사하기는 현실적으로 쉽지 않다. 이로 인해 의결권 행사를 전문적으로 자문하는 기관이 탄생하고 발전하였다.[22] 주주들이 투자를 위임한 기관투자자들이 점차 직접 의결권을 행사하기보다 주주들에게 아무런 의무를 부담하지 않은 의결권 행사기관에서 사실상 의결권을 결정하게 되었다.

또한, 소유 기능 중 투자 기능을 위임받은 기관투자자 등도 실질적으로 주식의 자금을 공급하는 주체가 아닌데도 기업의 주주 명부에 주주로 등재되어 있어 실제 누가 기업의 소유자로서 역할 하는지에 대해 헷갈리게 되었다, 그마저 기관투자자들도 주주로서 가장 중요한 의결권 행사를 전문자문기관의 자문에 따라 실질적으로 이루어지고 있어 소유의 분리 현상은 심화되어져 가고 있다고 볼 수 있다. 따라서 이 단계에서는 경영자의 통제보다는 투자전문기관과 금융기관의 건전성에 더욱더 큰 관심을 가지게 되었고, 금융중개기관의 건

---

22 의결권행사 자문기관은 주주총회의 의안을 분석하고 의결권 행사에 관한 자문을 제공하는데 ISS(Institutional Shareholer Service), Glass Lewis, 한국기업지배구조원 등이 있다. Briggs(2007)에 의하면 ISS의 자문을 받고 있는 기관투자자가 미국 대기업의 약 40% 지분을 보유하고 있다.

전성을 규제하는 금융기관규제법이 발달하게 되었으며 기관투자자의 역할이 주목받게 되었다.

이상을 통해 살펴보았듯이 영국·미국 등과 같은 앵글로-색슨 국가의 경우 소유와 경영이 분리된 기업지배구조 현상이 보편적이므로 기업은 자본주의의 발전과 함께 소유와 경영이 분리되어 경영이 전문화되었고, 점차 소유도 분리되어 자본의 공급 기능과 투자기능으로 세분화됨으로써 전문화되었다. 특히, 소유의 분리와 전문화로 인해 현대 기업에 있어서 실질적인 소유자가 누구인가에 대한 문제는 단순히 주주들이 얼마의 지분을 가지느냐, 그리고 기업의 결정권을 얼마나 가지는가, 얼마나 통제할 수 있느냐만을 가지고 판단할 수 없는 것이다.

소유의 집중(concentration of ownership)

유럽·아시아 지역의 기업지배구조는 창업주와 그 가족이 실질적인 최고 경영자의 역할을 수행하는 기업지배구조가 보편적 현상이며, 이러한 경우 소액주주에 반하는 창업주와 그 가족의 기회주의적 동기를 어떻게 감시·통제할 것인가를 연구주제로 인식하고 있다(Becht 1997).

Berle and Means(1932)가 제기한 소유와 경영의 분리 현상은 주로 미국과 영국의 기업에서 관찰되며 그 외의 국가들의 기업에서는 소유의 집중 현상이 보다 보편적인 현상이라는 연구 결과가 최근 발표되고 있다. La Porta et al.(2000)은 전 세계적으로 소유와 경영의 분리 현상보다는 소유 집중의 지배구조가 주로 관찰되고 있으며 Berle and Means(1932)의 연구 결과 대상 국가인 미국에서조차도 실제로 소유와 경영이 분리된 기업의 비중은 당시 결과보다 낮은 것으로 나타났다고 하였다. Classens et al.(2000)도 아시아 9개국, 2,980개 기업을 분석한 결과 50% 이상 지분을 보유한 지배주주 또는 지배주주 일가가 존재하는 기업이 전체 표본 기업 중 약 67%에 달하며 2/3 이상의 상장기업들은 단일 지배주주의 지배를 받고 있다고 발표하였다. 이후 최근에 Aminadav and Papaioannou(2020)는 2004년부터 2012년까지 127개 국가의 상장기업을 분석한 결과도 앞선 연구결과와 다르지 않았다.

그런데, Cronqvist and Nilson(2003)은 스웨덴의 309개 상장기업을 분석한 결과 소유가 집중된 기업은 기업가치의 약 6~25%의 대리인 비용을 발생시킨다고 하였다. 이러한 연구들을 통해 세계적으로 소유의 집중과 지배주주의 존재, 지배적 소수주주[23] 등의 지배적인 현상으로 밝혀졌고 이에 따라 소유의 집중 현상에 대한 원인과 지배주주와 가족기업에 관한 연구가 최근 본격화되었다.

이상의 연구 결과에서는 기업의 부를 지배주주로 이전하는 '터널링(tunneling)'[24], '유가증권 저가 인수, 경영권 승계와 관련된 사회적 문

---

23 소유가 집중되어 있다고 하더라도 대부분의 기업에서는 대주주의 지분이 50%를 넘는 경우는 많지 않은데, 이처럼 소유집중 현상 중에도 대주주 지분이 50%를 넘지 않는 경우를 지배적 소수주주 시스템(Controlling-Minority System; CMS)이라고 한다(Song 2002). 이러한 시스템은 후술하는 한국의 재벌그룹 지배구조가 대표적이라 할 수 있는데, 피라미드 구조, 복수 의결권 주식, 그룹 내 계열사 지분을 통한 간접지분, 순환출자 방식 등의 방법으로 지배구조가 이루어진다.

24 Johnson et al.(2000)에 의하면 터널링(tunneling)은 소액주주의 부가 여러 가지 방법으로 인해 지배주주에게 이전되는 것을 의미한다. 구체적으로 설명하면 재벌이나 기업집단의 지배주주는 계열사를 통해 자신은 적은 현금흐름만을 가지고 직간접적으로 기업을 지배할 수 있으므로 지배주주의 지분이 적은 계열사에서 지분이 많은 계열사로 부를 이

제 등이 소유의 집중 현상에 따른 지배주주와 외부 소액주주 간의 대표적인 대리인 문제로 제기하고 있다(Johnson et al.,2000; Bae et al., 2002; Bertrand et al. 2002; Baek et al. 2006). 따라서 기업지배구조의 핵심 근거인 대리인 이론을 경영자-주주 대리인 유형과 지배주주-소액주주 대리인 구조로 나누어 연구를 전개하여야 할 것이다.

주주행동주의

주주행동주의는 주주들이 직접 기업 경영의 감시자로서 경영자의 의사결정에 적극적으로 영향력을 행사하여 주주의 이익을 추구하는 행위를 통칭하여 말한다. 과거에는 주로 시세차익이나 배당금 등 일부 사항에 대해 관심을 가지고 행동하였으나 최근에는 경영 투명성 제고, 경영진의 책임 추궁, 구조조정 등 주요 경영 현안까지 적극 개입하여 기업가치를 높이기 위해 영향력을 행사하고자 한다. 이러한 행위를 하는 사람들을 주주행동주의자(shareholder activist)라 한다. 주주행동주의자들이 경영자를 견제하고 감시하기 위해 취할 수 있는 적극적인 행동으로 주주 제안서 제출[25], 위임권 대결을 통한 의안 표 대결 또는

전시키는 현상을 말하는 것이다.

25 상법 제363조의2 제1항에 따라 우리나라 상장기업의 경우 주주가 제안서를 제출하기

이사 교체, 주주 소송[26] 등을 들 수 있다.

그러나 소유의 분산과 막대한 시간 및 비용 발생 등으로 인해 적극적인 주주행동주의를 소액주주들에게 기대하기는 현실적으로 힘들다[27]. 그래서 기관투자자의 비중 증가와 헤지펀드의 활성화로 인해 주주행동주의가 기관투자자와 헤지펀드 중심으로 확산되고 있다.

행동주의 헤지펀드(Activist Hedge Fund)

행동주의 헤지펀드란 주식 매수를 통해 기업의 주요주주가 되어 경영에 적극적으로 관여함으로써 자신이 보유한 주식의 가치를 높이고자 하는 전략을 추구하는 펀드를 말한다. 따라서 특정기업의 주식을 집중적으로 매입하여 인수합병, 재무구조 개선, 자사주 매입, 지배구조 개편, 배당 확대 등 기업의 주식가치를 높이는 방법을 적극적으로 요구하는데, 소송이나 주주총회에서 위임장 대결 등도 적극적으로 실행한다.

우리나라의 대표적 행동주의 펀드를 들자면 2006년 라자드자산

위해서는 발행주식의 3% 이상의 지분을 6개월 이상 보유하여야 하며, 주주총회 개최 6주 전까지 제안서를 기업에 제출해야 한다.

26 주주대표소송은 소액주주들이 일정 이상의 의결권 지분을 모아서 경영자 및 임원들을 대상으로 소송을 제기하는 것이다(상법 제403조). 또한 소액주주들이 경영진의 주가조작, 분식회계, 허위공시 등으로 손실을 입었을 경우 주주 한명이 소송을 통해 승소하면 동일한 손실을 본 다른 주주들도 보상을 받도록 하는 제도인 증권집단소송 제도도 마련되어 있다.

27 Grossman and Hart(1980)은 소액주주들이 무임승차 문제로 인해 경영자들의 대리인 문제를 해소하기 위해 적극적으로 행동하기 어렵다고 하였다. 즉, 적극적인 주주 행동에 대한 비용은 본인이 부담하여야 하나 이에 따른 혜택은 다른 주주들도 공유하기 때문에 소액주주들이 직접 나서기보다 다른 주주들이 먼저 행동하기를 기다린다고 하였다.

운용의 "한국기업지배구조펀드"이다. 소위 '장하성 펀드'로 불렸던 이 펀드에서는 대한화섬, 한솔제지 등의 지분을 매입하여 기업지배구조의 개선을 요구하였지만 별다른 성과를 내지는 못하였다. 이러한 행동주의 펀드는 기업가치를 제고시킨다는 지지자들도 많지만 한편으로 단기 차익 중심의 요구를 통해 기업의 장기적인 측면의 경쟁력을 저하시킨다는 우려의 목소리 또한 많다. 이러한 이유로 행동주의 펀드가 "기업사냥꾼"이라고도 불린다.

스튜어드십 코드(stewardship code)

별다른 성과를 보여주지 못하던 주주행동주의가 2017년 스튜어드십 코드의 도입으로 인해 다시금 관심을 받게 되었다. 스튜어드십 코드는 기관투자자의 의결권 행사와 관련된 자율 지침으로, 기관투자자들로 하여금 적극적인 역할을 수행하도록 유인하여 기업의 의사결정에 적극적으로 참여하게 함으로써 투명한 경영, 기업가치 중심의 경영 등을 이끌어 내는 것이 목적이다. 따라서 단순한 의결권 행사를 넘어 기업과 적극적인 대화 과정을 통해 경영자의 의사결정에 영향력을 미침으로써 장기적인 기업가치의 극대화를 추구하는 것이 주요한 목적이다.

국내에서는 2016년 시행됐으며, 국내 상장회사 주식 보유 비중이 상당히 높은 국민연금이 2018년 스튜어드십 코드를 도입하고 '수탁자책임 전문위원회'를 설치하여 기업의 주주가치 제고, 대주주의 전횡 저지 등을 위해 주주권을 행사하고 있다.

〈표 I-4〉 연도별 국민연금의 의결권 행사 현황

연도	의결권 행사 대상기업			경영진 제안 안 반대				
	기업수	반대 기업수	반대 비율 (%)	전체 (%)	재무제표 승인 (%)	정관 변경 (%)	임원 선임 (%)	보수 한도 (%)
2012	292	200	68.49	13.19	0.60	77.36	8.10	1.25
2013	299	121	40.47	9.76	1.24	30.06	13.19	0.41
2014	311	95	30.55	6.89	1.57	7.78	10.70	0.59
2015	336	117	34.82	8.24	1.74	20.59	11.64	0.54
2016	337	111	32.94	10.74	1.74	17.24	15.99	2.04
2017	342	142	41.42	11.24	4.20	21.12	14.06	5.31
2018	386	242	62.69	17.56	2.70	18.38	17.74	27.39
2019	383	242	63.19	15.85	2.77	10.54	14.88	33.01

(출처) 기관 소유구조에 따른 국내 기관투자자 의결권 행사의 적극성 비교 (2020, 한국기업지배구조원)

다음은 국내 기관투자자 대상의 스튜어드십 코드 시행 이후 최근까지 기관투자자들의 의결권 행사 동향을 설명하고 있다.

〈사례 8〉 기관투자자 의결권 행사 현황

최근 6년간 기관투자자 의결권 행사 추이

(단위: 건, %)

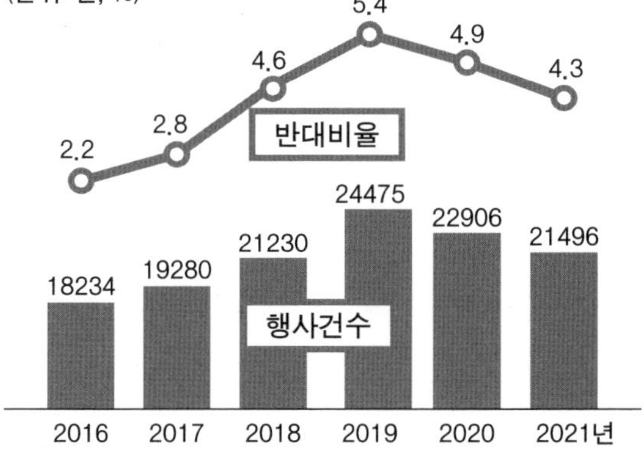

*자료:대신지배구조연구소

- ◆ 대신지배구조연구소의 "기관투자자 의결권행사 보고서"를 보면 2016년 말 '스튜어드십 코드'가 도입된 이후 정기 주주총회에서 의결권을 행사한 기관투자자는 2016년 89개사에서 2021년 724개사로 크게 증가하였다. 그러나 2019년 이후 의결권행사 건수와 주주관여 대상기업 수는 감소하는 추세다. 2019년 164개 기관투자자들이 2만 4475건의 의결권을 행사했는데 2021년은 193개사에서 2만 1496건의 의결권을 행사하며 건수가 줄었다.

- ◆ 주주관여 대상기업은 2019년 755개사에서 2020년 812개사로 증가하다가 2021년 742개사로 감소하였다. 상정 안건의 반대비율은 2016년 2.2%에서 2021년 4.3%까지 증가하면서 적극적인 의결권 행가 이루어진 것으로 나타났다. 기관투자자의 반대 의결권행사는 임원 선임의 건에 집중되었다. 주주제안에 대한 기관투자자의 반대비율은 29.8%로 나타나 전체 안건에 대한 반대비율보다 높았지만 최근 4년간 평균 의결권 의안 반대비율이 4% 중반 수준에 불과했다

우리나라의 재벌 기업지배구조[28]

우리나라 기업지배구조에 있어 가장 독특한 특징이 대규모 기업집단[29]의 존재이다. 특히 특정 총수 가문을 중심으로 형성된 재벌에 대한 부정적 인식으로 인해 우리나라 기업지배구조의 논의는 대체로

---

28 본 절은 공동저자 중 류지호의 다음 박사학위 논문의 내용 중 일부를 수정 및 보완하여 서술하였다. (류지호. 2020. "경영자 유형 및 재벌기업의 소유구조가 R&D지출 행태에 미치는 영향")

29 '기업집단'이라 함은 동일인(기업집단의 지배주주)이 실질적으로 사업을 지배하는 기업의 집단으로서 최소 2개 이상의 기업으로 구성되는 것을 말한다(노준화와 배길수 2013). 최정표(2009)는 기업집단을 '법적으로나 형태면에서는 다른 법인들이지만 실제로는 하나의 경영주체에 속해 하나로 관리되고 있는 그룹'이라고 정의하였고, 공정거래위원회에서는 "동일인이 사실상 사업내용을 지배하는 회사의 집단으로서 지분율 기준 또는 지배력 기준으로 기업집단의 범위, 즉 계열사 여부를 판단"한다고 공시하고 있다.

재벌개혁의 관점에서 논의되어 왔다.

이에 따라 우리나라는 1981년 독점규제 및 공정거래에 관한 법률(이하 '공정거래법') 제정을 통해 대규모 기업집단의 규제에 대한 법적 근거를 마련하였고, 1987년부터 대규모 기업집단 소속 기업에게 일정한 규제와 공시를 의무화하여 실질적인 규제를 시작하였다[30].

대규모 기업집단 지정을 통한 규제 제도의 변천 과정을 살펴보면, 1987년 3월 처음 제도가 도입되었을 때 자산 규모가 4,000억 원 이상인 기업집단을 대상으로 지정하였다. 그러나 기업집단의 자산 규모도 매년 급증하여 1992년에 자산규모 4,000억 원 이상 기업집단이 78개에 이르자 관리가 어려워져 1993년부터 자산 순으로 30개 기업집단을 지정해 집중적으로 관리하였다. 30대 기업집단에 지정되면 소속회사 간 상호출자가 전면 금지되며 또한 신규로 채무보증을 할 수 없으며 기존 채무보증은 다음연도 3월 말까지 모두 해소해야 한다. 그리고 금융, 보험회사를 소유하고 있는 기업집단은 계열사 주식에 대한 의결권 행사를 하지 못한다. 자산총액 10위까지의 10대 기업집단은 계열사끼리 대규모 내부거래를 하려면 미리 이사회 의결을 거친 후 공시를 해야 한다.

하지만 기업의 규제 완화 요청에 따라 공정거래법이 개정되어

---

30 기업집단은 상호 간 주식취득이나 업무제휴, 관계인의 경영지배 등으로 기업 간 계속적인 이익관계가 설정된 기업 집중적 형태이다. 또한, 동일인이 단독으로 또는 동일인관련자와 합하여 당해 회사의 발행주식 총수의 30% 이상을 소유하는 경우로서 최대출자자인 회사와 당해 회사의 경영에 대하여 지배적인 영향력을 행사하고 있다고 인정되는 회사가 동일인인 회사인 경우 그 동일인과 그 동일인이 지배하는 하나 이상의 회사의 집단이나, 동일인이 회사가 아닌 경우 그 동일인이 지배하는 2 이상의 회사의 집단이 해당된다(공정거래법 제2조, 매일경제 용어사전).

2002년 30대 기업집단 일괄지정제도가 폐지되고, 대규모 기업집단 지정 제도는 상호출자제한, 출자총액제한 및 채무보증제한 대상 등으로 행태별 규제 방식으로 전환되었다. 상호출자제한집단은 자산총액 2조 원 이상, 출자총액제한 기업집단은 5조 원 이상으로 바뀌었으나 2009년 3월 출자총액제한이 폐지되어 상호출자제한 기업집단만 발표하여 오다가 2017년 5월 상호출자제한기준을 자산총액 10조 원 이상으로 변경하였고, 2017년 7월 자산총액 5조 원 이상의 기업집단을 추가로 공시대상 기업집단으로 지정하였다.

〈표 I-5〉 대규모 기업집단 연도별 지정기준 및 지정현황

연도	87	88	89	90	91	92	93	94	95	96	97	98	99	00	01	02	03	04	05	06	07	08
상출 기준	자산총액 4천억 원 이상						자산순위 기준 30대 기업집단									자산총액 2조 원 이상						
상출 집단수	32	40	43	53	61	78	30									43	49	51	55	59	62	79

연도	09	10	11	12	13	14	15	16.4.1. (공기업 포함)	16.4.1. (공기업 제외)	17.5.1.	17.9.1.	18.5.1.
상출 기준	자산총액 5조 원 이상									자산총액 10조 원 이상		
공시 기준	-									-	자산총액 5조 원 이상	
상출 집단수	48	53	55	63	62	63	61	65	53	31	-	32
공시 집단수	48	53	55	63	62	63	61	65	53	-	57*	60

* 개정 공정거래법 시행령('17.7.19. 시행) 부칙 제3조에 따라 '17.5.1. 지정된 자산총액 10조 원 이상 31개 상호출자제한기업집단이 '17.7.19.부터 공시대상기업집단으로 간주되었음

〈표 I-6〉는 2001년부터 2020년까지 연도별 대규모 기업집단 지정 현황이다.

〈표 I-6〉 2001-2020년 대규모 기업집단 지정현황

(단위:조원, 수)

구분		2001	2002	2003	2004	2005	2006	2007	2008
출자총액제한	기업집단수		19	17	18	11	14	11	14
	소속회사수		356	364	378	283	463	399	543
	자산총액		498	508	427	263	421	472	575
상호출자제한	기업집단수	30	43	49	51	55	59	62	79
	소속회사수	624	704	841	884	968	1,117	1,196	1,680
	자산총액	438	611	652	696	779	874	980	1,162

구분		2009	2010	2011	2012	2013	2014	2015	2016
상호출자제한	기업집단수	48	53	55	63	62	63	61	65
	소속회사수	1,137	1,264	1,554	1,831	1,768	1,677	1,696	1,736
	자산총액	1,311	1,472	1,691	1,978	2,108	2,206	2,258	2,338

구분		2017	2018	2019	2020	2021
상호출자제한	기업집단수	57	60	59	64	71
	소속회사수	1,980	2,083	2,103	2,284	2,612
	자산총액	1,842	1,967	2,039	2,176	2,336

* 2017년 이후 상호출자제한 기업집단에 기업집단수 추세, 소속회사 수 추이등을 고려하여 공시 대상 기업집단을 포함

(출처) 기업집단포털(http://egroup.go.kr)에서 자료 추출

〈표 I-6〉를 보면 출자총액제한 기업집단은 2008년에 제도가 폐지되었기에 본 저서에서는 주로 상호출자제한 기업집단을 중심으로 주요 특징을 살펴보면 다음과 같다. 첫째, 2001년까지는 자산규모 금액기준이 아닌 자산 기준 30대 기업집단을 지정하여 정부에서 관리하여 왔으나, 2002년부터 자산규모 금액 기준으로 변경하여 2008년까지는 자산총액 2조 원 이상, 2009년부터 2016년까지는 자산총액 5조 원 이상, 2017년부터는 자산 총액 10조 원 이상으로 경제 규모가 커질 때마다 지정 기준을 높여서 적정 기업집단 수를 규제하여 관리하려고 하였다. 그 결과 2008년 79개 기업집단 지정을 제외하고는 2002년 43개 기업집단에서 2021년 공시대상 기업집단까지 포함하여 71개 기업집단을 지정하는 등 40~70개 기업집단을 규제하여 왔다. 둘째, 상호출자제한 기업집단 지정 범위를 40개에서 70개 수준까지를 관리하여 왔으나 소속 계열회사 수는 2002년 704개에서 2021년 2,612개로 약 4배 가까이 증가하는 등 상호출자제한 기업집단의 사업 다각화가 활발하였음을 알 수 있다. 셋째, 상호출자제한 기업집단 자산 총액도 2002년 611조 원에서 2021년 2,336조 원으로 약 4배 규모로 성장하였다.

우리나라에서 현재 시행하고 있는 기업집단 정책은 다음과 같다.

첫째, 기업집단은 '동일인 또는 동일인 관련자가 사실상 사업내용을 지배하는 회사의 집단'으로서 최소 2개 이상의 회사로 구성된 경우, 지분율 기준으로 동일인 또는 배우자·친족(6촌 이내의 혈족 및 4촌 이내의 인척) 등 동일인 관련자의 주식 합계가 회사 발행주식 총수의 30% 이상을 소유하고 있는 최다출자자인 회사집단과 동일인이 회사가 아닌 경우 그 동일인이 지배하는 2 이상의 회사집단을 기업집단으로 규정한다(공정거래법 시행령 제3조).

둘째, 지배력 기준으로 다음 어느 하나에 해당되는 회사로서 당해 회사의 경영에 대하여 지배적인 영향력을 행사하고 있다고 인정되는 회사를 기업집단으로 지정한다.

① 동일인이 다른 주요 주주와의 계약 또는 합의에 의하여 대표이사 또는 임원의 100분의 50 이상을 선임하거나 선임할 수 있는 회사

② 동일인이 직접 또는 동일인관련자를 통하여 당해 회사의 조직변경 또는 신규사업의 투자 등 주요 의사결정이나 업무집행에 지배적인 영향력을 행사하고 있는 회사

③ 동일인이 지배하는 회사(동일인이 회사인 경우에는 동일인을 포함)와 당해 회사 간 다음과 같은 인사 교류가 있는 회사(동일인이 지배하는 회사와 당해 회사 간 임원의 겸임이 있는 경우, 동일인이 지배하는 회사의 임·직원이 당해 회사의 임원으로 임명되었다가 동일인이 지배하는 회사로 복직하는 경우, 당해 회사의 임원이 동일인이 지배하는 회사의 임·직원으로 임명되었다가 당해 회사 또는 당해 회사의 계열사로 복직하는 경우)

셋째, 지정된 대규모 기업집단은 상호출자 금지, 채무보증 제한, 기업집단 소속 금융보험사의 국내 계열회사에 대한 의결권 행사 금지, 대규모 내부거래의 이사회 의결 및 공시는 물론 비상장회사 등의 중요사항 공시 등 공정거래법상 대기업 시책의 대상이 된다. 또한, 공정위 지정제도에 근거하여 중소기업청, 금융위원회 등은 중소기업 분야, 금융 분야, 노동·세제 분야 등 약 20여 개 법령에서 관련 부처 정책을 집행한다.

한편, 총수 있는 기업집단을 통상적으로 '재벌'이라고 하며, 재벌은 여러 기업이 집단으로 형성되어 있으며, 경영 주체가 가족 중심으로 이루어져 규모가 큰 특징을 가진다. 따라서 대규모 기업집단은 총수 또는 특정 기업 등이 비교적 적은 지분을 가지고 실질적으로 경영권을 행사하며, 다각화된 산업 업종에서 상당한 거래 비중을 차지하는 기업군이라 할 수 있다(정남철과 이영한 2015).

II부

기업지배구조와 회계

Corporate governance, accounting and ESG

II 부

기업지배구조와 회계

-연구동향과 미래[31]-

Prologue

기업지배구조의 핵심은 책임과 보고로 요약된다. 책임은 주주를 비롯하여 모든 이해관계자에 대한 기업이 부담해야 할 의무를 의미하고, 보고는 그러한 책임에 대한 증명과정으로 이해할 수 있다. 따라서 기업지배구조의 역사는 그러한 책임과 보고에 대한 변화의 과정으로 볼 수 있다. 최근까지 세계 각국에서 공표되는 대부분의 기업지배구조 관련 연구, 법률, 제도개선은 그러한 맥락에서 이루어지고 있다. 특히 기업지배구조의 두 핵심을 달성하는 메커니즘으로 회계는 매우 중

---

31 본 장은 공동저자 중 안홍복의 다음 연구논문의 내용을 수정 및 보완하여 서술하였다. (안홍복·이연희. 2021. 기업지배구조와 회계: 연구동향과 미래 제언. 회계저널, 제30권 제5호 : 337-424.)

요한 역할을 담당하고 있다.

기업의 책임은 궁극적으로 회계책임으로 이해될 수 있고, 공시수단으로 재무제표를 활용한 회계공시가 전통적으로 활용되어 왔다. 최근 기업의 보고체계는 전통적인 형식의 회계공시를 넘어 통합보고의 개념으로 확장되어 회계 및 보고 기능에 긍정적인 변화를 유도하고 있다. 예를 들어, 일부 기업은 자신들의 기업지배구조의 책임과 공시의 내용으로 생물 다양성과 지역 사회, 종업원의 안전과 복리 후생, 이산화탄소 배출량, 생태계 등에 미치는 영향을 기술한(점차 정량적, 재무적 특성으로 진화) 보고를 수행하기도 한다.

더욱이 기업지배구조에서 회계는 기업지배구조를 구성하는 중요한 요소 그 자체이며, 기업지배구조에서 파생되는 부정적인 결과의 최종 종착지로 인식된다. 예를 들어, 회계의 특성이 절대적인 감사위원회, 내부통제(내부회계관리제도), 외부감사인 역할, 회계공시제도 등이 기업지배구조의 핵심적 요소로 포함되어 있으며, 기업지배구조에서 파생된 부정적 문제의 대표적인 결과로 회계부정, 재무제표오류, 회계투명성 저하, 외부감사제도의 부실화 등이 발생될 수 있다. 따라서 기업지배구조와 회계의 관련성에 대한 심도 있는 이해와 관련 연구에 대한 분석은 기업지배구조를 이해하고 미래 변화 방향을 예측하는 데 매우 유용하다고 할 수 있다.

이러한 기업지배구조와 회계의 관련성에 대한 인식과 이해를 거부하는 것은 21세기 기업지배구조의 변화에 대한 과정에서 도태되는 결과를 초래할 것이다. 본 저서는 '기업지배구조에 기초한 회계'라는 주제로 기업지배구의 중요한 요소 그 자체이며, 기업지배구조의 변화를 초래하는 동인으로서 회계의 역할 그리고 기업지배구조의 변화의 종착지인 회계공시에 대한 변화를 살펴보고자 한다.

一 기업지배구조에 기초한 회계연구의 동향

기업지배구조는 다양한 학문 영역(예, 법학, 경제학, 사회학, 경영학, 회계학 등)에서 핵심 연구주제로 인식되어 왔고, 사회 전반에서도 그 관심은 증폭되어 왔다. 기업지배구조의 기원은 Berle and Means(1932)의 "The Modern Corporation and Private Property"를 그 시발점으로 보고 있고, 관련 연구는 소유와 경영의 분리로 인해 경영자의 기회주의적 동기에 대한 감시 및 통제 수단으로 기업지배구조의 관심이 증대되었다고 주장한다. 즉, Berle and Means(1932)는 기업의 핵심 특성을 소유·경영 분리와 전문경영자의 기업지배라고 주장하였고, 이들의 주장은 그 후 기업지배구조를 설명하는 핵심 이론인 대리인이론(agency theory)이 근간을 이루게 되었다. 실무적 차원에서는 대리인 비용을 최소화하기 위한 "좋은 기업지배구조(good corporate governance)"라는 개념이 등장하였다(Bushman and Smith 2001; Carcello et al. 2011a).

2000년대 초반까지 기업지배구조 관련 움직임은 소유구조에 따른 경영자 의사결정의 효율성에 초점을 두고, 소유와 경영의 분리 문제로 인한 대리인 문제(agency problem)의 검증을 주요 연구목표로 하였다(Bushman and Smith 2001). 경영, 재무, 감사 분야 연구는 기업소유구조와 관련된 대리인 문제를 해결하기 위한 이사회, 경영자보상, 부채계약, 주주와 경영자의 이해일치를 위한 자본시장규제 등을 중요 연구주제로 하여 수행되었다(Bushman and Smith 2001; Cohen et al. 2007a).

시대적으로 볼 때, 1997년 아시아금융위기(Asian financial crisis)는 아시아자본시장에서 기업지배구조 측면에 심각한 약점(weakness)이 존재한다는 인식과 회계정보의 품질저하 원인이 부실한 기업지배구조에 기인한다는 관점을 부각시켰다. 그리고 이에 따른 반응으로 효과적인 기업지배구조가 무엇인가에 대한 연구관심을 촉발시켰다(Sharma and Sharma 2011).

21세기 초 기업지배구조의 선진 사례로 인식되어 온 미국을 중심으로 세계적 회계부정이 급격하게 증가하였고, 이러한 추세는 전 세계적으로 확산되었고, 이러한 맥락에서 기업지배구조 관련 규제기관은 다양한 규제 및 보고서를 공표하였다(Sarbanes Oxley Act 2002; Smith Committee 2003 in UK). 그리고 규제 및 보고서의 내용은 재무보고의 신뢰성 측면에서 기업지배구조 개선의 해법을 찾고자 하였다(FRC 2010).

세계적인 경제위기와 아시아금융위기 이후 2010년대까지 기업지배구조에 기초한 회계연구는 글로벌 자본시장에서 목적적합성, 신뢰성 및 적시성 있는 회계정보를 제공하여 주주가치에 기여하는 회계정보의 지배구조역할(the governance role)에 집중되어 수행되었다(Bowen et al. 2008). 이 시점에 가장 주목받은 연구 주제는 기업지배구조와 이익조정의 관련성 연구로 기업지배구조가 재무건전성을 보여주는 이익조정과 어떻게 연결되는가를 집중적으로 조명하였다(Larcker et al. 2007; Bowen et al. 2008; Zhao and Chen 2008; Naiker and Sharma 2009; Dhaliwal et al. 2010).

또한 기업지배구조와 회계부정 문제에 대해서도 집중적으로 연구가 수행되어 왔다(Beasley et al. 2010; Fich and Shivdasani 2007). 이러한 연구결과는 규제기관이 지배주주의 재량권을 어떻게 제한할 것인가와 관련된 다양한 규제법령을 제정하는 동기로 작용하였다. 동일한 맥락에서 기업지배구조의 핵심요소인 지배주주의 기회주의적 동기를 통제하기 위한 이사회 독립성에 대한 연구가 다수 발표되었다(Klein, 2002; Laux 2008; Huang and Hilary 2018).

Beasley(1996)와 Dechow et al.(1996)의 연구 이후 관련 분야는 기업지배구조와 회계 및 감사의 다양한 산출물 간 관련성을 분석하였다(Carcello et al. 2011a). 회계분야에서는 "좋은 지배구조(good governance)"와 "좋은 회계정보(good accounting information)"의 관련성을 확인하기 위한 연구가 검토되었다(Carcello et al. 2011a). 특히 세계적인 경제위기, 아시아금융위기 그리고 대형 회계부정 사건(예, Enron, WordCom, Aldelphia, Parmalat)의 발생은 수많은 연구자, 정책입안자, 재무분석가 그리고 대중들에게 기업지배구조와 회계정보의 관련성에 대한 연구동기와 시대적 관심을 유발하였다(예, Blue Ribbon Committee Report 1999; Sarbanes-Oxley Act 2002; Cohen et al. 2004; OECD 2009).

〈그림 II-1〉 기업구조의 특성과 회계/감사 연구 결과

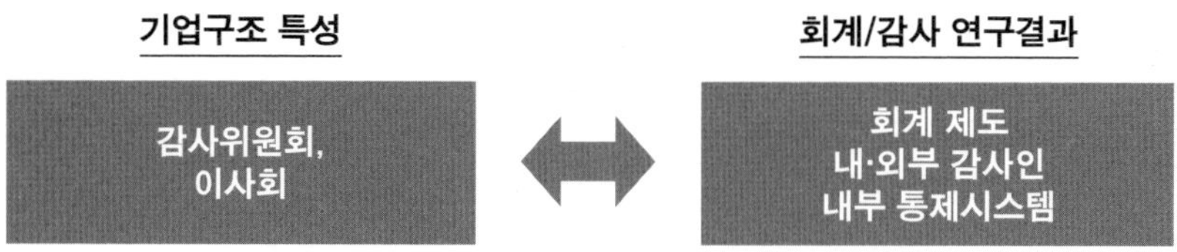

2010년 이후 기업지배구조 관련 연구는 "좋은 지배구조"를 구현

하기 위한 메커니즘(예, 이사회, 내부감사인, 외부감사인 등), 관련 규정제정(예, 신상법제정 2011; OECD 2004), 국가 간 지배구조의 문화적 차이, 기업지배구조 내 정보불균형 등 다양한 연구주제를 중심으로 진행되고 있다. 회계 분야도 이러한 기업지배구조 연구주제와 연관되어 지배구조에서 회계 역할, 회계정보 불균형, 기업지배구조 관련 회계규제 등이 중요한 연구주제로 자리 잡고 있다.

국내의 관련 동향으로 가장 두드러진 움직임은 기업지배구조의 규제와 법률 제정측면에서 나타나고 있다. 특히 최근까지 국내 기업지배구조 관련 법령의 제정방향은 주주권리 보호, 이사회 책임성 및 감사기구의 독립성 확보에 그 초점이 있다. 대표적인 기업지배구조 관련 규제·법령은 기업지배구조 모범규준의 공표(2016), 스튜어드십 코드(2017)[32], 신외감법의 내부회계관리제도(2018), 유가증권시장 공시규정(2019)[33] 그리고 상법개정(2020) 등을 꼽을 수 있다.

또한 최근 대주주에 해당하는 기관투자자들의 경영감시활동을 통해 주주권보호에 적극성을 보이고 있다. 예를 들어, 국내 기관투자자 중 가장 대형 투자자인 국민연금은 적극적 주주활동 가이드라인을 제정하였다(2019.12.27.) 더욱이 2020년 기업지배구조와 관련된 규제·

---

32 스튜어드십 코드(stewardship code) 또는 국민연금기금 의결권 행사 지침은 연기금이 기업의 의사결정에 개입할 수 있도록 하는 제도를 의미한다. 주인의 재산을 관리하는 집사(스튜어드)처럼, 기관투자자로서 국민연금이 가입자 재산을 제대로 관리하기 위해 투자기업 의사 결정에 적극적으로 개입하라는 취지에서 만들어졌다. 대한민국은 2018년 7월 30일 이 제도가 마련되어, 국민연금이 투자한 기업의 경영에 개입할 수 있게 되었다.

33 2019년 1월 1일 유가증권공시규정 제24조 2(기업지배구조 보고서의 공시)는 대규모 법인(연결기준 자산총액 2조)인 유가증권시장주권상장법인은 기업지배구조 핵심원칙의 준수현황과 미준수시 그 사유 등을 기재한 기업지배구조 보고서를 사업보고서의 법정제출기한으로부터 2개월 이내에 거래소에 신고하여야 한다고 규정하였다.

법률 중 상법개정은 초미의 관심사로 정치, 경제 및 사회전반에 극명한 반향을 불러 왔다. 그 이유는 개정상법의 핵심 내용이 기업지배구조에 관한 것으로 이사회와 감사위원회 위원의 분리선출을 통한 대주주 전횡견제, 다수의 소액주주보호 장치, 다중대표소송제, 그리고 3% 이상을 소유한 대주주의 이사회 투표권 제한 등과 같이 실질적인 지배주주에 영향을 줄 수 있는 다수의 규정들이 포함되어 있기 때문이다. 이에 대한 찬성과 반대의 여론은 그 나름 날카로운 논리 대립과 이해관계자 간 상충된 반응을 그 어느 때보다 증폭시키고 있다.

기업지배구조에 기초한 회계연구의 분류체계

기업지배구조에 기초한 회계연구의 분류체계로 가장 간편한 방법은 연구 분야별로 재무회계분야 연구, 회계감사분야 연구, 관리회계분야 연구 및 기타연구로 분류하는 방식이다. 해당 분류방식의 장점은 선행연구를 회계학 세부전공에 따라 간편하게 분류할 수 있다는 것이다. 그러나 단점은 이러한 분류법에 따른 선행 연구가 연구자에게 제공하는 시사점이 크지 않다는 것이다.

대표적인 재무회계 분야의 주제는 기업지배구조에 따른 이익조정(Ali and Zhang 2015), 회계보고품질의 관련성(Larcker et al. 2007), 재무보고 부정기업의 특성(Agrawal and Chadha 2005; Asare et al. 2008), 이사회의 특성과 회계시스템의 관련성(Chen et al. 2017) 분석 등이 있다. 회계감사 분야는 감사위원회와 회계정보의 질적특성(Archambeault et al. 2008; Velte 2017), 내부감사품질(Abbott et al. 2016), 외부감사인의 특성과 회계정보의 가치관련성(Patterson et al. 2019) 등을 중요 연구주제로 한다. 관리회계 분야는 경영자의 보상구조와 인센티브(Cardinals and Yin 2015)가 기업지배구조와 회계정보의 가치관련성에 미치는 영향의 검증을 중요 관심사로 둔다.

또 다른 분류방식은 선행연구의 분석 틀에 기초하여 기업기배구조가 회계정보의 결정인자(governance-as-determinants)로 설정된 연구모형, 기업지배구조가 환경적 충격요소(governance-as-shock)로서 회계정보에 미치는 효과를 분석한 연구모형, 그리고 기업지배구조의 구성요소로써 회계정보의 채널역할(the governance role of accounting information channel)을 검증하는 연구모형으로 분류할 수 있다[34]. 기업지배구조 결정인자 관련 연구는 회계정보품질, 재무제표재작성, 회계부정, 내부통제 약점 등과 같은 사안에 기업지배구조가 영향요인으로 관련성이 존재하는가를 집중 분석한다. 이에 반해, 기업지배구조의 환경적 충격요소 연구는 지배구조와 관련된 새로운 규제, 법률 등의 제정에 따른 변화를 회계정보의 가치변화 측면에서 집중분석하였다. 그리고 기업지배구조의 역

---

34 본 저서에서 제시된 분류방식은 Ertimur and Ferri(2019)의 연구에 기초한다. 해당 연구는 선행연구를 지배구조-결정론 연구, 지배구조-충격 연구, 지배구조-회계요소 연구 및 기타 비회계적 지배구조 연구로 분류하였다. Ertimur and Ferri(2019) 연구와 차이는 지배구조-회계요소 연구를 기업지배구조에 대한 회계채널 역할 연구로 분류한 것이다. 그 이유는 지배구조의 구성요소로서 회계는 회계시스템을 통해 기업지배구조 구성원에게 정보를 전달하는 하나의 채널(channel) 성격을 갖고 있기 때문이다. 이러한 관점은 Bushman and Smith(2001)의 연구에 그 근거를 두고 있다. 이들은 회계정보가 세 가지 채널을 통해 기업성과에 영향을 미칠 수 있는데, 그중 기업지배구조의 역할 수행 과정을 통해 경제적 성과에 영향을 미칠 수 있다고 주장하였다.

할로써 회계정보의 채널 연구는 회계시스템을 기업지배구조의 구성요소로 인식하고, 회계정보를 통한 지배구조의 효과성 변화를 검토한다.

가장 일반적인 기업지배구조에 기초한 회계연구의 분류방식은 핵심 연구주제에 따른 분류이다. 기업지배구조의 핵심구성요소인 감사위원회, 이사회, 경영진을 중심으로 각각 내·외부 감사품질(Hossain et al. 2016; Trotman and Duncan 2018; Christensen et al. 2019), 재무보고품질(Filip et al. 2015; Dou et al. 2018; Ewert and Wagenhofer 2019), 내부통제품질(Seidel 2017), 이익관리/회계부정(Kalyta 2009; Khanna et al. 2015; Joseph et al. 2019), 경영자보상(보수와 인센티브)(Dhole et al. 2015; Lai et al. 2017; Kim et al. 2015; Jongjaroenkamol and Laux 2017), 제도(소송위험, 규제효과등)(Bourveau et al. 2018; Khurana and Wang 2019), 경제적 성과(Abernethy et al. 2019) 및 기업가치(Sharma et al. 2018; Hope and Lu 2020) 관련성 연구로 구분하는 것이다[35].

주제별 연구는 대부분 공통으로 기업지배구조의 핵심요소인 감사위원회 또는 이사진의 특성인 감사위원회/이사회 구성(Sharma et al. 2020), 독립성(Dhaliwal et al. 2015; Chen et al. 2017), 전문성(Wahid and Welch 2019), 보상체계(Gao et al. 2015), 법률제정(Brochet and Srinivasan 2014; Wu and Zhang 2019) 등이 위에 제시된 각각의 주제별 관심변수에 미치는 효과성을 검증하는 것을 중요 연구목적으로 하였다. 예를 들어, Cohen et al.(2004)[36]은 기

---

35 본 저서는 Velte(2017)가 제시한 연구 분류 방식과 유사하게 감사위원회(Audit committee)의 구성, 인센티브 및 자원이 기업지배구조 품질(내부감사품질, 외부감사품질, 재무보고품질)과 성과에 미치는 영향을 중심으로 선행연구의 분류체계를 제시하였다. 본 저서는 기업지배구조의 중요 구성요소인 이사회와 경영진 차원의 연구를 통합하여 이를 재구성하였다.

36 Cohen et al.(2004)은 기업지배구조를 다양한 내부(내부감사인, 경영자, 주주) 및 외부구

업지배구조에 기초한 회계연구를 지배구조의 중요 구성요소(corporate governance mosaic)와 재무보고 품질의 관련성을 이용하여 다음과 같이 구분하였다. 즉, 이들은 선행연구를 감사위원회와 이사회 연구, 내부감사 연구, 외부감사인 연구로 구분하였다. 특히 이들은 개별적으로 수행된 기업지배구조 관련 회계연구를 통합적 구조 내에서 상호작용을 이해할 수 있는 기업지배구조와 재무보고품질의 관련성 분석 모형을 제시하였다.

기업지배구조에 기초한 회계 연구는 중심축을 기업지배구조에서 출발하여 분류할 수 있다. 즉, 기업지배구조의 연구 관점을 내부메커니즘과 외부메커니즘으로 양분하는 것이다. 내부메커니즘은 경영자, 이사회, 감사위원회, 지분구조, 경영자보상체계, 내부감사기능 등과 같은 수단에 의해 운영되고, 외부메커니즘은 외부감사제도, 외부경영자시장, 제품경쟁시장, 기업지배구조 및 투자자보호 관련 법률과 규제 등으로 구성된다. 대부분의 내·외부 메커니즘 관련 연구는 구성요소가 갖는 특성에 따른 경제학적 결과를 탐색하는 방식을 채택하고 있다.

기업지배구조에 기초한 회계연구는 회계분야의 관심 주제로 분류할 수 있다. 즉, 기업지배구조에 따른 회계의 질적 측면 연구와 기업지배구조의 구성원의 효용에 미치는 효과 연구로 양분할 수 있다.

성원(외부감사인, 재무분석가, 국회, 규제기관, 법률, 증권거래소)과 메커니즘(감사위원회, 이사회)의 복합체로 이해하고, 이들의 상호작용과 그에 따른 결과로 재무보고품질이 영향을 받는 모자이크 구조를 제시하였다. 감사위원회 및 이사회 관련 선행 연구는 구성, 독립성, 지식과 전문성, 효과성, 영향력, 의무 및 책무, 이사회 특성과 이익조작 및 회계부정 간의 연관성을 집중 검토하였다. 외부감사인 관련 선행연구는 감사인 선정 및 피감사회사 계약수용, 감사품질, 감사수수료, 감사의견 및 감사절차 등이 핵심연구주제로 등장한다. 내부감사 관련 연구는 내부감사와 감사위원회의 상호작용, 내부감사의 전략적 활용성 등을 분석하였다.

Cohen et al.(2004)은 기업지배구조가 수행할 수 있는 가장 중요한 기능 중 하나로 재무보고 프로세스의 품질을 보장하는 것이라고 주장하였다. 대부분의 관련 연구는 지배구조(governance)의 약점과 재무보고품질 불량, 이익조작, 재무제표부정(financial statement fraud) 및 취약한 내부통제 간의 연관성을 발견하였다(Dechow et al. 1996; Beasley 1996; Beasley et al. 2000; Carcello and Neal 2000; Klein 2002). 후속 연구에서도 기업지배구조가 회계정보의 질에 미치는 영향을 주요 분석 목적으로 하고 있고, 회계정보의 질을 측정하는 대용변수로 발생액 또는 이익의 질(투명성, 지속성, 예측가능성 등), 회계보수주의 등을 지속적으로 연구하였다.

이에 반해 효용과 위험 관점 연구는 기업지배구조의 의사결정 과정과 그러한 과정의 핵심적 역할을 수행하는 구성원의 동기를 효용과 위험에 기초하여 분석하고자 한다. 특히, 이러한 관점은 대리인 이론에 기초한 기회주의적 동기와 대리인문제의 위험에서 파생되는 비용 측면에서 논리를 전개하였다. 따라서 이들 연구는 지배구조를 주주와 경영자 간 대리인 문제에 따른 비용을 최소화하는 장치로 이해하였다. 한편 일부 연구는 이해관계중심 개념을 적용하여 다양한 이해관계자의 효용을 극대화하기 위한 수단으로 기업지배구조를 이해하였다. 최근 이해관계중심 연구는 기업지배구조의 역할을 사회적 가치의 실현까지로 확대하여 해석하고 있다. 또한 효용과 위험 연구는 기업지배구조가 회계를 매개체로 파생되는 다양한 유인 문제, 기업가치 평가, 구성원의 효용 최적화를 탐색하였다. 세부 연구주제는 경영자보상 문제, 외부감사제도, 회계정보 및 기업가치 관련성 분석, 기업지배구조와 사회적 책임 등 최근까지 효용 및 위험 관련 연구는 회계유용성에 관한 이해의 지평을 넓히는 측면에서 매우 다양한 주제로 연구되고 있다.

2002년 이전 연구 관점

관련 연구는 시사점을 논술하기 위한 기준으로 연도별 범주화를 사용하였다. 그 이유는 기업지배구조와 관련된 큰 분기점이 2002년 SOX 제정, 2008년 글로벌금융위기, 2011년 유럽재정위기와 같은 극명한 사건들의 발생으로 파생되었기 때문이다.

기업지배구조에 기초한 회계연구는 2002년 이전과 이후로 구분할 수 있다. 그 이유는 21세기 초 글로벌 수준의 대형 회계부정 발생으로 세계 각국은 이러한 회계부정의 원인 중 가장 심각한 원인으로 기업지배구조의 부실화를 주장하고(Wu 2002; Larcker et al. 2004; Palmrose and Scholz 2010), 그 결과 해당 시기에 기업지배구조의 개선을 위한 다양한 회계개혁 보고서와 법령이 제정·공표되었다(Blue Ribbon Committee, 1999; Sarbanes-Oxley Act 2002; SEC The Business Roundtable 2002). 이러한 과정에서 학계의 관련 연구도 2002년을 기점으로 연구의 변화가 조금씩 나타나기 시작하였다. 본 연구도 2002년 이전의 관련 연구의 중심 연구관점을 살펴보고, 2002년 이후 연구의 변화를 분석하였다.

2002년 이전까지 대부분의 선행 연구는 기업지배구조의 효율성을 결정짓는 기능으로 회계정보의 역할에 주목하였다(Palepu 1986; DeAngelo 1988; Francis et al. 1994; Skinner 1994; Sweeney 1994; Dechow et a1. 1996; Beasley 1996; DeFond and Subramanyam 1998). 이들 선행연구는 대리인 문제 해결을 위한 경영자교체, 주주위임장 대결, 주주소송, 이사회, 부채계약, 감사기능에서 정보채널로 회계정보의 중요성을 역설하였다(Bushman and Smith

2001). 대부분의 기업지배구조 관련 연구 관점은 소유와 경영의 분리로 인한 경영자의 유인과 주주의 유인을 일치시키기 위한 지배구조 메커니즘에 초점을 두고 있다(Fama 1980; Jensen and Murphy 1990).

관련 연구는 지배구조의 메커니즘 수단으로 회계정보의 역할을 분석하고자 한다. 이 시기에 관련 연구의 기업지배구조 정의는 경영자와 주주의 이해관계를 일치시키기 위해 동원되는 다양한 내·외부 통제 메커니즘으로 규정하였다(Bushman and Smith 2001). 따라서 이들 연구는 기업지배구조에서 회계정보의 역할을 대체로 다음과 같이 주장하였다.

먼저 회계정보가 기업지배구조에서 갖는 직접적인 역할로 내·외부 통제 메커니즘의 효율성 제고를 위한 정보생성 역할이다[37]. 더욱이 관련 연구는 경제적 성과와 회계정보의 양(+)의 관련성을 증거를 통해 기업지배구조 내 회계정보 역할을 최선의 경제적 성과를 생성하는 것이라고 주장하였다(Rajan and Zingales 1998; Carlin and Mayer 2000). 일부 연구는 회계정보가 지배주주의 사적이익 추구를 통한 기회주의적 동기를 제어하는 것이 가장 중요한 회계정보의 역할이라고 주장하였다(La Porta et al. 1997, 1998).

또 다른 회계정보의 역할은 기업가치 평가와 관련하여 주식가치 결정에 필요한 정보생성과 관련된다(La Porta et al. 1999; Lombardo and Pagano

37 La Porta et al.(1998), Bushman et al.(2004a, 2004b)은 기업지배구조의 통제메커니즘 중 대표적인 이사회가 경영자 감시와 통제에 필요한 정보수집과 처리에 높은 비용을 지불 할수록 재무회계시스템에 제공되는 회계정보를 더욱 선호한다는 연구결과를 제시하였다. 이러한 결과는 기업지배구조의 내부메커니즘의 정보수집과 처리비용의 효율성에 회계정보가 중요한 영향요인임을 보여주는 것이다.

1999; Morck et al. 2000). 일부 연구는 기업지배구조와 기업가치평가 측면에서 회계정보 역할의 가중치를 분석하였다. 예를 들어, Bushman and Smith(2003)는 경영자 행동의 한계생산성이 회계정보의 두 가지 역할에 대한 가중치에 의해 결정된다고 주장하였다.

2002년 이전에 수행된 기업지배구조에 기초한 회계연구의 기본 목적은 다음과 같다.

첫째, 재무회계정보가 경영과 소유의 분리에 의해 발생되는 대리인비용을 얼마나 감소시킬 수 있는가라는 질문에 대한 해답을 제공하는가에 대한 것이다. 이러한 질문에 대한 해답을 제공하는 대표적인 분야는 경영자보상에 대한 연구이다. 특히 2002년 이전까지 경영자의 유인계획에 대한 회계정보의 가치를 분석하기 위한 연구가 집중되었다(Keating, 1997; Wallace 1997; Murphy 1999; Hogan and Lewis 1999; Prendergast 1999; Abowd and Kaplan 1999).

둘째, 재무정보가 기업지배구조에 의해 결정되는 투자기회의 효율성을 제고시킬 수 있는가에 대한 것이다(Larcker, 1983; Holthausen et al. 1995a; Wallace 1997; Carlin and Myer 2000). 예를 들어, Holthausen et al.(1995b)은 이전 연구와 달리 기업의 투자기회집합은 경영자 행동에 의해 동시적으로 결정되는 내생변수라고 주장하였다. 따라서 이들은 투자기회집합에 대한 경영자 행동에 회계정보가 중요한 역할을 수행하고, 이러한 과정에서 회계정보가 투자기회의 효율성에 영향을 미칠 수 있음을 주장하였다.

2002년 이전까지 이루어진 관련 연구의 기여는 경제상황에서 기업이 재무정보를 어떻게 이용하여 자원을 배분하고, 활용하는가에 대한 완전한 이해를 제공하고자 노력한 점이다. 예를 들어, Bushman and Smith(2001)는 효율적인 지배구조의 생성을 위한 통제수단으로 회계정보의 역할에 주목하였다. 특히, 이들은 경제적 성과를 창출하는 과정에서 회계정보가 중요한 통로(channel) 역할을 수행하게 되며, 이 과정에서 기업지배구조에 따라 그 성과에 차이가 존재한다는 연구모형을 제시하였다. 즉, 이들은 프로젝트의 질을 판단하기 위한 재무회계정보의 사용은 최종적으로 기업의 경제적 성과에 영향을 주게 되며, 이것은 자금과 인적자원의 효율적 배분과 같은 지배구조의 핵심적인 의사결정을 통해 경제적 성과를 창출한다고 주장하였다.

2002년 이후 연구 관점 : 글로벌 금융위기와 유럽 재정위기

2002년 이후 관련 연구는 "좋은(good)" 기업지배구조[38]가 "좋은(good)" 회계정보를 산출한다는 직관적 논리에 기초하여 좋은 기업지배구조를 형성하기 위한 필수조건으로 회계정보의 품질과 내·외부 감사제도에 초점을 두고 있다(Carcello et al. 2011a, 2011b). 또한 관련 연구는 전통적인 대리인 구조인 주주-경영자뿐만 아니라 지배주주-소액주주

---

38 일반적으로 좋은 기업지배구조는 합법적이고 윤리적으로 주주의 가치를 극대화하도록 하고, 모든 이해관계자(소비자, 종업원, 투자자, 공급업체, 사회 등)에게 기업경영의 투명성을 확신시켜 준다고 인식된다(UNESCAP 2007).

의 대리인 문제로 그 연구초점을 확장하였다[39]. 2002년 이후 연구의 핵심 주제는 이사회·감사위원회 특성, 기업지배구조 특성 등과 재무보고부정, 보수주의, 이익조정, 내부감사기능, 외부감사품질 등의 회계·감사품질 간 관련성을 집중 조명하였다(DeFond et al. 2005; Farber 2005; Gendron and Be´dard 2006; Abbott et al. 2007; Ahmed and Duellman 2007; Chen and Zhou 2007; Cohen et al. 2007b; Fich and Shivdasani 2007; Larcker et al. 2007; Archambeault et al. 2008; Bronson et al. 2009; Beasley et al. 2010; Carcello et al. 2011a; Barua et al. 2010).

전통적인 대리인 모델(The Principal-Agent model)은 본인과 대리인 사이에 발생하는 대리인 문제로 대리인 비용이 발생하고, 대리인 비용의 규모는 대리인이 보유하고 있는 위험(risk)과 위험선호도(incentives)의 상충관계(trade-off)에 의해 결정된다고 주장한다. 대리인 문제에 대한 정보경제학적 관점은 본인은 완전정보세계(informativeness principle)에 존재하므로 자신이 보유한 정보를 활용하여 대리인의 유인을 자신의 이익과 일치시킬 수 있는 보상체계를 제안하여 최적의 의사결정이 가능하다고 주장하였다[40]. 따라서 이 시기의 기업지배구조에 기초한 회계연구의 기본 틀은 최적의 의사결정을 위한 회계정보의 역할과 최상의 보상체계(optimal contract design) 과정에서 회계정보의 사용 방안에 대한

---

39 대다수 기업지배구조 관련 연구는 영미권 국가의 기업을 대상으로 하기때문에 소유권의 분산과 전문경영자체제가 일반적 형태이다. 따라서 대리인 문제는 주주와 경영자 사이에 발생하는 형태이지만, 대륙권 국가인 유럽 대다수 국가와 아시아 중요 국가의 기업 소유구조는 지배주주가 경영권을 행사하는 형태로 지배주주와 소액주주의 대리문제가 더욱 중요하다, 이러한 현상과 논리는 기존의 선행 연구에서 기업지배구조와 회계연구에서 중요하게 고려하여야 할 요소임을 빈번하게 주장하여 왔다(Chen et al. 2008; Carcello et al. 2011a, 2011b).

40 보상유인은 좋은 기업지배구조의 중요 요소로 주장되었지만, 실무적 차원에서 주주가치 증대를 위한 적정한 유인제공의 어려움은 지속적으로 문제 제기되고 있다(Gerakos et al. 2007; Morse, et al. 2011).

것이다. 더욱이 이들은 기업지배구조는 내생적으로 결정되며, 이익조정을 완전정보세계에서는 불완전한 정보(information nose)를 보유한 주주를 위한 불균형을 해소하는 수단으로 인식하였다[41].

그러나 또 다른 측면에서 기업지배구조에 기초한 회계연구가 활발하게 진행되었는데, 바로 실증회계이론(positive accounting theory) 분야이다. 실증회계연구에 기초한 관련 연구는 불완전한 세계 가정, 대리인의 기회주의적 사적이익 추구, 최적해가 아닌 차선해(suboptimal)목표 추구, 기업지배구조의 외생성 가정 등을 중요 연구논리로 채택하고 있다. 특히, 관련 연구는 이익조정을 경영자 또는 지배주주의 기회주의적 동기에 의해 파생되는 결과로 이해하였다[42]. 실증회계 연구는 기업지배구조의 핵심 구성원인 주주에 대한 경영자 스튜어드십(stewardship)의 확증성을 제공하기 위해 전문적 지식을 보유한 외부감사제도의 필요성이 존재한다고 주장하였다(Watts and Zimmerman 1983). 이러한 주장과 함께 기업지배구조의 또 다른 중요 통제메커니즘으로서 외부감사에 대한 연구 시각이 부각되었다(Cohen et al. 2007b).

2008년 글로벌 금융위기와 2011년 유럽 재정경제위기는 기업지배구조의 부실함에 따른 심각한 경제위기상황이 초래될 수 있다는 인

---

41 Scott(1997)은 효율적 계약(efficient contracting)을 위한 수단으로 이익조정이 이루어진다고 주장하였다. 효율적 계약은 이익조정이 계약비용을 최소화하고 부채에 대한 재계약비용을 감소시키고, 세금감소 및 경영자 감시를 통해 기회주의적 행위 제한 등과 같은 내부통제와 의사결정을 용이하게 한다고 주장한다(Christie and Zimmerman, 1994).

42 실증회계 연구 관점은 완전자본시장을 가정할 경우 회계정보에 대한 경영자의 재량권 행사는 그 수요도 파급효과도 존재하지 않음을 주장한다(Watts and Zimmerman 1978, 1986). 실증회계 연구는 불완전자본시장을 가정하고 그에 따른 정보비대칭과 대리인 문제의 존재로 인해 재무보고는 자본시장의 중요 거래당사자 간 효율적 계약을 확보하기 위한 중요한 수단임을 주장한다(Holtausen and Leftwich 1983).

식을 세계적으로 부각시켰고, 다양한 해결책 마련을 위한 연구보고서가 공표되는 시발점이 되었다(OECD Corporate Governance in Asia 2011; European Commission, Green paper 2011). 동일한 차원에서 우리나라도 세계적 경제위기에 대한 다양한 원인 중 하나로 기업지배구조에 주목하고, 그에 대한 다양한 정책, 법률, 규칙 등이 발표되었다(상법개정, 2011[43]; 기업지배구조모범규칙, 신외감법).

기업지배구조와 관련된 다양한 법률, 규제 또는 모범규칙의 제정과 공표는 자연스럽게 학계 차원에서 해당 내용의 합리성 또는 타당성에 대한 검증 과정을 증폭시켰다. 따라서 관련 연구모형은 기업지배구조와 관련하여 제정된 구성요소의 가치와 역할 검증에 집중하였다. 특히, 관련 연구는 가치 및 역할의 개념을 정의하는 데 질적 가치(quality value)[44], 효과성(effectiveness)[45], 경제적 성과(efficiency)[46] 등을 사용하

---

43 상법개정은 매년 발생하는 상황이지만, 2011년 상법개정 중 기업지배구조와 관련된 핵심 내용은 집행임원제도와 이사회 기회유용 금지(상법 제397조의2) 제도의 신설, 자기거래 제한(상법 제398조)의 범위 확장, 이사의 손해배상책임의 완화(상법 제400조 제3항)를 들 수 있다.

44 관련 연구는 질적 가치의 개념을 회계정보, 재무보고 또는 감사의 품질로 정의하고, 품질의 하부속성으로 재량적 발생액, 이익지속성, 회계부정, 이익유연화 등을 사용하였다. 일부 연구는 회계품질의 대표 개념으로 투명성 개념을 채택하고 있다. 예를 들어, Cohen and Hanno(2000)는 기업지배구조를 이사회와 감사위원회에 의해 재무보고 과정의 투명성을 확보하기 위한 감독 활동으로 정의하였다. 특히, 기업지배구조 내 회계투명성 역할은 건전한 기업지배구조의 핵심 구성요인이며, 회계투명성과 기업가치 관련성은 필수임을 전제한다.

45 기업지배구조가 회계에 미치는 제도적 효과를 분석하거나, 회계정보의 감시(monitoring) 기능이 기업지배구조에 효과적으로 작동하는가를 중요 연구목적으로 한다. 예를 들어, SOX 제정 이후 해당 법률에서 가장 초점이 되는 감사위원회의 효과가 SOX 이전과 비교하여 제대로 작동하는가를 이익조정, 재무제표재작성 등을 대상으로 분석하였다(Norman et al. 2011). 최근 연구를 보면, 기업의 내부정보 공개가 정보불균형 해소를 통해 기업지배구조의 수익성과 내부거래 빈도에 효과성이 존재하는가와 같이 과거와 결이 다른 연구들이 발표되고 있다(Dai et al. 2015).

46 경제적 성과는 기업가치(Black et al. 2006), 주가반응(Drobetz et al. 2004), 자본비용(Ashbaufh-Skaife et al. 2004), 재무적 성과(Zakaria et al. 2014), 투자효율성(Biddle,

였다. 예를 들어, Anderson et al.(2012)은 기업지배구조 중 내부감사(internal auditing)의 가치와 역할을 기업지배구조의 보증기능(the assurance of corporate governance), 위기관리(risk management) 및 내부통제시스템(internal control systems)의 역할 측면에 있다고 주장하였다. 또한 최근 연구는 회계정보의 지배구조 역할과정에서 주요 동인으로 지배주주 유인에 따른 시그널 효과와 사적이익 효과를 집중 조명하였다[47].

선행 연구는 기업지배구조 구성요소를 내부원천과 외부원천으로 구분하고(Rezaee, 2002), 이들이 회계정보생성에 미치는 영향을 분석하였다. 내부원천과 가치 관련성 연구는 대부분 기업지배구조의 구성요소 중 내부통제가 회계정보의 질에 미치는 영향 또는 내부통제의 핵심 의사결정자인 지배주주의 기회주의적 동기, 소유지배권괴리와 이익조정 그리고 내부원천이 경영권보호를 위한 회계정보 활용문제, 조세회피 차원에서 경영권승계 문제에 초점을 두고 있다. 이에 반해 외부원천과 가치 관련성 연구는 질적 가치 측면에서 기업지배구조 관련 법률·규제가 회계투명성에 미치는 영향, 외부감사제도의 변화에 따른 이익조정 문제, 그리고 기관투자자의 존재와 투자효율성 등에 그 연

---

et al. 2009), 사회적 가치(Miles et al. 2014), ESG(Environment, Social, Governance) 성과(Ortas et al. 2015) 등 다양한 측정변수를 사용한다.

47 기회주의적 사적이익 효과는 경영자가 내부와 외부 이해관계자 간 정보비대칭 문제를 보상계약, 부채계약 그리고 규제 등과 같은 상황에서 자신의 이익극대화를 위해 이용한다는 것이다(Christensen et al. 1999). 사적이익 효과는 투자자는 신뢰성이 떨어지는 재무보고에 의해 오도될 수 있음을 주장한다(Bradshaw et al. 2001). 신호화 효과는 경영자가 기업 미래 전망에 대한 내부정보를 이익을 통해 전달하려고 한다고 주장한다(Hunt et al. 1997). 경영자는 이익조정을 통해 주가결정에 영향을 줄 수 있고, 따라서 경영자는 급격한 이익변동보다 평준화된 이익변동을 선호하고 장기적으로 이익을 성장시키기 위해 노력한다(Bartov et al. 2002). 이와 같은 상황에서 이익조정은 기업에 대한 내부정보를 경영자에게서 자본시장에 자연스럽게 전달할 수 있는 신호로 활용된다(Lev, 2003).

구의 초점을 두고 있다.

2011년 이후 연구 관점 : 다차원 패러다임

기업지배구조와 회계 관련성 연구는 2011년 이후 최근까지 매우 다양한 주제와 연구방법의 채택으로 이어지게 되면서 그 연구적 관심은 여전히 그 어떤 연구보다 높다. 기업지배구조에 기초한 회계연구의 상당 부분은 내부원천과 회계품질, 효용·위험 그리고 경제적 성과를 검증하는 데 초점을 두고 있다. 선행 연구는 회계품질로 재무보고부정, 내부통제품질, 재무제표재작성, 이익관리, 발생액 질 및 회계보수주의 등을 집중적으로 분석하고 있다.

효용·위험 연구는 기업지배구조와 회계의 관련성을 기업지배구조 구성원의 판단과 의사결정과정, 효용의 결정인자, 시장반응 등을 주요 연구 초점으로 한다. 연구주제로는 경영자보상문제, 내부감사인의 판단과 의사결정, 이익조정의 기회주의적 동기, 경영권보호, 기업가치, 사회적 가치 등을 중점적으로 연구하였다. 내부원천과 회계품질 연구의 기본 연구관점은 "좋은(good)" 기업지배구조가 "좋은(good)" 재무보고 개선으로 이어질 것이라 기대해야 하지만, "재무보고 품질"을 구성하는 요소에 대한 합의가 부족하다.

외부원천을 중심으로 한 연구는 대부분 기업지배구조와 관련된 규제 및 법률 특히, 회계규제 측면에서 수행되어 왔다. 조직의 형태인 영리조직과 비영리조직의 차이에 따른 기업지배구조 문제, 산업 간 차이에 의한 기업지배구조 특성, 그리고 기업지배구조의 외부원천 중 중요한 한 축을 담당하는 외부감사인에 의한 지배구조 문제를 집중적으로 분석하였다.

Brazel and Schmit(2019)는 재무측정치와 비재무측정치 사이의 불일치성을 제한함으로써 회계부정을 감소시킬 수 있는가를 검증하였고, 비재무측정치를 통해 재무제표 정보의 타당성을 평가할 수 있는 가능성을 검토하였다.

Lau et al.(2016)은 이익공시일 주변의 시장반응 통해 이익공시의 정보가치를 국가별로 비교 분석하였다. 그 결과는 기업지배구조 총 점수와 이익공시 시점의 시장반응 간에 강한 양(+)의 관련성을 확인하였고, 기업지배구조 메커니즘 중 이사회 관련 지배구조 점수와 시장반응 사이에 유의한 양(+)의 관련성을 확인하였다.

Lai et al.(2017)은 여성이사와 감사위원이 외부감사인 노력과 선정을 통해 측정한 감사품질에 영향을 미치는가를 검토하였고, 여성 이사 또는 감사위원을 보유한 기업이 그렇지 않은 기업보다 감사보수가 유의적으로 높고, 산업전문감사인을 선호하며, 더 높은 감사품질을 추구하는 것으로 확인되었다.

Bishop et al.(2017)은 목표이익을 달성하기 위한 CEO의 부정적 영향력이 CFO의 재무제표 수정에 미치는 영향을 분석하였고, 최고경영자의 암시적 압력보다 명시적 명령압력이 더 큰 영향력을 행사하지만, CFO가 풍부한 경험이 있는 경우 이를 감소시키는 것으로 확인하였다. 이들은 CFO의 스튜어드십 역할이 재무보고품질에서 중요함을 지적하였다.

Gal-Or et al.(2016)은 감사위원회 구성과 제도의 효과성에 주주투표제가 중요한 요인으로 작용하는 외부요인이며, 재무보고품질 개선이 이사임기제와 연동된 경우 보장됨을 제기하였다.

Lisic et al.(2019)은 감사위원의 회계전문성이 감사품질 개선에 도움이 되는가를 실증분석하기 위해 외부감사인이 내부통제에 대한 부정적 의견 표명 후 교체될 가능성이 감사위원회의 재무전문성에 따라 차이가 존재하는가를 분석하였다.

Rego and Wilson(2012)은 대형 지분위험요인(주가분산성으로 인한 최고경영자 주식옵션의 민감성이 높아지는 경우)을 보유한 경영자가 공격적인 세무전략을 행사하는 것을 확인하였다.

Fung(2015)은 재무보고에 따른 위험수용에 경영자 효용이 영향을 미칠 수 있음을 주장하고, 인센티브가 높은 옵션형 보상구조를 갖고 있는 기업일수록 경영자는 재무보고 오류를 활용하여 자신의 효용을 극대화하기 위한 위험을 수용하게 됨을 증명하였다[48].

Ali and Zhang(2015)는 CEO 재임기간 동안 이익조정에 대한 유인 변화를 분석하였다. CEO는 재임기간 초기에 자신의 경력관리 및 선임에 대한 당위성을 확보하기 위해 과대하게 이익조정을 시도하고, 후기 기간으로 갈수록 그러한 동기가 약해짐을 보여주었다.

Armstong et al.(2015)은 세무계획 의사결정에서 기업지배구조의

48 위험수용과 행동에 대한 대표적 설명 이론으로 효용이론(utility theory)과 전망이론(prospective theory)이 있다, 효용이론은 자신이 기대하는 효용이 낮은 수준인 경우 위험을 회피하는 성향을 보인다고 주장한다. 그러나 전망이론은 경쟁자보다 자신의 실적이 저조할 가능성이 높을 때 적극적으로 위험을 수용하는 행동을 선호한다는 주장이다.

역할을 확인하기 위해 경영자 인센티브-보상 계약체계와 조세회피의 관련성을 분석하였다. 연구결과는 CEO 위험 선호성과 조세회피 수준 사이에 유의한 양(+)의 관계를 확인하였다.

Forst and Hettler(2019)는 내부통제의 불균형이 감사품질에 미치는 영향에 관해 분석하였다. 내부통제의 불균형은 BIG4, 산업전문감사인, 독립성 및 감사보수와 유의한 양(+)의 관련성이 있었고, 감사품질은 내부통제의 불균형과 기업가치 사이의 음(-)의 관련성을 완화시키는 조절효과가 있음을 확인하였다[49].

Keune and Keune(2018)은 경영자가 중요 내부통제약점(ICW)에 반응하여 회계원칙을 변경하는지에 대해 분석하였다. ICW 보유 기업의 경영자는 자의적 회계변경을 전략적 수단으로 활용하고 있음을 보여주었고, 특히 새로운 CFO를 보유한 기업이 ICW 공시연도에 자의적 회계정책 변경을 통해 재무제표재작성을 선호한다는 증거를 제시하였다.

Fitzgerald et al.(2018)은 미국 대형 비영리단체를 중심으로 외부감사인의 계속감사기간과 감사인 변경이 내부통제보고 품질에 미치는 영향을 조사하였다. 연구 결과는 계속감사기간은 내부통제약점 보고 빈도 및 심각성과 음(-)의 관련성이 나타났고, 감사인 변경과 내부통제보고 품질과는 유의한 관련성이 없는 것으로 확인되었다. 이들은

---

49 내부통제의 불균형은 지배주주가 자신의 현금흐름권 이상의 통제권을 행사하여 주주의 부를 약탈할 가능성을 증가시키고, 이는 외부감사인의 품질에도 부정적 영향을 줄 수 있다. 그러나 투자자는 이러한 내부통제의 불균형이 기업가치 평가 시 할인율을 증가시킬 수 있으므로 이를 방지하기 위해 고품질감사의 외부감사인의 선임할 동기도 증가할 수 있다.

계속감사기간이 내부통제보고 품질을 왜곡시키는 요인임을 주장하였다.

규제법령은 재무보고의 질을 결정짓는 중요한 지배구조의 한 요소이다. Filip et al.(2015)은 국가 간 법률시스템의 차이가 재무보고시스템에 미치는 영향을 동일 지역 내 두 개의 법률체제가 존재하는 캐나다 상황을 분석하였다. 그 결과 법률시스템의 차이에 따른 기업 간 재무보고 성향에 차이가 존재함을 확인하였다. 일부 연구는 회계기준의 질보다 효과적인 규제가 효율적 자본시장 형성에 더욱 중요하다고 주장한다(Christensen et al. 2013; Brown et al. 2014; Silvers 2016).

Dhole et al.(2015)은 비영리조직의 청렴규정이 이사진 보상과 지배구조 규제에 미치는 영향을 분석하였다. 그 결과는 모호한 청렴규정이 더 큰 규제원가를 발생시켜 규제의 역효과를 발생시키는 사실을 확인하였다[50].

Harris et al.(2015)은 비영리단체에 대한 기부와 "좋은" 지배구조 특성 간 관련성을 검증하였고, 그 결과는 공식정책, 독립적인 외부감사인과 감사위원회, 경영진 보상 검토 및 승인, 이사회 독립성, 특수관계인이 없는 소유구조, 그리고 접근가능한 재무정보와 밀접한 관련성이 있다는 증거를 제시하였다[51].

DeFond and Lennox(2017)은 PACOB 조사가 내부통제 감사품질

---

50 Dhole et al.(2015)은 규제를 통해 이사진 통제의 효율성을 유지하기 어려운 이유로 이사진과 경영진의 좋은 관계유지에 대한 선호 때문이고, 규제가 비의도적인 경제적 결과를 파생시킨 것으로 주장하였다. 이러한 주장은 이미 Bebchuk and Fried(2003)와 Chen et al.(2008)의 연구에서도 제기되었다.

51 기부자에게 기업지배구조는 가치관련성 정보라는 주장이 이미 선행 연구에서도 제기되었다(Hedge et al. 2009).

에 미치는 영향을 횡단면과 시계열자료를 혼합하여 기존의 연구한계를 개선한 분석을 실시하였다. 분석을 통해 PACOB 조사가 피감사회사의 내부통제 관련 외부감사 과정에 대한 단점을 개선하고 품질 개선을 위한 노력을 더 많이 투입하는 것으로 확인되었다[52].

Bird and Karolyi(2017)은 기관투자자 증가에 따른 조세회피 변동성을 분석하였다. 기업지배구조 내 기관투자자 증가는 국제세무계획을 활용한 유효법인세율의 감소와 유의한 관련성이 나타났고, 이들은 기관투자자의 증가가 경영자 사적 유인에 대한 감시메커니즘 개선을 유도한 결과로 주장하였다.

Sharma et al.(2018)은 사회적 환경책임강조와 입법화가 기업지배구조의 환경위험 변화에 영향을 주고 이를 외부감사인이 감사보수에 반영하는가를 분석하였다. 연구는 기업의 사회적 책임(corporate social responsibility: CSR)에 대한 사회적 관심과 기업의 적극적 대응이 회계정보 불균형과 불확실성 감소에 영향을 주는 것으로 확인되었다.

Bourveau et al.(2018)은 주주의 소송 가능성과 기업공시의 관련성을 분석하였다. 분석 결과는 주주의 소송을 어렵게 하는 법률제정은 기업의 공시품질을 감소시키는 동인으로 작용함을 보여주었다.

Schnati and Wagenhafer(2020)는 회계 관련 규제시행이 자본시장 기능의 효율성을 확보하는 데 매우 중요하며, 사적 규제시행과 공적

---

52 DeFond and Lennox(2017)의 연구는 PACOB 조사가 외부감사인에게 더 높은 내부통제 감사를 수행하게 하여 재무제표 오류의 적발가능성을 높이고, 내부통제 감사의견이 부정적으로 제시될 가능성을 증가시키고 있음을 시사한다. 특히 재무제표 오류가 존재하는 기업에 대해 더욱 부정적인 내부통제의견이 제시됨을 보여주었다. 이러한 결과는 SOX 제정의 결과로 설립된 PACOB의 존립목적이 실증적으로 유효하게 유지되고 있음을 단편적으로 보여주는 연구결과로 판단된다.

규제시행의 전략적 결합 유인 가능성을 확인하였다.

최근까지 수행된 연구들을 토대로 기업지배구조의 구성요소와 가치 관련성을 다음과 같이 요약할 수 있다.

〈표 II-1〉 구성요소와 가치기준에 따른 분류

구성요소 \ 가치	질적 가치	효용과 위험	경제적 성과
내부메커니즘 (경영자, 지배주주, 이사회, 감사위원회, 사외이사, 내부통제 등)	내부통제 ⇔회계정보 질 감사위원회 ⇔재무보고품질 감사위원회 ⇔감사품질	지배주주 ⇔이익조정 내부통제 ⇔회계기준 감사위원회 ⇔이익조정 경영권⇔조세회피	내부통제 ⇔기업가치
외부메커니즘 (법률·규제기관, 외부감사, 기관투자자, 규범, 조회공시제도 등)	규제·법률 ⇔재무보고품질 외부감사 ⇔내부통제보고 품질	조직형태 ⇔지배구조특성 SOX제정 ⇔감사위원회	기관투자자 ⇔세무전략 회계규제 ⇔외부감사인 보수

一
기업지배구조의 내부원천

기업지배구조에 기초한 회계연구의 상당 부분은 내부원천과 회계품질 및 효용·위험의 관련성을 검증하는 데 초점을 두고 있다. 선행연구는 회계품질로 재무보고부정, 내부통제품질, 재무제표재작성, 이

익관리, 발생액 질 및 회계보수주의 등을 집중적으로 분석하고 있다. 또한 효용·위험 연구는 기업지배구조와 회계의 관련성을 기업지배구조 구성원의 판단과 의사결정과정, 효용의 결정인자, 시장반응 등을 주요 연구 초점으로 한다. 연구주제로는 경영자 보상문제, 내부감사인의 판단과 의사결정, 이익조정의 기회주의적 동기, 경영권보호, 기업가치, 사회적 가치 등을 중점적으로 연구하였다.

내부원천과 회계품질 연구의 기본 연구관점은 "좋은(good)" 기업지배구조가 "좋은(good)" 재무보고 개선으로 이어질 것이라고 기대해야 하지만, "재무보고 품질"을 구성하는 요소에 대한 합의가 부족하다. 예를 들어, BRC(1999)와 Sarbanes-Oxley Act(SOX 2002)는 감사인에게 재무보고 방법의 수용가능성뿐만 아니라 재무보고 방법의 품질에 대해 논의하도록 요구하지만, 재무보고 품질에 대한 개념은 여전히 모호한 개념이다.

회계부정

Beasley(1996)는 이사회 구성과 분식회계(financial statement fraud) 관련성 그리고 감사위원회의 존재가 회계부정의 가능성을 감소시키는지를 검토하였다. 회계부정이 발생한 기업과 적정기업(fraud and non-fraud firms)의 대응표본을 사용하여 적정기업의 이사회가 회계부정이 발생한 기업보다 사외(비종업원)이사 비율이 더 높을 가능성이 있음을 보고하였다. 감사위원회의 존재는 분식회계의 가능성 감소와 관련이 없음을 보여주었다. 전체적으로 이러한 연구결과는 기업지배구조가 재무보고 품질에 미치는 영향을 평가할 때 기업 이사회 수준의 요인을 검토하는 것이 중요하다는 것을 강조한다[53].

Beasley et al.(2000)은 회계부정이 발생된 기업(SEC enforcement 대상)을 동일 산업의 기업지배구조 모범사례(benchmarks of industry corporate governance practices)와 비교하였다. 유일한 기업 간 차이는 이사회의 사외이사 비율이며, 회계부정이 발생된 기업은 사외이사의 비율이 낮고, 감사위원회의 위원이 독립적일수록 회계부정 발생빈도가 낮아짐을 발견하였다. 연구 결과는 특정 기업지배구조 특성의 고유한 산업효과를 조사하거나 최소한으로 통제할 필요가 있음을 시사한다.

Abbott et al.(2001)은 회계부정/회계오류(financial misstatement)를 기업 간 비교를 통해 분석하였다. 연구결과는 감사위원회의 독립성이 회계부정을 감소시킨다는 증거를 제시하였다. 그러나 감사위원의 전문성 또는 감사위원회의 규모에 대한 영향은 발견되지 않았으며, Beasley (1996)와 달리 이사회 특성에 대한 영향도 발견되지 않았다.

재무보고 부정 연구는 지배구조 품질과 회계부정 사이에 음(-)의 관련성을 갖고 있고, 지배구조에 따른 효과는 다소 상반된 결과를 보여주고 있다(Beasley et al. 2010). Fich and Shivdasani(2007)은 기업의 회계부정에 따른 소송 확률은 기업지배구조의 몇 가지 특성과 관련성이 있고, 이들은 이러한 소송확률에 영향을 주는 지배구조 특성으로 문제적 이사의 존재(이미 소송중이 다른 기업의 이사를 겸직하는 이사의 존재), 빈약한 지배구조 지수, 대규모 이사진, 비독립적이고 업무 외적으로 바쁜 이사

53 Beasley(1996)의 연구결과는 일변량 분석에 대한 것이다. 다변량 분석의 연구결과가 일변량 분석에서 발견된 연구결과보다 강력하지 않기 때문에 결과는 다소 주의해서 검토되어야 한다.

진, 이사회 교체제도, 재무경험이 부족한 이사진, CEO의 이사회의장 겸직 등의 특성을 제기하였다.

Zhao and Chen(2008)은 재무보고부정에 대한 SEC 진술이 교차 이사회(a staggered board)제도와 음(-)의 관련성, CEO의 이사회 의장 유무와 양(+)의 관련성, 그리고 감사위원회 및 이사회 독립성과 음(-)의 관련성을 갖고 있음을 보여주었다.

Beasley et al.(2010)은 부정 관련 기업이 그렇지 않은 기업보다 이사진과 감사위원회에 내부 이사진이 더 많고, 이사진의 평균 재임기간이 짧고, 3인 이상의 감사위원회 구성을 충족하지 않는다는 비교결과를 제시하였다.

Brazel and Schmit(2019)는 재무측정치와 비재무측정치 사이의 불일치성을 제한함으로써 회계부정을 감소시킬 수 있는가를 검증하였고, 비재무측정치를 통한 재무제표 정보의 타당성 평가 가능성을 검토하였다. 감사위원장의 재임기간이 이러한 재무정보와 비재무정보의 불일치성을 감소시킬 수 있음을 확인하였고, 감사위원장의 산업전문성은 이들 불일치성 감소에 유의한 관련성이 없다는 실증증거를 보여주었다.

재무제표재작성

재무제표재작성과 감사위원회 독립성의 관계는 쌍반된 결과를 보여주고 있다, 예를 들어, Abbott et al.(2004), Agrawal and Chadha(2005)는 긍정적 관련성이 존재한다는 실증증거를 제시하였고,

Carcello et al.(2011)은 CEO가 감사위원회 선정과정에 개입하는 경우에는 재무제표재작성과 감사위원회 독립성 및 재무전문성 사이에 관련성이 존재하지 않는다는 실증증거를 제시하였다.

Cohen et al.(2010)의 연구는 재무제표재작성이 감사위원회의 특정 산업지식과 더욱 강한 음(-)의 관련성이 있음을 보여주었다. 또한 재무제표재작성은 감사위원회의 산업전문성이 (1) 감사위원회의 재무적 전문지식 또는 (2) 감사인의 산업전문성과 결합되어질 때 더욱 낮아짐을 보여주었다.

Larcker et al.(2007)은 39개의 기업지배구조 특성변수에 대한 요인분석을 통해 14개의 기업특성 차원이 재무제표재작성과 관련 있다는 실증증거를 제시하였다.

이익조정/발생액 질

Dechow et al.(1996)은 이익조정의 동기와 결과(consequences)를 결정하기 위해 회계 및 감사 시행령(AAERs)을 적용받는 기업과 non-AAER 표본을 비교하였다[54]. 이들은 기업지배구조의 특성이 이익조작과 일치하는 행위와 관련이 있는지도 조사하였고, 결과는 시행조치의 대상이 되는 기업은 지배구조가 보다 약하고(예: 독립성이 낮은 이사회와 감사위원회), 이

54 연구에 대응표본을 사용하는 방법론적 한계에 대한 논의는 본 논의의 범위를 벗어나지만, 이러한 연구결과를 해석할 때 방법론적 한계를 인식하는 것이 중요하다. 실증연구에서 매칭의 한계에 대한 철저한 논의에 관심이 있는 독자는 Kerlinger and Lee(2000) 또는 유사한 연구방법에 대한 논문을 참조해야 한다.

익조정에 관여할 가능성이 더 높다는 것을 발견하였다.

Klein(2002)은 이사회 및 감사위원회의 독립성과 비정상발생액(abnormal accruals) 규모 간의 관련성 여부를 조사하였다. 그녀는 다수의 독립적인(majority-independent) 이사회 및 감사위원회를 보유한 기업의 재량적 발생액(discretionary accruals) 수준이 그렇지 않은 기업보다 낮다는 것을 발견하였다. Klein(2002)의 연구는 회계부정이나 이익조정의 발생빈도(incidence)뿐만 아니라 이익의 질을 살펴보는 것이 연구결과에 중요함을 시사한다.

Larcker et al.(2007)은 기업지배구조의 14개 차원과 회계산출물의 관련성을 분석하였고, 이들 14개 차원이 회계발생액의 질과 혼합된 관련성을 보여주는 실증증거를 제시하였다.

Bowen et al.(2008)은 회계재량권(accounting discretion)과 기업지배구조의 질은 음(-)의 관련성이 있다는 실증증거와 함께 불량한 기업지배구조에 기인된 회계재량권은 미래 기업성과와 양(+)의 관련성이 있다는 보편적 사고에서 다소 벗어나는 실증증거를 제시하였다. 이러한 결과는 주주가 이익조정에 의해 사적 효익이 훼손되지 않고, 반대로 사적 효익을 얻고 있음을 시사한다(Carcell et al. 2011).

Zhao and Chen(2008)은 비기대발생액의 절대값이 이사 시차임기제(staggered boards)와 대주주(blockholder)의 존재와 음(-)의 관련성이 있다는 실증증거를 발견하였다. 특히 이사 시차임기제와 이익조정 간 음(-)의 관련성은 불량한 기업지배구조와 재무보고의 질 저하간에 관련성이 있다는 기존의 주장과 배치되는 결과이다.

Naiker and Sharma(2009)은 감사위원회의 전문지식이 성과조정 재량적 발생액과 음(-)의 관련성이 있다는 실증증거를 보여주었다.

Dhaliwal et al.(2010)은 발생액의 질과 감사위원회(기업지배구조가 단기 이사임기와 소수의 이사회 구성으로 이루어진 경우 회계전문가인 감사위원이 독립적일 때)의 회계전문지식(특히, 회계 및 재무 분야 전문지식이 모두 존재하는 경우) 사이에 양(+)의 관련성이 있음을 주장하였다.

Lau et al.(2016)은 이익공시일 주변의 시장반응을 통해 이익공시의 정보가치를 국가별로 비교 분석하였다[55]. 그 결과는 기업지배구조 총점수와 이익공시 시점의 시장반응 간에 강한 양(+)의 관련성을 확인하였고, 기업지배구조 메커니즘 중 이사회 관련 지배구조 점수와 시장반응 사이에 유의한 양(+)의 관련성을 확인하였다. 국가수준의 투자자보호법 존재와 기업지배구조 관련성은 선행 연구와 일치되게 고품질 회계정보 환경과 강한 투자자보호법을 갖춘 국가의 이익정보의 공시효과가 높은 것으로 나타났다.

Lai et al.(2017)은 여성 이사와 감사위원이 외부감사인 노력과 선정을 통해 측정한 감사품질에 영향을 미치는가를 검토하였고, 여성 이사 또는 감사위원을 보유한 기업이 그렇지 않은 기업보다 감사보가 유의적으로 높고, 산업전문감사인을 선호하고, 더 높은 감사품질을 추구하는 것으로 확인되었다.

---

55 기업지배구조와 이익정보 공시의 정보효과 관련성은 이론적으로 양(+), 음(-) 및 무관련성 가능성이 혼재된다. 양(+)의 관련성은 강한 지배구조가 기회주의적 이익조정을 억제시키므로 이에 대한 반응으로 나타날 수 있고(Francis et al. 2005), 음(-) 또는 무관련성은 기업지배구조가 제도 또는 경제환경의 내성적 산물로 탄생되므로 재무보고 품질과의 관련성이 없거나 음(-)일 수 있다는 주장이다. 일부 연구는 재무보고품질 자체가 기업지배구조 역할 수행가능성이 있고(Bushman and Smith 2003), 기업지배구조에 따른 이익정보의 공시 효과가 증대되지 않을 수 있다고 주장한다(Karamanou and Vafeas 2005).

회계보수주의(accounting conservation)

회계보수주의는 재무보고(이익지속성, 이익조정)와 재무제표이용자(주주, 채권자, 기업지배구 구성원)에게 영향을 준다(Ruch and Tayor 2015). Watts(2003a)는 보수주의는 효율적 계약을 위한 이해관계자 사이에서 발생된 회계경향이라고 주장하였다[56]. 회계보수주의와 기업지배구조 관련성의 핵심 연구 동기는 보수주의가 주주에게 경영자를 감시하는 데 유용한 정보를 제공하는가이다.

Beekes et al.(2004)은 회계보수주의와 기업지배구조의 품질 사이에 양(+)의 관련성이 있음을 보여주었다. Ahmed and Duellman(2007)은 다양한 회계보수주의 측정치와 이사회의 사내이사진 구성비율 사이에 음(-)의 관련성 및 사외이사진 구성 사이에 양(+)의 관련성이 있음을 제시하였다[57].

Chung and Wynn(2008)은 이사진의 책임보험과 회계보수주의 관련성을 검증하였고, 특히 소송위험이 높은 경우에 이사회의 책임보험(소송으로부터 보호)이 커질수록 회계보수주의가 감소되어짐을 발견하였다. Larker et al.(2007)은 기업지배구조의 14개 차원과 회계보수주의 사이에 유의한 관련성을 발견하지 못했다. 그러나 Krishnan and

---

56 회계보수주의 계약관점은 회계정보가 계약의 효율성과 효과성을 판단할 수 있는 정보를 제공하므로 기업에서 회계정보 유용성이 존재한다는 논리이며, 대표적 계약의 형태는 부채계약, 경영자보상계약 등이 있다.

57 Ahmed and Duellman(2007)은 조건부 보수주의와 비조건부 보수주의를 차별적으로 검증하였다. 조건부 보수주의는 수익차원의 순손실을 비대칭적으로 재무제표에 적시 인식하는 보수주의 관점이며, 비조건부 보수주의는 순자산의 회계처리에서 자산의 가치하락을 적시 인식하는 개념이다.

Visvanathan(2008)의 연구는 전반적으로 기업지배구조가 강한 경우에 한해서 감사위원회의 회계전문지식이 보수주의 증가와 관련성이 있음을 보여주었다.

Dechow et al.(2010)은 보수주의에 따른 재무제표 장부가치의 과소평가와 이에 따른 이익정보의 질에 미치는 영향을 분석하였다. 연구결과는 보수주의가 비조건부 형태인 경우 자산의 감액을 유도하고, 이익정보의 질에 영향을 미치는 것으로 나타났다.

선행 연구는 조건부 보수주의 상황에서 회계성과에 대한 보상 민감성을 분석하였고, 이익변화와 보상 변화 사이에 상관관계가 증가함을 확인하였다. 이들은 보수주의가 이익에 포함된 노이즈를 감소시키고, 이익조정 가능성을 감소시키기 때문에 경영자보상으로 회계이익에 더 큰 가중치를 둔 결과라고 주장하였다.

Ahmed and Duellman(2011)은 이익에 대한 보수주의 영향은 주주가 경영자의 사적 유인을 자신들의 유인과 일치화시킬 수 있는 최선의 방법이라고 주장하고, 보수주의가 강한 기업의 3년간 총이익률과 영업현금흐름이 그렇지 않은 기업보다 유의적으로 높음을 보여주었다.

재무보고품질

Graynor et al.(2006)은 재무보고품질과 감사품질을 동시에 분석할 것을 주장하였고, 이 과정에서 기업지배구조(이사회 및 경영자 특성, 내부통제 등)에 대한 고려가 매우 중요함을 강조하였다.

Bishop et al.(2017)은 목표이익을 달성하기 위한 CEO의 부정적 영향력이 CFO의 재무제표 수정에 미치는 영향을 분석하였고, 최고경영자의 암시적 압력보다 명시적 명령압력이 더 큰 영향력을 행사하지만, CFO가 풍부한 경험이 있는 경우 이를 감소시키는 것으로 확인하였다. 이들은 CFO의 스튜어드십 역할이 재무보고품질에 중요함을 지적하였다.

Bhandari et al.(2018)은 CEO의 외부연계성, 그리고 이사진과의 관계가 재무보고품질에 미치는 영향을 분석하였다. 대규모 사회 네트워크를 보유한 CEO는 재량적 발생액의 규모가 낮고, 재무제표재작성 및 중요 내부통제약점이 다소 감소하였다. 이들은 CEO의 사회자본이 고품질 재무보고유지에 대한 CEO의 선한 행동을 유도한다고 주장하였다[58].

Dou et al.(2018)은 대주주(5%지분 기준)의 대규모 주식처분 전략(threat of exit)[59]이 지배구조를 통해 재무보고품질에 영향을 미치는가를 조사하였다. 분석 결과는 대주주의 대규모 주식처분으로 인한 기업가치 하락을 방지하기 위해 경영자는 대주주와 이해를 일치하는 방향으로 행동하고, 그러한 행동의 일환으로 재무보고품질에 영향을 받아 이익조정의 동기가 감소함을 확인하였다.

---

58 CEO의 사회적 자본의 긍정적 효과에 상반된 주장도 존재한다. 일부 연구는 CEO의 사회적 네트워크가 보호막 기능을 수행하여 사적이익 추구에 도움이 되어 재무보고품질에 부정적 영향을 준다고 주장한다(Bruyneels and Cardinaels 2014; Khanna et al. 2015).

59 대주주의 지배구조 내 역할은 크게 자기주장(Voice) 전략 대 주식처분(Exit) 전략으로 구분할 수 있다. 자기주장 전략은 소송, 주주제안 등을 활용하여 자신의 의사를 통과시키는 방법을 의미하며, 주식처분 전략은 대주주가 보유한 주식을 일시에 대량 처분하여 기업가치와 경영권에 영향을 미치는 전력을 의미한다(Downar et al. 2018).

Cassell et al.(2018)은 신임 최고경영자와 동시에 이사회에 참여한 감사위원의 비율로 Co-option을 측정하고 이러한 최고경영자-감사위원 연계성이 재무보고품질에 미치는 영향을 확인하였다. 연구는 감사위원의 Co-option이 높을수록 재무제표오류와 재량적 발생액의 절대금액 간 유의한 양(+)의 관련성을 확인하였고, 이는 CEO가 감사위원 선정에 영향력을 미치는 경우 감사위원회의 효과성에 부정적으로 작용함을 시사한다.

기업지배구조의 핵심구조인 감사위원회

위원회의 구성과 재무전문성(Audit Committee and Financial Expertise)

감사위원회의 재무전문성에 대한 공시를 규정한 SEC 및 SOX Section 407에 기초한 연구들은 감사위원의 재무전문성에 대한 다양한 연구주제(감사위원의 재무전문성에 대한 시장반응, 재무전문성의 수준과 결정인자, 재무이해력 등)를 분석하였다. 관련 연구의 핵심 시사점은 감사위원회의 재무지식보다 회계지식이 투자자에 의해 더욱 가치 있는 것으로 인정받고 있다는 것이다.

Davidson et al.(2004)은 감사위원으로 선정된 신임위원이 재무전문성을 보유하고 있다는 공시가 주가와 양(+)의 관련성이 있음을 보고하였다. 그러나 DeFond et al.(2005)은 감사위원에 대한 선임 공시에 대한 주가반응은 선임 감사위원이 회계지식을 보유하고, 해당 기업의 지배구조가 우수한 경우에만 발생한다고 주장하였다.

또한 감사위원회의 전문지식 수준과 그 결정인자에 대한 연구가 다양하게 수행되고 있다. Williams(2005)는 SOX Section 407에 규정된 재무전문가의 특징을 조사하였고, 조사대상 모든 기업은 한 명 이상의 재무전문가 보유를 확인하였다.

Carcello et al.(2006)은 감사위원회 구성 시 재무전문가 보유에 대한 SEC 요구사항을 대부분 기업이 준수하고 있지만, 공시의 수준은 매우 낮은 것을 확인하였다. 기업에 의해 설계된 감사위원회의 재무전문가가 항상 재무 또는 회계 분야의 전공자도 아님을 확인하였다. 더욱이 감사위원회 중 최소 한 명의 회계전공에 기초한 재무전문가를 포함하고 있을 가능성은 차기 주가, 부채발행 및 기관투자자와 양(+)의 관련성을 갖는 반면, BIG4 회계법인과는 음(-)의 관련성을 보여주었다.

Coates et al.(2007)은 감사위원회 재무이해력의 변화를 조사하였고, 대기업 표본에서 재무이해력은 1996년부터 2000년까지는 변화가 없었지만, 2000년부터 2004년까지 확실하게 개선되었음을 확인하였다. 이들의 연구결과는 재무이해력이 개선된 기업의 주가가 그렇지 않은 기업보다 높음을 보여주었다. Krishnan and Lee(2009)은 감사위원회의 회계전문지식 보유 유무는 우수한 기업지배구조를 보유한 경우에만 소송위험과 음(-)의 관련성을 갖고 있음을 보여주었다.

감사위원회 구성기준은 감사인의 계속기업 특이사항 보고에 중요한 영향을 주는 것으로 확인되었다(Carcell and Neal 2000; Carcello and Neal

2003). 감사위원회 구성과 외부감사인의 감사 및 비감사서비스 보수 관련성은 혼재된 결과를 보여준다.

Krishnan and Vicvanathan(2008)의 연구는 음(-)의 관련성을 보고하였지만, Carcello et al.(2002)의 연구는 감사위원회 독립성과 재무전문성에 따른 구성이 감수보수와 양(+)의 관련성을 보여주었다.

Aboott et al.(2003)의 연구는 감사보수와 감사위원회 구성은 양(+)의 관계 그러나 비감사서비스보수와 감사위원회 구성은 음(-)의 관련성을 확인하였다.

Gal-Or et al.(2016)은 감사위원회 구성과 제도의 효과성에 주주투표제가 중요한 요인으로 작용하는 외부요인이며, 재무보고품질 개선이 이사임기제와 연동된 경우 보장됨을 제기하였다. 주주는 감사위원회의 위원추천에 더 큰 관심을 갖고, 추천 감사위원 중 회계전문성이 존재하는 위원이 있는 경우 더 큰 주주 지지를 받는 것으로 주장하였다(Gal-Or et al. 2016)[60]. Hossain et al.(2016)은 감사위원회 구성 중 감사위원이 다른 기업의 감사위원으로 참여하는 경우 해당 기업을 외부감사인이 감사하는 경우 감사품질에 부정적 영향이 존재함을 보고하였다.

Christensen et al.(2019)[61]은 감사위원회에 전임 회계법인의 파트너

60 선행 연구는 주주가 감사위원회 구성 및 성과에 대한 불만족을 해결하기가 용이하지 않는 관계로 감사위원회 선임 투표권 행사를 통해 주주의 의견을 표출하려고 노력한다는 주장을 한다(Hoitash et al. 2016; Kachelmeier et al. 2016).

61 이들은 사회정체성이론(social identity theory)에 기초하여 감사위원회에 전임 외부감사인을 보유한 기업이 그렇지 않은 기업보다 감사계약에서 해당 회계법과 계약할 가능성이 높다고 주장하였다. 사회정체성이론은 사회구성원이 자신이 속한 조직의 정체성에 기초하여 의사결정을 수행함을 주장한다. SOV 제정 이후 감사위원회의 재무전문성을 보유한 위원의 선정 기준은 전임 외부감사인을 매력적인 감사위원 후보로 간주하게 하

감사인이 선임되는 경우 외부감사에 미치는 영향을 조사하였다. 이들은 감사품질의 개선 측면에서 감사위원회에 회계법인의 전임 감사파트너의 참여는 해당 기업에 대한 회계지식의 활용측면에서 효율성을 기대하였고, 실증분석 결과는 감사위원회에 전임 외부감사인의 참여는 외부감사인의 감사노력 효과성을 증대시켜 감사품질의 향상을 목격하였다. 이것은 감사위원회의 책임이 재무보고 과정에 대한 감독자로서 자신의 책무를 다하기 위해 특히 자신이 소속된 회계법인의 외부감사인에게 용이하게 최선의 노력을 강조할 수 있다는 동기와 연계된다(Hansun 2016).

기업지배구조 모범규칙에 존재하는 성별의 다양성에 기초한 감사위원회 구성은 다양한 논의를 촉발시켰다. 대표적으로 제한공급 견해(limited supply view)는 적격성이 있는 여성 감사인에 대한 증가 없이 규정 제정 시 여성 감사위원의 강제 포함은 감사품질에 부정적인 역할을 줄 것으로 예측한다. 이에 반해 편견 견해(discrimination view)는 남성 감사인 선호에 따른 적격성 있는 여성 감사인의 배제 추세가 감소하기 때문에 감사품질에 긍정적 효과를 예측한다. 예를 들어, Sultana et al.(2020)은 성별의 다양성에 대한 분석을 통해 감사위원회 중 여성 위원의 존재와 감사품질의 관련성을 살펴보았다. 그 결과는 여성 감사인의 참여가 감사품질의 향상에 유의한 관련성이 없는 것으로 제한공급 견해가 지지되는 것으로 확인되었다.

Lisic et al.(2019)은 감사위원의 회계전문성이 감사품질 개선에 도

였다(Guy and Zeff 2002).

움이 되는가를 실증분석하기 위해 외부감사인이 내부통제에 대한 부정적 의견표명 후 교체될 가능성을 감사위원회의 재무전문성에 따라 차이가 존재하는지를 분석하였다. 그 결과는 감사위원회의 재무전문성이 높은 기업일수록 내부통제에 대한 외부감사인의 부정적 의견 표명 확률이 높은 것으로 나타났고, 감사위원 중 2명 이상의 재무전문가를 보유하고 있을 때 외부감사인이 내부통제에 대한 부정적 의견표명 후 교체될 가능성이 낮아짐을 확인하였다.

Alderman and Jollineau(2020)은 감사위원회에 대한 인지된 독립성과 재무전문성이 외부감사인의 소송위험에 미치는 영향을 실험실(가상 배심원 제도 형식) 연구를 통해 검증하였다. 감사실패 사례를 중심으로 외부감사인 독립성에 대한 법률의무 위반 분석을 통해 실험에 참여한 가상 배심원들은 감사위원회의 인지된 독립성과 외부감사인 독립성 사이에 양(+)의 관련성을 갖는 것으로 판단하였고, 따라서 인지된 독립성은 외부감사인의 소송위험과 음(-)의 관련성이 존재하였다. 그러나 감사위원회의 인지된 재무전문성은 상반된 효과(double-edged sword)가 존재하였는데, 감사실패 상황에서 비독립성을 보유한 감사위원의 재무전문성은 가상 배심원들이 외부감사인의 독립성과 책임을 판단하는 데 매우 부정적인 작용을 하고 있음을 보여주었다.

감사위원회 보상(Audit Committee Compensation)

선행 연구는 감사위원회 보상의 특성에 대해 조사하여 왔다. 현재까지 종합적인 연구결과는 보상가능성이 감사위원회의 의사결정에 영향을 줄 수 있다는 것이다. Engel et al.(2010)은 감사위원회의 보상 결정인자를 조사하였고, 감사위원회의 보상이 외부감사인 보수, SOX 공표 후 기간, 감사위원회 의장의 전문지식과 양(+)의 관련성이 있음을 발견하였다. 연구 결과는 통제그룹으로 다른 위원회 구성과 비교해 본 결과 SOX 요구에 따른 감사위원회 구성이 기업 간 감사위원회 보상 차이를 유발하였음을 확인하였다. 즉, 재무보고의 감시에 대한 요구가 높아질수록 더 높은 감사위원회 보수를 지급해야 함을 시사한다.

Archambeault et al.(2008)은 감사위원회 유인보상(incentive-based compensation)으로 단기 및 장기 주식옵션에 초점을 두고, 이들과 재무보고문제 간 관련성을 확인하였다. 재무제표재작성은 감사위원회의 단기 또는 장기 주식옵션으로 구성된 보상과 양(+)의 관련성을 갖고 있다. 이와 유사하게 Cullinan et al.(2008, 2010) 연구도 감사위원회의 주식옵션 보상계획이 수익계정의 오류 및 내부통제약점(internal control weaknesses)과 관련성이 있음을 보여 주었다.

다수의 실험실 연구는 판단력 측면에서 감사위원의 잠재력이 보상형태에 의해 영향을 받는가에 관해 분석하였다. Magilke et al.(2009)은 감사위원을 학생으로 대리한 실험실 연구를 통해 감사위원은 주식보상과 관련이 없는 경우에 가장 객관적 판단을 수행함을 확인하였다. 즉, 단기(장기) 주식기준 보상을 받는 경우의 학생이 공격적인(극단적 보수주의)인 보고를 선호한다는 실증증거를 제시하였다.

Bierstaker et al.(2010)은 감사위원회 보상 내용이 매우 다양한 형태(현금, 단기 주식옵션, 또는 장기주식옵션)의 가상적 실험상황에서 상장기업의 감사위원 판단을 조사하였다. 감사위원은 보상의 형태가 장기주식옵션인 경우 그리고 외부감사인의 수정요구에 대한 반영실패가 주주에게 불공정한 것으로 간주되는 외부감사인-경영자 회계분쟁 상황에서 경영자보다 외부감사인을 더욱 지지(가장 극단적인 보수주의)하였다. 이들 연구는 주주에 대한 인지된 공정성이 장기보상과 외부감사인 간 지지 관련성을 완벽하게 희석시키는 것을 확인하였다. 이것은 장기보상이 인지된 공정성에 영향을 주고, 인지된 공정성(perceived fairness)이 외부감사인 지원에 영향을 주고 있음을 시사한다.

Keune and Johnstone(2010)는 감사위원회 보상과 감사인의 수정제안이 있는 중요성 처리 간의 관련성을 조사했다. 이들은 감사위원회에 대한 단기주식옵션(short-term stock option) 보상이 외부감사인의 수정제안에 대한 거부확률을 증가시키는 것으로 나타났다. 감사위원회의 주식 소유구조는 외부감사인의 수정제안을 거부하는 것과 음(-)의 관련성을 보여주었다.

Bierstaker et al.(2012)은 SOX 이후 감사위원회 보수가 감사위원회 효과성에 미치는 영향을 검증하였다. 연구 결과는 감사위원회 보수가 장기주식옵션이 포함된 경우 외부감사인과 경영자 간 회계의견 불일치 상황에서 외부감사인을 지지하는 것으로 나타났다.

감사위원회의 의사결정 과정(Audit Committee Processes)

많은 관련 선행 연구는 감사위원의 의사결정 과정에 대한 심도 있는 이해가 필요하다고 주장하였고, 최근 이와 관련된 연구가 감사위원 또는 외부감사인에 대한 인터뷰를 통해 감사위원회 의사결정 과정에 대해 수행되었다.

Gendron et al.(2004)은 감사위원회의 회의 과정에 대한 더 나은 이해를 위해 캐나다에서 가장 큰 3개 상장회사의 22명의 감사위원, 경영자 및 외부감사인을 대상으로 한 준구조화된 인터뷰를 진행하였다. 연구결과는 감사위원은 재무제표 정확성, 재무보고 작성, 통제 효과성 및 감사품질에 더욱 강조점을 두고 경영자와 외부감사인에게 매우 난해한 질문을 자주 제기하는 것으로 확인되었다.

Gendron and Bédard(2006)은 Gendron et al.(2004)의 연구를 확대하여 인터뷰를 진행하였고, 감사위원회의 의장에 대한 2차 인터뷰를 통해 감사위원회 효과성에 대한 이해를 도모하였다. 연구 결과는 감사위원회의 배경(독립성과 전문지식), 감사위원회 회의의 실질 및 의례(ceremonial) 특징, 감사위원회 회의에 대한 외부정보활동 등이 감사위원회의 효과성과 관련성이 있음을 확인하였다.

Gaynor et al.(2006)은 감사위원회가 비감사서비스의 감사품질에 미치는 효과를 고려하는가 그리고 강제 공시규정이 비감사서비스 사전승인 의사결정에 미치는 영향을 실험실 분석을 통해 검증하였다. 그 결과는 비감사서비스가 감사품질에 부정적 영향을 주는 것으로 인식하며, 이에 대한 강제 공시규정이 비감사서비스 사전승인에 영향을 미친다는 사실을 제시하였다.

Beasley et al.(2009)은 SOX 환경 이후 감사위원회 의사결정 과정에서 심도 있는 이해를 제공하기 위해 미국 상장기업의 감사위원 42명을 인터뷰하였다. 이들 연구는 각각의 감사위원회 의사결정 과정에서 감사위원회의 실질적 감시와 외형적 감사 활동 모두가 공존한다는 증거를 확인하였다. 특히 관심 있는 결과는 재무제표 부정위험에 대한 감사위원회 감시의 개념적 합의점이 부족하다는 것이다.

Cohen et al.(2010b)은 지배구조 논쟁을 탐색하기 위해 BIG4 중 3개 회계법인의 대표감사인과 파트너 30명과 인터뷰를 실시하였다. 이들 연구는 SOX 공표 이후 감사위원회가 더욱 부지런하고 활동적이며, 더 많은 지식을 보유하고 있는 것으로 인지되고 있음을 보여주었다. 그러나 경영진은 여전히 외부감사인 선정과 해고에 중요한 역할을 수행하고 있고, 일부 기업의 경우에 감사위원회가 경영자와 외부감사인 간 의견불일치를 해결하기 위해 매우 열정적임을 확인하였다.

감사위원회 판단(Audit Committee Judgments)

Knapp(1991)은 감사법인의 규모(Big-8 회계법인 대 지역 회계법인), 계속감사기간(length of auditor tenure), 일반회계감사 전략(체계적 대 비체계적)이 감사품질에 대한 감사위원의 판단에 미치는 영향을 조사하였다. 연구 결과는 감사법인의 체계화 정도는 영향을 미치지 못하였으며, 감사위원은 계속감사기간 초기에 중대한 오류 발견과 계속감사기간 사이에 긍정적인 관계를 인지하다가 감사기간이 지속될수록 부정적인 관계가 있는 것으로 인지함을 보여주었다.

일부 선행연구는 실험실 분석을 통해 감사위원회의 판단을 분석하였다. 이들 연구는 감사위원회의 구성원들이 회계불일치 또는 수정사항을 어떻게 처리하는가에 대해 집중되어 있다. DeZoort et al.(2008)은 자신들이 SOX 이전에 수행한 연구 모델(DeZoort et al. 2003)을 SOX 이후에 감사위원들에게 재검증하였다. 연구결과는 외부감사인의 수정

요구에 대한 감사위원회의 지지가 SOX 이전보다 SOX 이후에 더욱 강해졌음을 확인하였다. 이러한 결과는 SOX 이후 강화된 보수주의 규제에 영향을 받은 CPA 출신의 감사위원에 의해 파생된 것임을 발견하였다. Hunton and Rose(2008)는 재무제표재작성 대 수정권고에 대한 감사위원회의 판단을 조사하였다. 연구결과는 감사위원은 수정권고보다 재무제표재작성에 대해 다소 비호의적인 것으로 나타났다. 이사회의 복수 소속된 감사위원일수록 그렇지 않은 감사위원보다 재무제표재작성에 대해 더 비호의적임을 보여주었다.

Pomeroy(2010)는 이사회 참여 경험이 있는 전문경영자를 대상으로 한 실험연구에서 특히 회계경험을 가진 참여자인 경우라면, 의사결정의 결과가 매우 공격적일 때 심도 있게 회계논쟁을 조사하는 것으로 확인하였다.

감사위원회와 외부감사인 논쟁

감사위원회가 외부감사인 선임, 외부감사인-피감사회사 협상 및 외부감사인의 사임논쟁에서 어떠한 역할을 담당하는가에 대한 연구가 다양하게 수행되었다(Abbott and Parker 2000; DeZoort et al. 2003; DeZoort and Salterio 2001; Lee et al. 2004; Cohen et al. 2002; Raghunadan and Rama 2003).

선행 연구는 대체로 감사위원회는 감사인 선임에 중요한 역할을 할 수 있으므로 감사품질에 대한 감사위원의 판단은 중요한 사안으로 인식하였다. 또한 감사법인의 규모가 클수록 발견된 오류를 공시할 가능성이 높기 때문에 감사위원회 위원들은 대형 감사법인(a large auditor)을 선임하면 재무보고 품질에 긍정적인 영향을 미칠 것으로 인지한다는 실증증거를 제시하였다.

Dhaliwal et al.(2015)은 SOX 제정에 따른 감사위원회의 외부감사인 선정에 대한 권한 부여 효과를 분석하였다. 즉, 본 연구는 SOX 규정의 의도와 달리 경영자의 영향력이 외부감사인 선정에 존재하는가, 그리고 이것이 외부감사인의 독립성에 영향을 주는지를 검증하였다. 연구 결과는 SOX 이후 경영자와 외부감사인 간 경영제휴 경험이 감사인 선임에 중요한 영향을 주고 있고, 경영자의 외부감사인 선임에 대한 감사위원회의 조절효과는 확인하지 못하였다.

관련 연구는 외부감사인의 강제적 교체에 대한 경영자의 큰 영향력의 존재가 외부감사인 강제교체 제도의 효과성에 부정적인 영향을 줄 수 있고, 이러한 과정에서 감사위원회가 경영자보다 더 큰 영향력을 보유한 경우 이러한 부정적 영향이 감소하는지 검증하였다. 실험실 분석을 통한 결과는 감사위원회의 외부감사인 선정 권한이 외부감사인 강제교체 제도가 운영되는 경우 더욱 확실하게 투자자에게 좋은 정보로 인식됨을 확인하였다.

선행 연구는 경영자 보고전략과 감사전략은 상호 연관되어 있다고 주장한다. 대표적인 주장은 감사위원회의 독립성이 경영자의 재무보고 편향성을 축소시켜 감사위원회의 효과성을 유지하는 데 기여한다는 것이다. 예를 들어, Patterson et al.(2019)은 제무보고품질이 경영자 재무보고의 편향적 선택과 감사품질에 어떻게 연계되어 있는가를 분석하였다. 그 결과는 기대 감사품질과 재무보고품질은 유의적인 양(+)의 관련성을 갖고 있고, 편향된 재무보고에 대한 경영자의 인센티브 내 변화가 재무보고품질과 경영자 재무보고의 편향적 선택 사이에 양

(+)의 관련성을 유도하는 것으로 나타났다.

감사위원회와 내부감사

Barua et al.(2010)은 감사위원의 전문성과 특정 산업지식이 내부감사에 대한 투자 결정에서 대체효과로 작용함을 확인하였다. 감사위원이 전문성과 재임기간이 높을수록 내부감사에 대한 투자규모가 감소하지만, 위원회 회의빈도는 반대로 음(-)의 관련성을 보여주었다. 그러나 Norman et al.(2011)은 내부감사인에 대한 감사위원회의 효과성을 분석하였다. 감사위원의 감사경험과 권한증가가 내부감사인이 재무제표에 내재된 오류를 무시하려고 하는 상황에서 그러한 내부감사인의 판단을 감소시킨다는 증거를 확인하지 못했다.

감사위원회와 재무보고

SOX Sec2에서 감사위원회는 기업의 회계 및 재무보고 감독권한을 보유하고 있다고 규정한다[62]. 일부 SOX 이전 기간을 대상으로 하는 연구는 감사위원회의 독립성과 재무보고 과정 간에 양(+)의 관련성

---

62 해당 규정은 감사위원이 재무보고의 정직성을 보호하여 주주의 이익을 지키는 '양치기 개'의 역할 수행이 중요한 감사위원회의 존재 목적으로 규정하고 있다. 따라서 SOX 이후 기업 재무보고과정에 대한 감사위원회의 효과성에 대한 다수의 연구가 발표되었다.

이 있음을 제시하였다(Abbott et al. 2016; Bronson et al. 2009). SOX 이후에도 선행 연구는 감사위원회 전문성과 독립성이 재무보고과정에 대한 효과성 존재 유무를 분석하였다. Kelton and Yang(2008)은 감사위원회의 특성이 재무보고 투명성에 미치는 영향을 분석하였고, 이들은 인터넷 재무보고 수준을 이용하여 재무보고 투명성이 확대되고 있음을 확인하였다.

Magilke et al.(2009)은 감사위원에 대한 주식기준보상이 재무보고과정에 더 큰 영향력을 미치는지 실험실 연구를 통해 분석하였다. 연구결과는 주식기준 보상을 받을 때 더욱 편향된 재무보고를 선호한다는 증거를 제시하였다,

Dey and Liu(2010)는 최고경영자와 감사위원의 과거 및 현재의 사회적 연계성 및 전문가적 유사성이 감사위원회 기능에 미치는 영향을 분석하였고, 분석결과는 완전하게 독립적인 감사위원의 구성 변화가 재무보고 품질의 증가와 재무제표재작성 확률을 유의하게 감소시킨다고 보고하였다.

관련 연구는 재무보고 과정에 대한 감사위원의 지분보유 효과를 분석하였다. 연구 결과는 직전연도 이익수준을 충족시키기 위한 회계이익 조정 동기는 최고경영자의 인센티브에 따라 상이하고, 감사위원의 지분보유가 감사위원회의 효과성 및 재무보고 품질을 개선시키는 것으로 확인하였다.

SOX 이후 감사위원회 감독 기능강화의 일환으로 독립성을 강조하지만, 감사위원에 대한 주식옵션 보상에 대한 제재는 상대적으로 부재하였다.

Keune and Jobnstone(2015)은 감사위원회의 단기 옵션 보유의

경우 재무제표 오류 과정에서 대리인 문제의 발생가능성을 통해 감사위원회의 경제적 유인과 감시 역할 갈등을 주장하였다.

감사위원회 의장의 다른 위원회 겸직, 바쁜 일정 그리고 재무전문성 부족은 재무보고품질에 부정적 영향을 준다.

Kachelmeier et al.(2016)은 감사위원회의 비효과성에 대한 명백한 증거(재무제표재작성, 내부통제약점 등)보다는 감사위원의 개별 특성(위원회 중복 참여, 독립성 훼손징후 등)에 의하여 교체 가능성이 증대되는가를 실증분석 하였다[63]. 연구 결과는 감사위원회의 비효과성과 주주의 감사위원 교체 승인 투표 사이에 상호작용을 고려하기 전에는 가시적인 재무보고 실패 증거가 감사위원회 교체 이유로 나타났고, 상호작용 효과를 고려하는 경우 재무보고실패와 감사위원의 개별 특성 간 비효과성 사이에 유의한 상호작용 효과가 존재하는 것으로 나타났다. 이들은 감사위원회의 역할이 이사회의 이미지를 긍정적으로 보존하도록 하는 조직의 적법성을 보장하는 것임을 주장하였다.

Bhaskar et al.(2019)은 감사위원회 활동의 적극성과 강한 감사위원회로 인해 피감사회사가 감사 이전 단계에 이익공표를 통해 외부감사인의 감사의견 형성과 재무보고품질에 영향을 주려는 행위를 감소시키는 감사위원회 효과성을 확인하였다. 따라서 이들은 감사위원회의 효과성(독립성, 전문성, 모임빈도), 재무보고 및 감사품질이 SOX 이후 증

63 제도이론은 사회의 규칙, 체계, 규범 등이 사회 구성원의 행동에 대한 지침으로 작용한다고 주장한다. 제도이론에 기초한다면, 감사위원회는 사회적으로 해당 기업의 합법성에 대한 상징으로 실질적인 감사위원회 비효과성보다 사회적으로 인지된 감사위원회의 감독기능에 대한 비효과성이 감사위원 교체에 더 큰 영향력을 줄 것으로 예측된다(Cohen et al. 2008).

가되고 있음을 보여주는 증거로 해석하였다.

감사위원회 역할과 책임

Lee and Fargher(2018)는 내부 고발자 관리에 대한 감사위원회 역할을 조사하였다. 특히 이들 연구는 감사위원회 품질(독립성과 전문성 기준)이 내부 고발 보고채널 선택(외부고발 대 내부고발)과 내부고발자에 대한 보복확률에 미치는 영향분석을 통해 강한 감사위원회가 더욱 강한 내부 고발시스템 이행과 내부채널을 통한 내부고발 및 보복가능성을 감소시킴을 제시하였다[64].

Sharma et al.(2020)은 감사위원의 복수 위원회 참여가 자본비용 평가에 미치는 영향을 분석하였고, 그 결과는 감사위원의 복수 위원회 참여와 자본비용 사이에 유의한 음(-)의 관련성을 보여주었다. 이들은 이러한 결과를 자본시장 투자자가 감사위원의 복수 위원회 참여를 긍정적으로 평가하고, 그와 같은 복수 위원회 참여가 감사위원의 기업지배구조 책임을 훼손시키지 않는 것으로 인지한다고 해석하였다[65].

---

64 Lee and Fargher(2018)는 경로분석을 통해 ① 고품질 감사위원회 존재 → ② 더 나은 감독 환경 조성 → ③ 좋은 내부보고시스템을 보유함으로써 내부고발에 대한 더 나은 감독 가능 → ④ 내부보고가 적절하게 문제를 해결하고 내부고발자에 대한 보복을 감소시킨 것으로 확인하였다.

65 그러나 일부 연구는 감사위원회의 효과성이 절대적 시간부족에서 발생할 수 있다는 견해를 주장하며 감사위원의 다수 위원회 참여를 부정적으로 보는 시각도 존재한다(Lublin 2012).

Bhattacharjee et al.(2020)은 외부감사인과 피감사회사(CFO와 컨트롤러) 간 회계논쟁에서 감사위원회의 역할을 분석하였다. 본 연구는 역지사지 관점(tacking perspective)을 사용한 실험실 연구로 외부감사인-피감사회사-감사위원회 3자의 동태적 협상과정을 연구하였다. 분석은 협상과정이 협동적 대 경쟁적인지에 따라 감사위원회의 역지사지 접근법의 효과가 다르고, 감사위원회가 중재자로서 더 많은 관여를 하고 있음을 확인하였다.

기업지배구조의 의사결정권자인 경영자의 효용과 위험

경영자 성과보상체계-회계정보 성과치의 유용성

Engel et al.(2010)은 인터넷 기반 기업이 성과평가 시 이익정보에 가중치를 크게 두지 않고, 직접적 감시와 명시적 성과측정치를 통해 기업지배구조 메커니즘을 운영한다고 보고하였다. Bushman et al.(2004)은 이익정보의 기업가치평가 정보성과 및 보상계획에 대한 이익의 가중치를 분석하였다. 관련 연구는 이익과 현금흐름이 기업가치 및 최고경영자 보수에 유의한 양(+)의 영향성을 갖고 있음을 보고하였다.

경영자보상의 결정인자

관련 연구는 경영자보상 결정요인으로 내부거래의 가능성을 살펴보았다. 분석결과는 내부거래를 제한하는 기업이 더 높은 수준의 보상과 인센티브 보상구조를 보유한다는 증거를 제시하였다. 또한 인센티브 관련 옵션이 조건에 미달하는 경우 성과 대비 보수 민감성(pay-to-performance sensitivities)이 약해지므로 기업은 또 다른 옵션제공으로 이를 만회하려고 함을 주장하였다. 기업이 구성원 간 공모에 의한 담합을 방지할 목적이 강한 경우에 기득권(time-vested) 주식옵션을 경영자보상으로 제공한다는 증거를 제공하였다.

경영자보상의 효과

다수의 관련 연구에서 경영자보상이 재무보고 선택에 미치는 영향을 분석하였다. 관련 연구는 종업원 주식옵션 행사로 인한 주당순이익 희석화를 가속화하기 위해 경영자가 기업자원을 연구개발 또는 자본적 지출보다 자기주식 재매입에 지출한다는 실증증거를 보여주었다. Erickson et al.(2006), Armostrong et al.(2010)은 최고경영자의 지분형 인센티브가 재무보고 결과(회계부정, 재무제표재작성)와 소송확률 간 음(-)의 관련성을 제시하였다.

경영자의 보수와 보너스에 대한 상대적 중요도에 따라 영업권의 매입가격 결정이 상이하고, 경영자 인센티브에 따라 더 높은 사후 영업권 회계처리를 이용하여 더 높은 이익을 보고한다.

Rego and Wilson(2012)은 대형 지분위험요인(주가분산성으로 인한 최고경영자 주식옵션의 민감성이 높아지는 경우)을 보유한 경영자가 공격적인 세무전략을 행사하는 것을 확인하였다.

선행 연구는 노력과 위험에 대한 보상구조를 통해 대리인 구조에서 최적 보상액이 가능한지를 분석하였다. 경영자보상과 주가조작 간 관련성이 경영자의 경향에 따라 차이가 있는지를 분석하였고, 이러한 차이를 통해 보상에 의한 차이 유무를 확인하였다.

Fung(2015)은 재무보고에 따른 위험수용에 경영자 효용이 영향을 미칠 수 있음을 주장하고, 인센티브가 높은 옵션형 보상구조를 갖고 있는 기업일수록 경영자는 재무보고 오류를 활용하여 자신의 효용을 극대화하기 위한 위험수용성을 증명하였다[66]. Joo and Chamberlain (2017)은 강한 기업지배구조(이사회 및 감사위원회 독립성, BIG4 감사인으로 변경, SOX 적용, 기업지배구조 개혁 등)가 경영자보상구조[67]의 횡단면적 차이를 설명할 수 있는가를 분석하였다. 즉, 이들은 이사회가 CEO에 의해 장악된 기업일수록 일부 정상적 비용항목을 특별손실로 회계계정 변경을 통해 이익감소에 따른 자신의 보수 감소를 회피하는가를 검증하였다. 그 결과는 강한 기업지배구조와 경영자보상구조 사이에 유의한 음(-)의 관련성을 확인하였고, 경영자에 의한 자의적 비용항목 변경이 감소하는

---

66 위험수용과 행동에 대한 대표적 설명 이론으로 효용이론(utility theory)과 전망이론(prospective theory)이 있다, 효용이론은 자신이 기대하는 효용이 낮은 수준인 경우 위험을 회피하는 성향을 보인다고 주장한다. 그러나 전망이론은 경쟁자보다 자신의 실적이 저조할 가능성이 높을 때 적극적으로 위험을 수용한 행동을 선호한다는 주장이다.

67 선행 연구는 일반적으로 경영자보상구조는 이익감소의 상황에서 특정 회계계정을 활용하여 최고경영자 보수의 감소를 보호하는 것처럼 설계 되어지고, 더욱이 이익대비 보수체계에 민감한 최고경영자는 기업가치에 도움이 되더라도 이익감소 관련 경영의사결정을 외면하게 된다고 주장한다(Dechow et al. 1994).

것으로 나타났다.

경영자 선정, 유인 및 능력

선행 연구는 SOX 이후 감사계약의 삼위일체형(경영자-외부감사인-감사위원회) 구조를 변화로 주장하고, 경영자는 외부감사인과 상반된 감사유인과 융통성을 보유하고 있고, 이러한 유인 중 자신의 기업명성을 유지하고자 하는 동기가 매우 중요함을 주장하였다.

경영자능력과 감사보수 그리고 재무보고품질에 영향을 미치고, 경영자능력은 재무보고품질에 일정한 관련성이 존재한다.

선행 연구는 법률체제가 경영자와 주주의 이해갈등을 감소시키는 중요한 기업지배구조의 외부 메커니즘이라고 주장한다(Cheng et al. 2008). Bourveau et al.(2018)은 소송을 추구할 수 있는 주주의 능력이 기업공시에 미치는 영향을 분석하였다. 즉, 기업지배구조 메커니즘을 통해 소송위험이 기업의 재무공시 정책에 영향을 주는 가를 살펴보았고, 소송위험이 경영자에게 법률비용뿐만 아니라 명성훼손과 같은 암묵적 비용을 발생시켜 공시에 영향을 주는 것으로 확인되었다.

Bova et al.(2015)은 종업원 소유구조에 대한 논쟁으로 경영자-종업원 이해일치로 인한 생산성 증대와 이를 통한 기업가치 증대 가능성을 분석하였다[68]. 경영자는 정보공시 의사결정과정에서 자신의 인센

---

68 Kruse(2002)은 이러한 논리를 지지하는 의견을 피력하였지만, La Porta et al.(1997)은 상반된 주장을 하였다. Hilary(2006)는 노조 권력이 강할수록 정보비대칭성이 증가한다

티브 형성이 가능한 경우 특히 종업원의 협상력이 존재하는 상황에서 경영자 자발공시와 종업원 소유구조는 양(+)의 관련성을 보여주었다. 이들은 해당 결과를 바탕으로 종업원 소유구조가 기업지배구조 개선에 중요한 역할을 수행할 수 있다고 주장하였다.

최고경영자(CEO)는 기업지배구조의 모자이크 중 가장 중요한 요소이다(Beasley et al. 2009; Cohen et al. 2010b; Carcell et al. 2011b; Bruynseels and Cardinaels 2014). SOX 이후 감사위원회 선임과정에서 최고경영자의 참여는 형식적으로 배제되지만, 실질적으로 효과성에 대한 검증이 여전히 의문이다.

Lisic et al.(2016)은 CEO 권력이 형식적(form)으로 효과적인 감사위원회이라도 실질적(substantive)으로 비효과적인 감사위원회로 변질시킬 수 있는가를 분석하였다. CEO 권력(power)이 다른 지배구조 채널을 통해 감사위원회 효과성에 영향을 줄 것으로 예측하였고, 그 결과는 CEO 권력이 낮은 경우 감사위원회의 재무전문성은 내부통제약점과 음(-)의 관련성을 보여주지만, CEO 권력이 증가하면, 이러한 관계는 단조적(monotonically)으로 감소하고, CEO 권력이 매우 높은 경우 이 관계는 더 이상 유의하지 않는다는 증거를 제시하였다. Lisic et al.(2016)은 경영자 권력 측면에서 보면, 감사위원회의 제도개혁은 형식보다 실질에 더욱 초점을 두어야 한다고 주장하였다.

선행연구는 CEO 재임 초기와 말기에 집중적으로 이익조정 가

고 주장하였는데, 이는 노조의 협상력을 통해 자신의 한계생산성 이상의 임금을 받을 수 있는 경우 기업 입장에서 생산비용의 증가로 인하여 비효율적 생산에 직면하게 되므로 정보공시에 따른 이러한 기회비용을 감소시키기 위해 노조에 기업정보를 덜 제공하게 될 유인을 갖게 되기 때문이다.

능성을 주장하고 있다[69]. 그러나 CEO의 초기 및 말기 이외의 재임기간의 동기와 이익조정을 확인하는 연구는 다소 드물다. Ali and Zhang(2015)은 CEO 재임기간 동안 이익조정에 대한 유인변화를 분석하였다. 분석 결과는 CEO는 재임기간 초기에 자신의 경력관리 및 선임에 대한 당위성을 확보하기 위해 과대하게 이익조정을 시도하고, 후기 기간으로 갈수록 그러한 동기가 약해짐을 보여주었다.

경영자준지대 이익과 조세회피는 상호 보완적 관계가 있으며, 조세회피를 통해 기업투명성이 훼손되는 경우 경영자의 사적 이익 추가 가능성이 증대된다. 따라서 관련 연구는 좋은 기업지배구조가 내부통제 메커니즘을 통해 경영자의 기회주의 행위를 통제할 수 있기 때문에 경영자의 지분 인센티브[70]와 조세회피 사이에 음(-)의 관련성을 주장하였다. Armstong et al.(2015)은 세무계획 의사결정에서 기업지배구조의 역할을 확인하기 위해 경영자 인센티브-보상 계약체계와 조세회피의 관련성을 분석하였다. 특히 경영자의 지분 인센티브는 지배구조의 중요 메커니즘으로 대리인 문제 해결을 중요 목적으로 한다. 연구 결과는 CEO의 위험선호 지분 인센티브와 조세회피 사이에 유의한 양(+)의 관련성이 있고, 조세회피 수준이 더욱 높아질 때 이러한 관계도 더욱 강해짐을 확인하였고, 공격적 조세전략의 결정인자로써 경영자 지분

---

69 선행 연구는 갑작스럽게 교체된 신임 CEO는 전임 CEO에게 책임전가를 위해 첫해에 비용/손실을 과대하게 계상하여 다음 연도에 더 높은 성과를 보고하고(Strong and Meyer 1987; DeAngelo 1988). CEO는 자신의 임기 최종연도의 보수를 증대시키기 위해 이익을 과대계상하는 것을 선호(Dechow and Sloan 1991; Murphy and Zimmerman 1993; Kalyta 2009)한다고 주장한다.

70 기업지배구조의 부실은 기업 통제메커니즘이 경영자의 기회주의적 행위를 통제할 수 없음을 의미하므로, 기업은 지분 인센티브 제공을 통해 조세회피에 대한 경영자의 기회주의적 동기에 영향을 줄 수 있다.

인센티브의 중요성을 강조하였다. 이들은 기업지배구조 메커니즘으로 이사회 재무전문성 및 독립성과 조세회피 관련성을 분석하였다. 이사회의 재무전문성과 독립성은 조세회피 수준에 따라 상이한 관련성을 보여주었다. 낮은 조세회피 수준에서는 양(+)의 관련성을 보여주었다.

Hoitash et al.(2016)은 회계 배경을 갖춘 CFO가 보수적인 기업성과와 밀접한 관계가 있는가를 분석하였고, 고도성장 산업에서 CPA 자격증을 보유한 CFO가 R&D 투자에 다소 소극적이고, 외부자금조달에도 다소 비호의적임을 확인하였다. 저성장 산업에서 CPA 자격증 보유 CFO가 원가효율성 측면에서 그렇지 않은 CFO보다 더 효율적임을 보여주었다. 이들은 이러한 결과를 통해 회계전문성을 보유한 CFO가 위험회적 성향을 보인 결과로 해석하였다.

Jongjaroenkamd and Laux(2017)는 신임 CEO 선정과 재무보고 환경의 관련성을 확인하기 위해 약한 기업지배구조에 따른 재무보고 통제 환경은 CEO가 회계성과 정보를 조작하도록 허용하고, 이것은 이사진이 경영진의 부정을 적발할 능력을 감소시켜 성과가 저조한 경영진을 교체하는 데 어려움을 유발한다는 가설을 검증하였다. 특히 본 연구는 이러한 부정적 효과가 외부에서 CEO를 선임하는 경우에 더욱 강하게 나타남을 확인하였다. 따라서 이사진은 성과평가시스템의 측정치를 조작하기 어렵다고 인지할 때만 외부 CEO 선임을 선호함을 주장하였다.

Wu and Zhang(2019)은 IFRS 강제채택이 국가별 제도와 기업특성에 따른 상반성을 CEO 교체 민감성을 통해 확인하였다. 분석은 IFRS 강제 채택 이후 회계성과 대비 CEO 교체가 더욱 민감하게 반응하고, 이러한 회계이익 대비 교체 민감성은 강한 재무보고 규제가 존재하는 국가일수록 더욱 강하게 나타나고, 이들은 이러한 결과를 IFRS 채택이 회계정보의 스튜어드십 역할에 변화를 주고 있다고 주장하였다.

Abernethy et al.(2019)은 기업의 전략우선순위와 신임 CEO 선정에 영향을 주는가를 실증 분석하였다. 이들은 어떤 조건들이 신임 CEO가 기업 생산성 향상에 도움을 주는가를 확인하였다. 그 결과는 고도의 사회자본(관계자본)을 보유한 신임 CEO 선임으로 인해 CEO가 자신의 사회적 네트워크를 활용하여 기업의 불확실성을 해소하는 것으로 나타났다.

기업지배구조의 통제관점-내부통제제도

내부통제품질(Internal Control Quality)

2001년 미국을 중심으로 내부통제 보고를 경영자와 외부감사인에게 요구하기 시작했다(Chalmers et al. 2019)[71]. 2013년 이후 내부통제품질

71 Chalmers et al.(2019)의 연구는 2013년 이후 수행된 내부통제 관련 연구에 대한 문헌검토 결과를 제시하고 있다. 이들은 2013년 이후 10년간 수행된 내부통제 보고의 가치, 중요성 및 효율성에 대한 시사점을 제공하고, 내부통제에서 국가 간 규제 차이에 따른 원가-효익이 상이할 수 있음을 주장하였다. 내부통제의 성과는 다양한 이해관계자의 집합적 상호작용의 결과임을 주장하였다. 이들은 내부통제 연구를 결정론 연구와 결과 연구로 분류하고, 결정론 연구는 내부통제품질의 결정인자로 이사회 그리고 기업지배구조

의 경제적 결과를 다룬 연구들의 종합적 결론은 내부통제품질이 재무정보이용자의 의사결정에 유의한 영향을 미친다는 것이다. 그러나 소유구조, 이사회 특성 및 내부통제품질 간 관련성 연구는 혼재된 결과를 보여주지만, 감사위원회 특성과 내부통제품질 간에 유의한 양(+)의 관련성이 제시되고 있다.

실무에서는 내부감사인이 내부통제품질 개선에 중요한 역할을 수행하고 있다고 인식된다[72]. 따라서 선행연구자들은 기업지배구조의 구성원인 내부감사인과 내부통제품질의 관련성을 분석하였다(Wan-Hussin and Bamchros 2013). 분석 결과는 내부감사인이 ICW의 심각성과 지속성을 감소시키는 것으로 확인되었다.

또 다른 기업지배구조의 구성원인 경영자의 의사결정과 내부통제품질의 관련성을 살펴보면, Doyle et al.(2007)은 내부통제의 중요 결함은 재무보고 전반의 부적절한 통제를 의미하므로 재무제표에 중요한 이상치 발생에 영향을 준다고 주장하였다. Chan et al.(2008)은 이와 유사한 주장으로 내부통제품질이 재량적 발생액에 영향을 준다는 실증증거를 제공하였다. 이러한 맥락에서 내부통제에 대한 경영자보고가 재량적 발생액을 감소시켜 재무보고품질의 개선으로 연결되어진다.

특성(감사위원회, 내부감사 및 외부감사인의 특성, 소유구조, 국가문화, 법률, 자본시장 등) 변수를 분석하였다. 내부통제와 소유구조(가족지배기업) 연구 결과는 혼재되었고, 이사회 특성(대표이사겸직, 성별비율 등)도 혼재된 결과를 보여주었다. 그러나 내부통제품질과 감사위원회 특성(재무적 전문성, 활동 빈도)은 내부통제품질과 양(+)의 관련성을 지지하는 연구가 지배적이었고, 선행 연구는 내부통제품질이 이해관계자(경영자, 주주, 채권자, 외부감사인 등)의 의사결정에 영향을 미친다는 일관된 결과를 보여준다.

72 주장의 논리는 다음과 같다. 내부감사인이 내부통제 약점의 감독, 적발 및 적절한 수정행위에 대한 책임과 이에 대한 결과를 경영자에게 보고할 의무가 있기 때문에 내부감사와 내부통제품질 사이에 밀접한 관련성이 형성될 여지가 있다(Chalmers et al. 2019).

내부통제품질과 회계처리의 관련성 연구는 손상차손인식, 이익예측, 실물이익관리, 대손충당금인식, 재고자산손상 조세회피 등과 관련하여 활발하게 진행되었다. 연구결과는 내품통제품질의 저하는 손상차손의 인식지연에 따른 보수주의 악화, 회계정보 불화실성 증대로 인한 이익예측 정확성 저하, 실물이익관리의 증대, 대손충당금 설정액의 증액, 재고자산손상액의 증가로 이어지고, 전체적인 재무보고품질의 저하를 초래하는 것으로 나타났다.

Forst and Hettler(2019)는 내부통제 불균형성이 감사품질에 미치는 영향에 관해 분석하였다. 연구 결과는 내부통제 불균형은 BIG4, 산업전문감사인, 독립성 및 감사보수와 유의한 양(+)의 관련성이 있었고, 감사품질은 내부통제 불균형과 기업가치 간 음(-)의 관련성을 완화시키는 조절효과가 있음을 확인하였다[73].

내부통제약점(Internal Control Weakness: ICW)

일부 연구는 최고경영자의 권력이 강력한 경우 내부통제시스템이 약점 발생가능성과 사적이익 추구를 위해 내부통제시스템을 왜곡시킨다고 주장한다. 미국기업을 대상으로 한 이사회 특성과 내부통제

---

73 내부통제 불균형은 지배주주가 자신의 현금흐름권 이상의 통제권을 행사하여 주주의 부를 약탈할 가능성을 증가시키고, 이는 외부감사인의 품질에도 부정적 영향을 줄 수 있다. 그러나 투자자는 이러한 내부통제의 불균형이 기업가치 평가시 할인율을 증가시킬 수 있으므로 이를 방지하기 위해 고감사품질의 외부감사인의 선임할 동기도 증가할 수 있다.

약점(Internal Control Weakness: ICW) 공시 관련성 연구 결과는 상반된다. 예를 들어, Blasam et al.(2014)의 연구는 이사회효과(규모와 독립성)와 ICW 사이에 유의한 관련성을 발견하지 못하였지만, Chen et al.(2017)의 연구는 이사회 독립성과 ICW 공시와 유의한 음(-)의 관련성을 확인하였다.

부채보유 수준과 ICW 공시의 관련성은 부채비율이 높은 기업일수록 파산위험에 대한 두려움 때문에 경영자가 내부통제품질에 더 많은 관심을 두고 있음을 확인하였다. 일부 연구는 이사회 및 외부감사인의 성별에 따른 내부통제품질에 미치는 영향을 분석하였고, 여성위원의 비율과 내부통제품질의 관련성은 일관된 결과를 보여주지 못했다(Chen et al. 2017; Parker et al. 2017).

기업지배구조는 다양한 기업위험을 관리하는 수단으로 상호 보완적이거나 대체적 관계를 갖고 있다(Chen et al. 2017). Chen et al.(2017)은 내부통제약점에 대한 기업지배구조 특성인 이사회 독립성과 CEO의 이사회 의장 겸직 여부를 살펴보았고, 특히 감사기준의 변화로 인해 내부통제약점과 내부통제약점 공시의 관련성이 약화되고 있음을 확인하였다[74]. 일부 연구는 내부통제약점과 재무보고부정 위험 증가의 관련성을 주장하였다[75]. 이들 연구는 내부통제약점이 특정 회계계정의 부정과 연관성이 낮지만, 전사적 수준의 회계부정과 내부통제약점의

---

74 Chen et al.(2017)은 이러한 결과를 감사기준의 명확한 규정 제정으로 이사회의 최고경영자 감시 역할의 축소로 해석하였다.

75 그러나 내부통제 약점과 회계부정 관련성에 대한 명확한 증거를 제시한 연구는 없지만, 내부통제약점이 미래 회계부정의 발생가능성과 어느 정도 관계가 있고, 이는 재무보고 품질에 대해 무신경한 경영자의 기회주의적 동기에 기인함을 주장한다.

관련성이 존재함을 보여주었다.

Keune and Keune(2018)은 경영자가 중요 내부통제약점(ICW)에 반응하여 회계원칙을 변경하는지에 대해 분석하였다. ICW 보유 기업의 경영자는 자의적 회계변경을 전략적 수단으로 활용하고 있음을 보여주었고, 새로운 CFO를 보유한 기업이 ICW 공시연도에 자의적 회계정책 변경을 통해 재무제표재작성을 선호한다는 증거를 제시하였다.

Cheng et al.(2018)은 내부통제보고가 운영효율성(operating efficiemcy)에 미치는 영향을 신사업분야를 중심으로 내부통제약점이 있는 기업과 그렇지 않은 기업을 상호 비교하였다. 연구는 내부통제 개선이 운영효율성의 증대를 가져오고, 운영효율성에 대한 내부통제 효과는 의사결정에 더 높은 품질의 회계정보가 필요한 기업일수록 더욱 강하게 나타났다는 증거를 제시하였다.

Cheng et al.(2019)은 감사위원 중 과거 3년 이내 중요 내부통제약점을 공시한 기업의 이사로 재직 경험이 있는 경우 해당 기업 내부통제의 중요 약점 보고 가능성이 감소하는가를 분석하였다[76]. 분석 내용은 과거 내부통제 중요 약점과 관련된 경험이 지식전이 효과를 통해 현재 기업의 내부통제 개선에 기여하는 것으로 확인되었다.

SOX Section 404의 적용하에서 기업의 공시시점과 전략적 공시 선택에 따라 투자자가 사전적으로 해당 기업의 ICW 확인을 어렵게 한다. 즉, 일반적으로 기업은 연간 보고서에 ICW를 공시하도록 규

---

76 Cheng et al.(2019)은 과거 경험과 현재 내부통제 실무 개선의 관련성을 검증하기 위해 확산효과(spillover effect) 이론에 기초하였다. 재무보고 분야에서 확산효과는 임원이 기업공시와 관련되어 더 많은 경험이 있거나, 공시된 중요 약점에 대해 더 많은 정보채널을 가지고 있는 경우 재무보고 실무의 개선이 이루어진다고 주장한다.

정상 요구되므로 자본시장 참여자는 기업공시 시점까지 내부통제품질에 대한 정보가 부재하다. Mcguire et al.(2020)은 유효법인세율(ETR)의 추정치 관련 변동성을 통해 기업의 내부통제 환경에 대한 사전 정보력(ex ante information)을 제공받을 수 있는지 검증하였다. 특히 본 연구는 연간 ETR 추정치의 분산성이 커질수록 기업의 내부통제 비효과성이 증가함을 검증하고자 하였다[77]. 분석 결과는 연간 ETR 변동성이 기업 내부통제에 대한 사전적 정보를 포함하고 있음을 확인하였다.

내부통제감사

내부통제감사 관련 선행 연구는 기업지배구조 특성과 내부감사기능의 관련성을 분석하거나 내부감사예산 부분에 초점을 두고 있다.

Carcello et al.(2005)은 감사위원회가 예산을 검토하는 상황이라면 전반적인 내부감사예산이 그렇지 않은 기업보다 높음을 확인하였다.

Barua et al.(2010)은 내부감사예산이 감사위원회 모임횟수와 양(+)의 관련성을 갖는 반면, 감사위원회의 감사 관련 전문지식 및 감사위

---

77 연간 ETR 추정치는 다음 두가지 측면에서 재무보고에 대한 내부통제 효과성 지표로 사용가능하다. 첫째, APB No.28은 기업이 회계 통합방식(integral method)으로 법인세 비용을 보고하도록 하고 있는데, 통합방식은 연간 ETR 추정치를 매분기 제공하도록 요구하고 있으므로 이전 분기의 ETR 추정치 오차는 연간 경영자의 회계수치 추정에 대한 빈도와 범위를 관찰할 수 있다. 둘째, 다른 추정치와 달리 ETR은 기업의 모든 운영 결과의 산물이다. 즉, 연간 ETR 추정치는 경영자의 직접적인 법인세비용 추정치를 반영하고, 간접적으로 경영자의 법인세차감전이익 추정치에 대한 법인세 계산의 결과를 반영하므로 기업의 모든 내부거래에 대한 직·간접적인 내용이 반영되어 있기 때문이다(Comprix et al. 2012).

원회 임기와는 음(-)의 관련성을 갖고 있다는 실증증거를 발견하였다.

Abbott et al.(2007)은 pre-SOX 기간 중의 반복적(routine) 및 비반복적(non-routine) 내부감사의 외부의뢰(outsourcing)에 대해 조사하였다. 이들 연구는 효과적인 감사위원회(독립성, 회의빈도 및 전문지식에 기초함)가 반복적 내부감사활동을 외부감사인(그러한 반복적 활동들이 감사인의 독립성을 훼손할 수 있는 경우)에게 다소 덜 의뢰하는 것을 확인하였다. 이러한 관계는 비반복적 또는 다른 회계법인에게서 나타나지 않았다.

Abbott et al.(2010)은 내부통제활동에 대한 내부감사의 상대적인 강조는 내부감사에 대한 감사위원회 감사를 증가(내부감사에 대한 경영자 감사와 비교하여)시키는 것으로 나타났다.

Pizzini et al.(2015)은 설문연구를 통해 내부감사품질이 외부감사인의 감사지연에 미치는 영향을 분석하였고, 연구결과는 이들 상호간에 유의적 음(-)의 관련성을 확인하였다. Russy(2015)는 미시적 수준의 연구로 내부감사인의 일일업무 분석을 통해 내부통제문제에 대한 내부감사인의 역할을 살펴보았다. 그 결과는 더 나은 기업지배구조 도출을 위해 내부통제기능이 강조되지만, 내부감사인이 경영자를 감시하면서 조언의 역할을 수행하는 데 역할갈등이 존재함을 인터뷰 분석을 통해 확인되었다.

Chen et al.(2017)은 내부감사인에 대한 유인보상을 외부감사인이 내부감사의 객관성에 대해 잠재적 위험으로 인식하여 내부감사결과에 대한 신뢰성 관련 가중치 하락 및 통제위험 증가로 이어지고, 이는 감사보수 증가의 원인으로 작용함을 주장하였다. 분석 결과는 기업 성과에 연동된 내부감사인의 보상과 외부감사인 보수 사이에 유의한 양(+)의 관련성 증거를 제시하였다.

Trotman and Duncan(2018)은 내부감사품질에 대한 이해관계자의 입장에 대한 인터뷰를 실시하였다. 내부감사인은 내부감사기능 중 과정(process) 차원에서 품질의 중요성을 주장하고, 감사위원회는 산출(output) 그리고 경영자는 성과(outcome) 차원에서 내부감사기능의 품질 중요성을 강조하고 있음을 확인하였다[78].

위험관리는 2008년 글로벌 재정위기 이후 주주와 기업의 핵심 관심사안 중 하나이다(ANO 2019). Carcello et al.(2020)은 기업지배구조 중 내부감사기능이 위험관리에 기여하는가를 분석하였다. 본 분석은 내부감사를 받은 사업단위와 그렇지 않은 사업단위 간 위험관리 변화가 존재하고, 내부감사를 받은 관리자가 위험감소를 위해 더 큰 노력을 투입하여 성과를 달성함을 확인하였다.

재무보고 전반에 대한 내부통제(Internal Control over Financial Reporting: ICFR) 관련 감사는 집중 PACOB의 감리대상이다[79]. 그러나 ICFR 판단은 학계 및 실무 차원에서 여전히 블랙박스이다[80]. Cohen et al.(2020)은 준구조화된 인터뷰 방식을 이용하여 ICFR 평가에 내재된 판단을 분석하였다. 연구 결과, 외부감사인은 경영자가 적발 증거없이 내부통제에 대한 중요 약점을 수용하지 않는다고 믿고, 또한 외부감사인

---

78 Ege(2015), Chen et al.(2017)은 기업지배구조 중 내부감사 기능품질을 통합구조로 이해하고, 투입(input), 처리(process), 산출(output), 성과(outcome) 그리고 상황(contextual)의 합성체로 내부감사기능의 구조를 제시하였다. 따라서 내부감사 기능품질에 대한 이해관계자 간 개념차이가 존재함을 주장하였다.

79 PACOB는 2013년 이후 조사보고서를 통해 재무보고 전반에 대한 내부통제 감사의 중요 결함과 실무지침을 공지하고 있다.

80 SEC 법령 대부분이 중요 부정 또는 오류를 감지하고 예방하는 최우선 방법으로 적절한 배부통제를 주장하고 있다(Kral 2017). 그러나 내부통제 감사과정에서 이루어지는 판단 문제 연구는 거의 미비한 상태이다.

은 컨설팅 또는 강한 감사위원회를 통해 경영자의 주장(반론)을 설득하려고 함을 보여주었다.

내부통제제도와 기업지배구조 특성

Schneider et al.(2009)은 미국 내 기업을 대상으로 내부통제와 기업지배구조 특성의 관련성을 분석하였다. 결론은 내부통제가 약한 기업일수록 소규모, 약한 이사진, 감사 독립성과 경험 부족, 자본조달비용의 증가, 이익예측치의 부정확성, 내부통제 관련 감사보수 증가와 관련성이 존재함을 보여주었다.

Bédard and Grahm(2014)은 내부통제에 대한 경영자와 외부감사인 보고기준의 원가효익분석 결과를 제시하였다. 이들은 경영자와 외부감사인 간 내부통제 문제에 대한 논쟁은 규모가 작은 기업일수록 조직복잡성과 재무곤란성을 겪고 있는 기업일수록 증가하고, 외부감사인의 감사품질이 내부통제품질에 영향을 미친다고 주장하였다.

소유구조 중 가족기업형태가 내부통제품질에 미치는 영향도 상반된 결과를 보여준다[81]. Weiss(2014)는 가족소유기업이 ICW 공시 측면에서 더 낮은 공시비율을 보여주는 결과를 제시하였지만, Bardhan

---

81 상반된 연구결과에 대한 해석 논리로 보호막효과와 이해일치 주장이 존재한다. 보호막효과는 가족기업의 경우 경영진 상호 간 특수관계로 인해 서로의 보호막 역할을 수행하게 되므로 가족소유구조가 내부통제품질에 부정적 효과가 발생한다는 주장인 반면, 이해일치 주장은 가족소유기업의 명성과 경영권보호를 선호하므로 비가족소유기업보다 더욱 내부통제품질의 개선에 노력한다는 논리이다.

et al.(2015)은 가족소유기업이 내부통제품질 측면에서 그렇지 않은 기업보다 낮다는 실증증거를 제시하였다.

내부통제의 지배구조 역할은 미해결되는 대리인문제의 중재자로서 기업의 자산보호에 있다. 예를 들어, SOX는 내부통제 규제의 제정 목적으로 부정, 사적이익 추구로부터 기업을 보호하는 것이라고 제시하고 있고, SEC(Securities and Exchange Commission 2003)와 PCAOB AS5(Public Company Accounting Oversight Board, Auditing standard No.5)는 재무보고의 신뢰성 및 자산보호를 합리적 수준에서 제공하는 과정을 내부통제의 정의로 제시하고 있다. Gao and Jia(2016)는 내부통제약점이 현금에 대한 시장평가가치를 저하시키는 요인으로 작용하는가를 분석하였다. 연구 결과는 내부통제약점을 보유한 기업의 현금의 시장가치가 그렇지 않은 기업보다 유의적으로 낮은 것으로 나타났다. 이들은 비효과적인 내부통제가 회계조작을 용이하게 하고, 재무보고의 질과 정확성을 감소시켜 이것이 자원횡령과 같은 사적이익 추구를 위한 기회를 제공할 것으로 자본시장 참여자들이 판단한 결과로 주장하였다.

이사회

기업지배구조의 이사회는 기업의 통제메커니즘에 대한 효율성을 결정짓는 핵심 구성요소이다. 선행연구는 이사회 구성 및 특성과 회계성과의 직·간접적 관련성을 분석하였다. Karamanou and Vafeas(2005)는 이사회 구조가 경영자예측치에 미치는 영향을 분석하였고, 우수한 기업지배구조가 우수한 재무보고 품질을 형성하므로 이에 따라 이익예측치의 수준도 높아진다고 주장하였다.

Srinivasan(2005)은 재무보고 실패 시 이사진이 직면하는 명성효과를 분석하였고, 특히 사외이사와 감사위원의 교체 가능성이 높아짐을 주장하였다.

Laux(2008)는 이사회 독립성이 최고경영자의 기회주의적 행위와 능력에 영향을 주는지 분석하였고, 결과는 이사회 독립성 증가와 더불어 최고경영자의 교체확률이 더욱 증가함을 확인하였다.

Kim et al.(2015)은 임원에 대한 주식기준보상과 이익조정의 가능성을 실증 조사하였고[82], 특히 외부감사인이 이러한 위험을 감사보수에 반영하는지를 검토하였다. 분석결과는 외부감사인은 경영자 자신의 부를 증가시키기 위한 기업위험의 증가 가능성이 존재한다고 인식하고, 이를 감사보수에 반영하는 것으로 나타났다.

Sengupta and Zhang(2015)은 사외이사의 보상구조(주식기준)가 기업공시품질에 미치는 영향을 분석하였고,[83] 주식가치 증대를 위해 사외이사가 감시활동을 성실히 수행할 것으로 예측하였다. 분석 결과

82 규제기관은 임원의 주식보상구조가 사적이익 추구를 증가시키는 원인임을 주장한다(SAS No.99 AICPA 2002). 해당 감사기준은 경영자지분보상을 피감사회사의 중요 재무제표 오류 발생의 위험요인으로 간주하도록 요구하고 있다.

83 선행 연구는 대리인문제를 해결하는 하나의 방법으로 우수한 재무정보 투명성과 적시성 있는 정보흐름을 기업으로부터 주주에게로 보장하는 것이라고 주장한다(Bushman et al. 2004a). 이러한 맥락에서 이사회는 기업공시품질을 확장시키는 데 중요한 역할을 할 수 있고, 다양한 연구가 수행되었다(Klein 2002; Bushman et al. 2004b; Ajinkya et al. 2005; Karamanou and Vafeas 2005).

는 경영자의 이익예측 빈도와 정확성으로 측정한 정보공시품질과 사외이사의 주식보상구조는 양(+)의 관련성이 있고, 재무분석가의 이익예측 분산성과 사이에 음(-)의 관련성이 있는 것으로 확인되었다. 따라서 이들은 사외이사가 기업공시품질의 결정인자로써 역할을 수행한다고 주장한다.

Li and Wahid(2018)는 이사회 효과성에 대한 검증으로 이사 감사위원의 재임기간 다양성이 최고경영자 성과-교체 민감성과 재무제표 재작성 가능성에 미치는 영향을 검토하였다. 이들은 감사위원회의 재임기간 다양성이 재무제표재작성 가능성을 감소시키고, 이사회 재임기간의 다양성은 경영자에 대한 초과 보상을 유의적으로 감소시키는 경향을 확인하였다.

Huang and Hilary(2018)는 이사진의 재임기간에 따른 기업가치의 관련성을 분석하였고, 그 결과는 이사진 재임기간과 기업가치 사이에 역 U자형 관계가 있음을 확인하였다. 이들은 이사진의 학습효과로 인해 기업가치가 일정시점까지 증가하지만, 이사진의 재임기간이 길어질수록 보호막효과가 발생하여 기업가치에 부정적 영향을 주는 상충관계(trade-off)가 있음을 의미한다고 주장하였다.

Hanlon et al.(2019)은 이사회와 경영자의 담합[84]이 기업 미래성과, 재무보고품질 그리고 감사보수에 미치는 영향을 분석하였다. 그 결과는 이사회와 경영자의 담합은 낮은 미래성과, 재무보고품질

---

84 기업지배구조의 구성원 간 담합은 다양한 연구자들에 의해 수행되었다. 예를 들어, Bruynseels and Cardinaels(2014)는 CEO와 CFO의 담합이 기업성과에 미치는 영향을 분석하였다.

의 하락 그리고 감사보수의 증가를 초래함을 보여주었다. Basu and Liang(2019)은 사외이사와 보수주의 관련성을 분석하였고, 미국 시장을 중심으로 사외이사의 소송위험을 제한하는 법령이 제정된 후 이러한 법령의 영향이 보수주의의 감소로 이어지는가를 실증 분석하였다. 그 결과는 해당 법령의 제정 이후 조건부 보수주의가 다소 감소하였고, 이는 사외이사의 경영진 감시동기가 다소 약해진 결과로 해석하였다.

Souther(2018)는 학연, 경력 및 혈연으로 연계된 이사진의 경우 낮은 시장가치 평가, 더 높은 이사진 보수 책정 그리고 재무제표 오류 발생 가능성 증가와 연관되어 있음을 주장하였다[85]. Souther(2018)는 이사진 교체 시 연계된 이사진 교체 가능성이 낮고, 신임 이사의 선임도 기존 이사진과 연관성을 갖고 있을 가능성이 높음을 검증하였다. 연구결과는 내부 이사진의 사회적 네트워크는 기업지배구조 환경과 통제품질에 부정적인 영향을 주는 것으로 확인되었다.

Wahid and Welch(2019)는 교수출신 사외이사 선임에 대한 경영성과 시장반응을 분석하였다. 그 결과는 교수출신 사외이사의 선임공고일의 비정상누적주가수익률이 비교수출신 사외이사의 선임공고일과 비교하여 유의적으로 낮았고, 음(-)의 주가수익률은 대리인 문제가 높은 기업일수록 두드러진 현상으로 나타났다. 교수출신 사외이사의 선임 비중이 높은 기업일수록 그렇지 않은 기업보다 더 빈번한

85 내부 이사진의 네트워크가 기업지배구조에 미치는 영향은 상반된 주장이 존재한다. 긍정적 효과 주장은 이사회 구성원 간 배경공유는 이사 상호 간 커뮤니케이션을 증대시키고, 의사결정의 효율성으로 인해 기업가치와 감사품질을 개선시킨다고 주장한다 (Adams et al. 2018).

기업인수 참여, 낮은 성과-교체 민감성 그리고 재무성과를 보여주고 있다. 이들은 자본시장에서 교수 출신의 사외이사일수록 엄격한 경영자 감시활동을 수행하지 않을 것으로 판단하고 있음을 의미한다고 주장한다.

기업공시 관련 문헌들은 이사진의 감시역할에 대해 집중하여 연구되고 있으나, 이사진의 충고(조언) 역할에 대한 실증증거 제시에는 한계가 있다. 특히 조언 역할(advising role)은 종종 정보전달(information transfer)로 확장 이해되기도 한다. Ke et al.(2020)은 이사가 동종 산업에서 이사 또는 경영진으로 재직한 경험 있는 경우 기업의 외부 경영환경에 대한 가치 있는 정보를 경영자에게 전달하는가를 실증 분석하였다. 즉, 본 연구는 이사진의 DRI(Directors from Related Industries)가 경영자의 예측치의 정확성과 연관되는가를 분석하였고, 이를 지지하는 증거를 확보하였다. 더욱이 해당 관련성은 기업의 불확실성이 더욱 증가할 때 더욱 확실해지고, 이사진의 경영자 감시역할이 이루어지지 않은 상황에서 확실하게 유지되는 이사진의 감시기능과 별개의 조언기능이 존재함을 확인하였다.

회계실패의 경제적 효과

선행 연구 중 소수가 재무제표재작성과 재무보고부정이 이사진에 미치는 결과(the impact on directors)에 대해 분석하였다. 이들 연구는 회계문제에 기인하여 이사들이 다양한 불이익에 직면함을 확인하였다. Farber(2005)는 회계부정 발생 이후 기업지배구조의 다양한 변화를 조사하였다. 연구결과는 회계부정이 발생한 기업은 회계부정 발생 이후 3년 동안 기업지배구조의 개선이 이루어져 회계부정이 존재하지 않는 기업과 비슷한 기업지배구조 특성을 갖고, 회계부정이 발생된 기업의 지배구조가 개선된 후 더 높은 주식가치를 보유하게 됨을 보여주었다.

Srinivasan(2005)은 사외이사의 교체비율이 높은 기업일수록 그렇지 않은 기업보다 이익하락에 대한 재무제표재작성 가능성이 높아지고, 이사진 교체 중 감사위원회의 교체가 더욱 심각하게 재무제표재작성 가능성에 영향을 주는 것으로 확인하였다.

Fich and Shivdasani(2007)는 회계부정에 기인된 소송이 사외이사에 미치는 효과를 조사하였다. 사외이사(outside director)는 소송기업의 이사회에서 강제 교체되지는 않지만, 실질적 측면에서 다른 이사회 직위를 상실하는 것으로 나타난다. 이러한 상실은 해당 이사가 감사위원회 이사인 경우와 회계부정이 심각한 경우에 더욱 확실하게 발생되었다.

Beasley et al.(2010)은 회계부정이 발생한 기업과 그렇지 않은 통제기업을 비교하였다. 분석결과는 회계부정이 발생한 기업의 이사회의 장과 이사진의 교체가 더욱 증가한다는 결과를 확인하였다.

기업지배구조의 외부원천

기업통제 환경에서 외부원천(법령, 규제 등)은 매우 중요한 기업지배구조 메커니즘을 구성한다(Fama and Jensen 1983; Safieddine and Titman 1999). 즉, 기업지배구조의 외부원천은 경영자가 주주 이해에 반하는 행동을 하지 못하도록 규제하는 효과가 존재한다. 예를 들어, 최근 국가수준의 합병 인수법령의 입법화의 외생적 증가는 기업인수 위험을 증가시켜 외부원천에 따른 기업지배구조의 변화를 초래하고 있다(Nenova 2006).

외부감사인은 재무보고 품질을 높이는 데 중요한 역할을 한다. Sarbanes-Oxley Act(2002)의 연구결과에 따르면 외부감사인은 단지 재무제표 이슈의 단순한 수용가능성이 아니라 품질에 대해 감사위원회와 논의할 준비가 되어 있어야 한다. 비기대 재량적 발생액(unexpected discretionary accruals)과 같은 과도한 이익관리 기법의 축소를 통하여 외부감사인은 지나치게 적극적인 경영진에 대해 효과적인 감시자 역할을 수행할 수 있다. 기업지배구조에 기초한 외부감사인 연구는 다음과 같은 (a) 감사인 선정 및 고객 수용 (b) 감사품질 및 감사수수료 (c) 감사의견 및 감사절차의 주제로 요약된다.

외부감사인 선정, 변경 및 비준

외부감사인 선정 및 유지 결정 시 기업 이사회 특히 감사위원회의 역할에 대한 강조가 증가함에 따라, 이 분야에 대한 연구는 감사인과 기타 기업의 이해관계자 모두에게 매우 중요하다. Abbot et al.(2003a)는 독립적이고 적극적인(active) 감사위원회가 보다 높은 품질의 감사를 요구할 것이며, 따라서 산업전문 감사인(an industry-specialist auditor)을 선임할 가능성이 보다 높다고 주장하였다. Beasley and Petroni(2001)는 자산책임보험사(property-liability insurance companies)를 대상으로 이사회의 사외이사와 외부감사인 선정 간의 관련성을 조사하였다. 연구결과는 이사회의 사외이사 비율에 따라 전문 BIG6 감사인이 선정될 가능성은 증가하지만, 비전문 BIG6 감사인의 선택에 영향을 미치지 않는다는 사실을 발견하였다. 따라서 이사회 구성은 산업전문화에 따른 감사인 선임과 관련이 있다.

최근까지 관련 연구는 우수한 기업지배구조를 갖춘 기업이 고품질(high-quality) 외부감사인의 선택과 유지를 더욱 선호한다는 주장을 확장시키고 있다. Carcello et al.(2002)은 이사회의 품질이 높을수록 외부 모니터링을 더 많이 요구할 것이고, 따라서 기업은 고품질의 외부감사를 위해 기꺼이 비용을 지불할 것이라고 주장하였다. 연구결과는 감사수수료와 이사회 독립성, 이사회 회의 횟수와 사외이사 겸직횟수 간 유의적인 양(+)의 관계를 발견하였다. 그러나 그들은 감사위원회의 특성과 활동이 이사회 특성 이상의 설명을 추가하지 않는다고 보고하였다.

Lee et al.(2004)은 이사회와 감사위원회 독립성, 그리고 감사위원회의 재무적 전문지식은 외부감사인의 사임과 음(-)의 관련성이 있음을 확인하였다. 더욱이 이들은 독립적인 감사위원회가 더 고품질의 외부감사인을 선택한다는 연구결과를 제시하였다.

Chen and Zhou(2007)은 대규모 감사위원회, 더 많은 감사위원회 회의, 독립적인 이사회를 보유한 기업이 BIG4 감사인을 선택할 가능성이 더욱 높다는 실증증거를 제시하였다. Lennox and Park(2007)은 독립성이 높은 감사위원회가 외부감사인의 독립성을 증진시키는 데 더욱 노력한다는 증거를 발견하였다.

Bronson et al.(2009)은 극단적으로 독립적인 감사위원회는 계속기업에 대해 부정적 감사의견을 제시한 감사인과의 감사계약 해지가능성 사이에 음(-)의 관련성을 갖고 있음을 확인하였다.

주주는 외부감사인의 선임 및 유지와 관련된 결정에서 보다 적극적인 역할을 수행하고 있다. 선행연구는 감사위원회 품질이 외부감사인에 대한 주주 비준과 밀접한 관련성이 있음을 보여주고 있다. Raghunandan and Rama(2003)는 감사위원회가 오로지 사외이사로만 구성될 경우 비감사보수가 상대적으로 높더라도 주주가 감사인 비준에 반대할 가능성이 낮다는 것을 발견하였다. 그러나 감사위원회의 전문성(즉, 회계 또는 재무적 전문성을 갖춘 위원 1명 이상 포함)은 감사인 비준에 대한 주주투표와 관련이 없었다.

Hermanson et al.(2009)은 감사인 선임에 대한 주주투표가 감사위원회의 재무적 전문지식을 많이 보유할수록 감사인 선임에 대해 더욱 확신을 갖는다는 증거를 제시하였다.

최근 인상적인 연구결과 중 하나는 기업지배구조 내 정치적 담합(connection)이 외부감사인의 선정과 감사의견에 영향을 주고 있음을 확인한 것이다(He et al. 2017). Fitzgerald et al.(2018)은 미국 대형 비영리단체를 중심으로 외부감사인의 계속감사기간과 감사인 변경이 내부통제보고 품질에 미치는 영향을 조사하였다. 연구 결과는 계속감사기간은 내부통제약점 보고빈도 및 심각성과 음(-)이 관련성이 나타났고, 감사인 변경과 내부통제보고 품질과는 유의한 관련성이 없는 것으로 확인되었다. 이러한 결과를 바탕으로 이들은 계속감사기간이 내부통제보고 품질을 왜곡시키는 요인임을 주장하였다.

감사인 위험평가, 감사계획 및 감사의견

소수의 선행연구는 우수한 기업지배구조와 감사인의 위험평가, 감사계획 및 감사의견 사이의 관련성을 조사하여 왔다. Cohen et al.(2007b)은 감사인과 경영자를 대상으로 하는 실험실 연구를 통해 감사위험평가와 감사계획 의사결정이 이사회 역할의 강점에 의해 영향을 받고 있음을 확인하였다. 특히 이들은 이사회의 역할은 경영자의 행동을 감사하는 대리인 역할(agency role)과 경영자가 주요자원(예, 재무자원, 인적자원, 전문가계약 등)에 대한 확보 과정에서 경영자를 지원하는 자원의존역할(resource dependence role)이 존재하므로 이 두 가지 역할의 상호간 강약에 따라 감사인의 의사결정이 영향을 받고 있음을 주장하였다.

Stewart and Munro(2007)는 실험실 연구를 통해 감사위원회 존재와 모임빈도가 감사인의 위험평가와 음(-)의 관련성이 있음을 확인하였다. Sharma et al.(2008)은 강한 기업지배구조가 감사인의 감사계약 수용확률, 낮은 통제환경 위험평가, 피감사회사의 통제시스템에 대한 의존성과 양(+)의 관련성을 갖고 있고, 감사인은 기말실사를 줄이고 중간감사를 증가시키는 것으로 나타난다.

일부 연구는 기업지배구조 특성과 내부감사인의 의사결정 사이의 관련성을 조사하였다. Asare et al.(2008)은 일부 경우에 내부감사인의 감사범위 판단에는 영향을 주지 않지만, 내부감사인의 부정 관련 위험평가는 감사위원회 품질에 의해 영향을 받는다는 실증증거를 제시하였다. Bronson et al.(2009)은 완전하게 독립적인 감사위원회일수록 재무적 곤경 기업의 지속가능성에 대해 부정적 의사결정을 갖게 됨을 확인하였다.

외부감사인은 감사위험에 재무보고품질이 영향을 미치고, 이러한 인식이 감사노력 및 의견 결정과 감사보수에 순차적으로 영향을 주는 것으로 인식되고 있다. 예를 들어, Ghosh and Tang(2015)은 가족지배기업의 재무보고품질에 대한 감사인의 인식이 감사계획 결정과 감사위험 판단에 미치는 영향을 검증하였다. 특히 이들은 발생액만을 반영하는 재무보고품질 모형 대신에 재무제표 및 주석의 내용을 모두 반영하는 감사보수 모델을 이용하여 가족지배기업이 비가족지배기업보다 명성효과로 인해 더 낮은 위험을 보유하고 있고, 외부감사인이 상대적으로 낮은 감사위험을 인식한다는 가설을 검증하였고, 그 결과 가족지배기업이 더 우수한 재무보고품질을 보유하고 있고, 이러한 관계로 외부감사인이 더 낮은 감사위험과 감사노력을 투여함을 확인하였다.

감사보수(Audit Fees)

Carcello et al.(2002)은 우수한 기업지배구조가 감사수요(감사보수)를 증가시키고, 감사인의 위험평가를 감소시킨다고 주장하였다. 최근 연구는 감사위원회의 재무적 전문성이 밀접한 관련성이 있다는 증거도 제시되고 있다. Abbott et al.(2003a)은 감사위원회 특성과 감사보수 간 관련성을 검토하였다. 감사 수수료와 감사위원회의 독립성, 전문성, 회의 빈도 간 양(+)의 관련성이 예상된다. 이러한 예측은 독립적이고 전문성을 갖추고 있으며 빈번하게 회의가 이루어지는 감사위원회가 감사범위 수준의 확대를 요하는 보다 높은 수준의 감사보증을 요구함에 따라 보다 높은 감사 비용을 초래한다는 개념을 기반으로 한다. 연구결과에 따르면, 감사위원회의 독립성(사외이사로만 구성된 것으로 정의됨)과 전문성(최소한 재무전문성을 갖춘 위원 한 명을 포함하는 위원회로 정의 됨)는 감사보수와 유의적인 양(+)의 관련성을 가지는 것으로 나타났다. 그러나 감사위원회 회의 빈도는 감사보수와 유의적인 관련성이 없었다.

Hay et al.(2006)의 연구 이래, 관련 연구는 지배구조 특성과 감사보수 간 관련성을 지속적으로 조사하여 왔다. Krishnan and Visvanathan(2009)은 기업지배구조가 강한 기업의 경우에 한해 감사보수는 감사위원회의 회계전문성과 음(-)의 관련성이 있음을 발견하였다. 이들의 관련성은 이익관리 위험이 낮은 기업의 경우 음(-)의 관련성이 유지되지만, 이익관리 위험이 증가하는 경우 양(+)의 관련성을 보여주었다. 그러므로 회계전문성을 보유한 감사위원회는 기업위험이 증가할 때 감사범위의 확대를 시도함을 의미한다.

Gul and Goodwin(2010)은 감사보수는 피감사회사의 이사의 소속 이사의 주식소유와 음(-)의 관련성을 갖고, 민주적 이사회가 아니거나, 이사회 개최 횟수가 적거나, 감사위원회의 재무적 전문지식이 부족한 경우 양(+)의 관련성을 갖는다는 실증증거를 제시하였다. 이사회와 감사위원회의 재무적 전문지식에 대한 연구결과는 강한 이사회의 존재와 감사위원회의 더 큰 확신요구(assurance)가 있는 경우 감사보수가 영향을 받는다는 일반적 견해와 일치한다.

Ali et al.(2020)은 가족지배기업에서 다수의 대주주가 존재하는 경우 감사보수는 이들 대주주의 존재, 규모 그리고 투표권 등과 유의한 음(-)의 관련성을 확인하였다. 이들은 외부감사인이 해당 기업의 대주주가 가족기업의 기회주의적 동기와 행위에 대한 감시 역할을 수행할 것으로 기대하기 때문에 감사노력과 위험평가를 다소 완화시킨 결과로 해석하였다.

비감사보수(Nonaudit Fees)

Raghunandan and Rama(2003)는 경영진이 선임한 감사인에 대한 주주비준이 감사인에게 지급되는 비감사서비스보수의 상대적 규모(magnitude)에 영향을 받는지 조사하였다. 연구결과는 기대치에 부합했지만, 감사인에게 지불된 총 수수료의 상당 부분이 비감사수수료로 구성되는 기업에서도 주주비준율이 매우 높았다(약 97%).

일부 관련 연구는 감사위원회 및 이사회가 비감사서비스보수에 어떻게 영향을 주는가에 대한 시사점을 제공하고 있다. 예를 들어, Gaynor et al.(2006)은 감사위원회 구성원으로 경험이 있는 이사 또는 투자자를 대상으로 한 실험실 연구를 통해 허용가능한 비감사서비스를 위한 감사인 채용에 대해 평가하였다. 이들 연구는 감사위원회 구성원이 결합된 계약(감사와 비감사서비스)을 통해 감사품질이 증가될 수 있다고 생각할 때, 더욱 결합된 계약을 선호하고, 감사품질의 제고가 가능하더라도 감사인의 감사보수가 공개되어진다면, 이러한 결합계약에 대해 다소 덜 호의적인 것을 확인하였다.

기업지배구조와 세무서비스 구입의 관련성은 최근까지 혼재된 연구결과를 보여준다. Bédard and Paquette(2009)는 감사위원회의 회계 전문지식과 동일 외부감사인에게서 세무서비스를 제공받는 것은 음(-)의 관련성이 있음을 발견하였다. 이와 반대로 Lassila et al.(2010)은 동일 외부감사인에게 세무서비스를 구입하는 것과 기업지배구조의 강점(이사회규모, 독립성, 감사위원규모, 감사위원회 독립성, 주주권리 및 기관소유지분)은 양(+)의 관련성이 있음을 확인하였다.

규제, 법령, 외부자본시장

Peters and Romi(2015)는 지속가능성이 높은 기업의 지배구조의 특성을 살펴보았고, 이들은 조직과 전문가를 갖춘 기업일수록 지속가능보고서 인증에 더욱 적극적임을 확인하였다.

기업의 영리 대 비영리 조직구조가 회계정보품질에 미치는 영향에 대한 관심이 증대되고 있다. Dhole et al.(2015)은 비영리조직의 청렴규정이 이사진보상과 지배구조 규제에 미치는 영향을 분석하였다. 그 결과는 모호한 청렴규정이 더 큰 규제원가를 발생시켜 규제의 역효과를 발생시킨 것을 확인하였다[86]. Harris et al.(2015)은 비영리단체에 대한 기부와 "좋은" 지배구조 특성 간 관련성을 검증하였고, 그 결과는 공식정책, 독립적인 외부감사인과 감사위원회, 경영진의 보상의 검토 및 승인, 이사회 독립성, 특수관계인이 없는 소유구조 그리고 접근가능한 재무정보와 밀접한 관련성이 있다는 증거를 제시하였다[87].

전통적인 경영자-주주 대리인 문제에서 채권자-주주 대리인 문제(debtholder-shareholder conflicting mechanisms)로 대리인문제의 초점 변화가 있다[88]. 이러한 갈등 메커니즘은 기업에게 과도한 자금조달비용을 발생시킬 수 있고, 기업은 회사채보다 금융기관을 통한 자금조달을 선호하게 하는 유인으로 작용한다(Fama 1985). Liao(2015)는 경영자가 채권자의 이익침해를 통해 주주의 부를 확장하려는 행위를 하는가를 분석하였다. 연구 결과는 기업의 금융기관을 통한 자금조달의 선호는 도덕적 해이 문제를 중화시키고, 부채조달비용을 감소시키는 측면에서 높

---

86 Dhole et al.(2015)은 규제를 통해 이사진 통제의 효율성을 유지하기 어려운 이유로 이사진과 경영진을 좋은 관계유지에 대한 선호 때문이고, 규제가 비의도적인 경제적 결과를 파생시킨 것으로 주장하였다. 이러한 주장은 이미 Bebchuk and Fried(2003)와 Chen et al.(2008)의 연구에서도 제기되었다.

87 기부자에게 기업지배구조는 가치관련성 정보라는 주장은 이미 선행 연구에서도 제기되었다(Hedge et al. 2009).

88 Jensen and Meckling(1976)은 대리인문제의 기초를 주주-경영자 차원에 두고 있지만, 기업지배구조의 구성원 중 부채-자본 간 갈등구조인 채권자-주주 차원에서 대리인문제를 해석하려고 하는 연구들이 다수 존재한다(John and John 1993; Begley and Feltham 1999; Ortiz-Molina 2006; Ashbaugh-Skaife et al. 2006; Cremers et al. 2007).

은 효율성이 있음을 증명하였다. 특히 외부 대주주 비율이 높은 기업일수록 은행 차입을 통한 자금조달을 선호함을 보여주었다.

재무분석가의 기업지배구조 역할 즉, 외부감시자 역할은 오래전부터 주장되어 왔다(Jensen and Meckling 1976). 재무분석가는 경영자를 감사하는 데 상대적 이점이 있고, 대리인 비용을 감소시킬 수 있다. 특히 재무분석가는 공개적으로 경영자 정책에 비판이 목소리를 내고, 이것이 기업지배구조에 영향을 줄 수 있다. 이 과정에서 중요한 것은 재무분석가의 산업전문성이다(Brown et al. 2015).

Bradley et al.(2017)은 재무분석가의 사전적 산업경험이 경영자 감시자로써 효과성이 존재하는가를 재무공시품질, 임원보상 및 CEO 교체와 연결하여 분석하였다. 그 결과 재무분석가의 사전적 산업경험은 재무제표 오류 발생 가능성을 감소시키고, CEO 초과보상의 감소 그리고 CEO 교체와 성과민감성을 증가시키는 것으로 확인되었다.

Lehmann(2019)은 기업지배구조 관련 애널리스트 분석 범위 확대가 갖는 경제적 효과를 분석하였고, 애널리스트가 기업지배구조 관련 정보의 처리 및 보급 과정에서 정보범위가 확장되면, 이로 인해 기업지배구조의 개선이 이루어지고, 투자자들의 해당 기업에 대한 관심의 폭이 증대됨을 확인하였다.

경쟁기업 사이에 대형 투자자의 공동소유지분의 증가는 경쟁기업 사이에 경쟁 유인이 감소하도록 하고, 공동소유 기업 간 행동양식에 영향을 미친다(Hansen and Lott 1996; Rubbin 2006; Azar 2017).

Park et al.(2019)은 공동 소유구조를 갖춘 기업의 자의적 공시에 대해 분석하였고, 공동소유구조가 공시의 독점비용을 감소시키고 기업의 공시 관련 외부효과를 내재화시킬 수 있는지를 확인하였다[89]. 분석결과는 공동소유구조와 공시 사이에 유의한 양(+)의 관련성을 제시하였고, 공동소유 기업은 완전공시에 따른 경쟁기업에서 파생될 수 있는 공시비용에 다소 덜 영향을 받는다는 실증증거를 통해 산업전반에 대한 정보확산 효과를 확인하였다[90].

Bird and Karolyi(2017)은 기관투자자 증가에 따른 조세회피 변동성을 분석하였다. 실증 결과는 기업지배구조 내 기관투자자 증가는 국제조세계획을 활용한 유효법인세율의 감소와 유의한 관련성이 나타났고, 이들은 기관투자자의 증가가 경영자 사적 유인에 대한 감시 메커니즘 개선을 유도한 결과로 주장하였다.

Dai, et al.(2015)은 뉴스매체를 통한 정보보급 방식이 기업지배구조 관련 역할을 검증하였다. 사전적인 기업지배구조 규제감독 뉴스의 보급은 기업 내 내부거래를 통한 사적이익 추구 행위를 감소시키는 결과를 확인하였다, 이들은 뉴스매체를 통한 정보보급 효과를 정보비대칭 감소, 소송위험 증가 그리고 내부자 사적이익의 감소와 관련된다고 주장하였다.

Bhandari et al.(2018)은 최고경영자의 외부네트워크가 재무보고

---

89 공시의 독점비용은 해당 기업이 공시하지 않아도 되는 정보를 공시함으로써 정보 노출에 따른 비용을 의미하며, 외부효과는 공시에 따른 의도하지 않은 경쟁기업으로부터 파생되는 비의도적 비용을 의미한다. 두 비용 모두 공시확대 또는 정보공개에 따라 기업이 부담할 수 있는 비용을 의미한다.

90 공동소유 기업의 정보확산 효과에 대한 반론도 존재한다. 첫째, 공동소유가 서로 간의 경쟁은 감소시키더라도 비공동소유 기업에서 발생될 수 있는 독점비용마저도 감소시킬 수는 없다. 둘째, 기관투자자는 사적 정보에 기초하여 수익거래를 수행하므로 기관투자자는 자신의 사적정보 획득 능력이 충분한 경우 투자회사의 공시확대를 선호하지 않는다.

품질에 미치는 영향을 분석하였다. 연구는 대규모 사회적 네트워크를 보유한 최고경영자일수록 재량발생액 규모, 재무제표재작성 및 내부통제약점 보고 가능성이 감소함을 확인하였다. 이러한 결과는 대규모 사회적 네트워크를 보유한 최고경영자가 자신의 사회적 명성인 사회적 자본가치를 유지하기 위한 행동의 결과로 해석된다[91].

DeFond and Lennox(2017)는 PACOB 조사가 내부통제 감사품질에 미치는 영향을 횡단면과 시계열자료를 혼합하여 기존의 연구한계를 개선하여 분석하였다. 분석을 통해 PACOB 조사가 피감사회사의 내부통제 관련 외부감사과정에 대한 단점을 개선하고 품질 개선을 위한 노력을 더 많이 투여하는 것으로 확인되었다[92].

Hope and Lu(2020)는 SEC의 2006년 기업지배구조정책공시 규정인 관계회사거래 공시의 경제적 결과를 분석하였다. 분석 결과는 기업지배구조공시규정은 내부거래건수 감소, 내재적 자본비용 감소, 내부통제 제도 개선 그리고 토빈Q의 증가와 유의한 관련성을 보여주었다. 이러한 결과는 2006년 기업지배구조공시 규정이 내부통제개선을 통해 경영자가 내부거래를 통한 자신의 사적이익 추구를 억제하는 효과가 있음을 시사한다.

---

91 이와 상반되는 해석으로 일부 연구는 대규모 최고경영자의 사회적 네트워크는 보호막 효과로 인한 내부 담합가능성, 이에 따른 사적 이익 추구 동기가 높아져 재무보고품질에 부정적 영향을 미친다고 주장한다(Bruynseels and Cardinaels 2014; Khanna et al. 2015).

92 DeFond and Lennox(2017)의 연구는 PACOB 조사가 외부감사인에게 더 높은 내부통제 감사를 수행하게 하여 재무제표오류 적발 가능성을 높이고, 내부통제 감사의견이 부정적으로 제시될 가능성을 증가시키고 있음을 시사한다. 특히 재무제표오류가 존재하는 기업에 대해 더욱 부정적인 내부통제의견이 제시됨을 보여주었다. 이러한 결과는 SOX 제정의 결과로 설립된 PACOB의 존립목적이 실증적으로 유효하게 유지되고 있음을 단편적으로 보여주는 연구결과로 판단된다.

Sharma et al.(2018)은 사회적 환경책임강조와 입법화가 기업지배구조의 환경위험 변화에 영향을 주고 이를 외부감사인이 감사보수에 반영하는가를 분석하였다. 연구는 기업의 사회적 책임(corporate social responsibility: CRS)에 대한 사회적 관심과 기업의 적극적 대응이 회계정보 불균형과 불확실성 감소에 영향을 주는 것으로 확인되었다. 특히 이들은 외부감사인은 기업의 사회적 책임에 대한 감사에 추가적 노력이 요구되므로 이에 대한 규제와 입법화가 가속될수록 이를 감사보수에 반영하고, 자본시장은 이를 긍정적으로 평가함을 주장하였다.

Christensen et al.(2019)은 사회정체성이론(social identity theory)[93]에 기초하여 감사위원의 전임감사경력과 외부감사인의 관계에 대해 검증하였다. 분석 결과는 감사품질의 개선이 회계법인에 소속된 경험이 있던 전임 외부감사인이 감사위원회에 소속된 경우 개선되어짐을 보여주었고, 이러한 결과는 감사위원회의 재무전문성과 외부감사인은 감사위원회의 소속된 전임 감사인의 관계를 고려하여 최선의 노력으로 감사품질 개선에 노력한 결과로 해석된다.

규제법령은 재무보고의 질을 결정짓는 중요한 지배구조의 한 요소이다. Filip et al.(2015)은 국가 간 법률시스템의 차이가 재무보고시스템에 미치는 영향을 동일 지역 내 두 개의 법률체제가 존재하는 캐나다 상황을 분석하였다. 그 결과 법률시스템의 차이에 따른 기업 간 재무보고 성향에 차이가 존재함을 확인하였다. 일부 연구는 회계기준

---

93 사회정체이론은 이해관계자의 과거 소속이 현재의 의사결정과 행동에 영향을 미친다고 주장하는 사회심리이론이다. 이러한 이론에 근거해 볼 때 새로 선임된 감사위원이 과거 회계법인의 소속 감사인인 경우 해당 회계법인과 계약체결 가능성이 높아지고, 제휴회계법인 파트너 효과가 발생할 가능성이 존재한다.

의 질보다 효과적인 규제가 효율적 자본시장 형성에 더욱 중요하다고 주장한다(Christensen et al. 2013; Brown et al. 2014; Silvers 2016). 그러나 일부 연구는 규제가 기업에 더 큰 비용을 발생시키고, 강한 규제가 주주의 부를 감소시킨다고 주장한다(Christensen et al. 2017).

Ewert and Wagenhofer(2019)는 강한 규제환경이 외부감사인의 노력, 감사위험을 증가시켜 감사보수를 증가시키는지를 검토하였고, 높은 규제수준이 감사품질과 재무보고품질을 상승시키지만, 외부감사인의 감사전략이 바뀌지 않는다는 전제에서 성립되며, 감사와 규제는 낮은 규제환경에서는 상호 보완재이지만, 강한 규제환경에서는 대체재임을 증명하였다.

규제기관은 재무제표재작성의 확대가 기업지배구조에 일정 책임이 있음을 지속적으로 주장하고 있다(General Accounting Office 2002, 2006; Byrne et al. 2002; Abbott et al. 2004; Agrawal and Chadha 2005).

Armstrong et al.(2012)은 기업지배구조의 외부요소인 법령 등이 이사회와 경영자의 의사결정에 미치는 영향을 분석하였고, 개발된 기업지배구조지수(G-Index)와 반인수합병조항(anti-takeover provisions) 사이에 유의한 관련성이 존재하고, 이러한 규제법령 지역에 속한 기업이 이익정보성을 더욱 개선하여 강제적 기업인수에 대응하는 것으로 확인하였다.

Baber et al.(2015)은 기업지배구조와 재무보고오류 관련성을 분석하였다[94]. 분석은 외부메커니즘이 약한 또는 주주의 의사결정 참여가

---

94 Baber et al.(2015)은 외부메커니즘이 재무보고오류를 파생시키는 두 가지 요인으로 경영자에 의한 재무정보 조작(인센티브 효과)과 내부메커니즘에 의한 재무보고 감독권(주

제한된 지배구조 관련 기업이 더욱 빈번하게 재무제표재작성 가능성이 증가되어짐을 보여주었다.

Khurana and Wang(2019)은 국가수준의 합병법령의 입법화 증가에 따라 기업합병 위험에 처한 기업일수록 주주의 보호차원에서 보수주의가 더욱 강할 것이라 예측하였다. 즉, 이들은 기업인수 위험에 처한 기업의 경영자는 레버리지를 증가시킬 유인과 원치 않는 합병위험을 방어하기 위해 자본적 지출을 감소시키고, 이러한 행동들이 재무보고 형태에 변화를 줄 것이라는 주장에 근거한다. 연구 결과는 기업인수위험을 초래하는 법령이 자본구조, 투자자의사결정 그리고 이사회의 감시기능 개선[95] 등을 통해 보수주의를 증가시키는 것으로 나타났다. 특히, 이들은 이러한 결과를 기업통제에 대한 외부원천이 재무보고 결과 형성에 중요한 영향으로 작용한 결과라고 주장하였다.

Sultana et al.(2020)은 기업지배구조 모범규칙(code)의 규정인 감사위원회 구성 시 성별의 다양성에 대한 정책효과를 분석하였다. 분석결과는 감사품질과 여성 감사위원의 관련성이 존재하지 않는 것으로

주행동주의)을 제시하였다. 첫째, 경영자유인은 외부메커니즘의 영향력이 약할 때 경영자는 현재 상태에 대한 선호 때문에 공격적 회계선택 전략을 덜 선호하게 된다는 것이다. 둘째, 주주가 직접 정책과정 또는 기업인수시장에 참여하는 것이 가능한 경우 경영자는 주주의 이익을 위해 행동하도록 강요받게 되고, 이러한 경영자에 대한 주주 감독권 행사를 통해 재무보고의 정확성이 높아질 수 있다는 것이다.

95 이사진의 감시기능 개선 관련 논리는 외부원천인 기업인수 활동은 이사진의 행동의 변화를 초래할 수 있는데, 이는 그동안 경영자와 좋은 관계를 유지하던 이사진이 인수자에게 이로 인해 사임 압력을 받지 않기 위해 감시하는 쪽으로 노력을 더 기울일 수 있다는 것이다(Fama and Jensen 1983). 또 다른 주장으로 이사진은 감시활동에 고비용이 소요되는 경우라면, 해당 감시비용을 초과하는 효익이 완전히 자신에게 내재되지 않은 상황에서 외부원천인 기업인수와 같은 상황 변화 없이 감시활동에 대한 추가적인 노력을 기울이지 않는다는 것이다(Lel and Miller 2015).

나타났다[96]. Bourveau et al.(2018)은 주주의 소송 추구 능력과 기업공시에 관련성을 분석하였다. 주주에 의한 소송은 경영자와 주주 간 이해갈등(대리인문제)을 감소시키는 외부 메커니즘[97]으로 이해되어 왔다. 분석 결과는 주주의 소송을 어렵게 하는 법률제정은 기업의 공시품질을 감소시키는 동인으로 작용함을 보여주었다.

Schnati and Wagenhafer(2020)는 회계 관련 규제시행이 자본시장의 기능 효율성을 확보하는 데 매우 중요하며, 사적 규제시행과 공적 규제 시행의 전략적 결합 유인 가능성을 확인하였다. 이들 연구결과는 사적 규제시행의 대표적 유형이 소송이며, 이러한 소송은 투자자에 의한 전략적 의사결정의 결과이며 대부분 공적 또는 사전 사건들에 의해 촉발되는 것으로 확인하였다. 반대로 공적 규제시행은 규제기관에 의해 수행되며, 공적 및 사적 규제시행의 상호작용은 의도하지 않은 결과로 이어져 오도적 재무보고의 결과로 귀결됨을 주장하였다.

Nagar et al.(2019)은 지배구조 관련 경제정책에 대한 불확실성에 의해 투자자의 불확실성이 증가하는 경우 이러한 상황이 경영자의 자발적 공시에 미치는 영향을 분석하였다. 그 결과는 이러한 불확실성이 증가는 투자자의 매수-매도 스프레드를 증가시키고, 이익공시에 따른

---

96 여성 이사 또는 감사위원 구성 효과는 두 가지 상반된 견해가 존재한다(Ferreira et al. 2018). 공급제한(limited supply) 견해는 숙련된 여성감사인의 공급부족으로 강제규정에 따라 위원회를 구성하는 경우 역효과가 발생할 수 있다는 논리이고, 편견(discrimination) 견해는 남성선호에 의한 여성차별화가 감소하므로 능력 있는 여성 감사인의 참여로 더 높은 감사품질을 달성할 수 있는 논리이다.

97 소송의 대리인 문제 해결 관점에 대해 상반된 견해가 존재한다. 먼저 소송이 경영자에게 직접적인 비용을 발생시키고, 명성에 부정적인 영향을 주기 때문에 긍정적인 역할을 수행한다는 관점(Brochet and Srinivasan 2014)과 반대로 소송위험은 경영자가 더욱 보호막 효과를 통해 자신의 사적이익을 보호하도록 기업지배구조를 개편하는 동기로 작용한다는 관점(Appel 2016)이다.

주식반응을 감소시키는 것으로 확인되었고, 이에 대한 반응으로 경영자는 자발적 공시를 증대시키는 것으로 대응함을 주장하였다.

실무적 시사점

2011년 이전 관련 연구는 기업지배구조와 회계정보 산출물의 관계를 중점적으로 분석하였고, 회계산출물은 재무보고부정(Fraudulent Financial Reporting), 재무제표재작성(Restatements), 이익조정/발생액 질(Earnings Management/Accruals Quality), 회계보수주의(Accounting Conservatism) 등을 사용하였다. 연구결과는 기업지배구조와 재무보고부정, 재무제표재작성 및 이익조정 사이에 유의한 음(-)의 관련성을 제시하였고, 회계품질과 유의한 양(+)의 관련성을 보여주었다. 따라서 관련 연구는 "좋은 지배구조(Good Gvernance)"가 "좋은 회계산출물(Good Accounting Outcomes)"을 생성한다고 주장하였다. 관련 연구가 갖는 실무적 시사점은 기업지배구조는 조직의 기능을 개선시키는 매우 중요한 요인이므로 좋은 기업지배구조를 형성하기 위한 노력이 좋은 회계산출물을 생성하는 데 반드시 갖추어야 할 조건이라는 것이다. 더욱이 관련 연구에서 연구목적에 따라 다양한 개념으로 사용되고 있는 좋은 기업지배구조에 대한 정의가 실무적 차원에서 귀납적으로 도출될 필요가 있다. 예를 들어, 이사회가 생각하는 좋은 기업지배구조와 경영자, 투자자, 규제기관, 소비자가 생각하는 좋은 기업지배구조의 개념이 상이할 수 있다. 또한 동일한 개념으로 좋은 회계산출물의 개념도 실무적 차원에서 그 합의가 선행되어야 한다.

많은 선행 연구가 회계개혁법(SOX. U.S. House of Representatives 2002)의 핵심 규정인 감사위원회·이사회의 독립성 및 재무적 전문성과 같은 "좋은 기업지배구조"의 특성으로 규정되는 내용의 효과성을 검증하는 데 초점을 두었다. 그 결과는 SOX 제정 이후 기업 간 지배구조의 편차가 감소하였음을 확인하였다. 미국 자본시장의 상장기업 간 기업지배구조 특성의 편차는 SOX 제정 이후 점차 축소되고 있는 상황이다(Beasley et al. 2010). 그러나 관련 연구의 대부분은 기업지배구조 내 핵심 관계자인 경영자의 의사결정 과정 또는 인구통계적 특성에 대한 고려가 부족하고, 기업 간 지배구조의 편차가 축소되는 것이 실무적 차원에서 유효한 성과를 창출할 것인가는 다소 의문점이 존재한다. 이에 대한 실무차원의 의견과 분석이 필요하다.

기업지배구조와 회계감사 관련 연구는 감사인 선택(Auditor Selection), 변경(Change) 및 재계약(Ratification), 감사위험평가(Auditor Risk Assessment), 감사의견(Audit Opinions), 감사 및 비감사보수(Audit Fee and NonAudit Fee), 내부감사기능(Internal Audit Function) 등과 같은 세부 연구주제를 통해 기업지배구조와 회계감사의 관련성을 분석하였다. 연구결과는 대체로 다음과 같이 요약된다. 우수한 기업지배구조는 높은 감사품질(High Audit Quality) 및 감사인의 낮은 감사위험평가(Low Auditor's Risk Assessment)와 유의한 양(+)의 관련성을 확인하였다. 그러나 기업지배구조와 감사·비감사보수 사이에 관련성은 매우 혼재되어 그 연구결과에 대한 통일된 견해를 형성하기 어렵다. 관련 연구의 실무적 시사점은 정책입안자,

규제기관, 사회 보편적 인식과 달리 외부감사인의 비감사서비스가 갖는 의미가 단순한 감사의견 구매를 위한 피감사회사의 동기가 아니라 기업의 생산성과 연계되는 경영전략 차원에서 이루어진 행위일 수 있다는 것이다[98].

기업지배구조에 기초한 감사연구의 대체적 결과는 외부감사인이 약한 기업지배구조를 보유한 피감사회사의 위험을 높게 평가하고, 추가 감사시간을 계획한다는 것을 보여준다. 그러나 이러한 피감사회사의 위험과 추가 감사시간의 수정수준이 어느 정도가 적정한가에 대한 연구결과는 거의 없다. 따라서 외부감사인 스스로가 자신들의 기업지배구조에 따른 감사위험과 감사시간의 증가 노력이 약한 기업지배구조로 인한 위험을 중화시킬 수 있는지에 대한 타당성을 확보하기 위해 이에 대한 연구를 더욱 강력하게 요구할 수도 있다.

선행연구에서 강한 기업지배구조와 강한 외부감사는 상호 보완재 성격을 갖고 있다. 그러므로 약한 기업지배구조는 더욱 약한 내부감사체계와 부실한 감사로 이어질 확률이 높음을 보여주었다. 이러한 경우 주주의 기업지배구조를 통해 보호받지 못하고, 실무적으로 해당 기업의 미래현금흐름 또는 기업가치 평가 시 더 큰 할인율을 적용하여야 한다.

기업지배구조에 대한 일반적 직관과 상반되는 연구결과 중 하나는 감사위원회의 재무적 경험은 회계정보의 질과 관련성은 없지만, 주

98 Kwon et al.(2011)의 연구는 비감사서비스 문제를 감사인의 독립성 차원이 아니라 외부감사인의 컨설팅 능력에 따른 피감사회사의 혁신 또는 생산성 향상을 검증하였다. 연구결과는 피감사회사의 비감사서비스가 단순한 감사의견 구매 차원을 넘어 기업의 혁신성과를 창출하는 과정에 기여하고 있다는 실증증거를 확인하였다.

식시장에서 호의적인 평가를 받는 것이다. 그러나 감사위원회 보상구조와 감사위원회 판단 사이에 밀접한 관련성이 있음을 확인하였다.

2011년 이후 관련 연구의 관점은 지배구조의 구성요소인 감사위원회의 역할이 회계 및 감사성과에 미치는 영향에 그 초점을 두고 있다. 또한 이사진의 역할이 회계 및 감사성과에 미치는 영향도 중요한 연구적 관심으로 자리 잡았다. 감사위원회와 이사진에 집중된 연구경향은 SOX 제정의 영향이 크다고 볼 수 있다. SOX 제정의 배경은 부실한 기업지배구조에 따른 대형 회계부정의 발생과 이에 대한 대책으로 경영자에 대한 체계적인 견제시스템의 구축이다. 이들 연구의 대체적 결론은 "좋은(good)" 감사위원회와 이사회의 조건이 "좋은(good)" 회계 및 감사성과를 도출한다는 것이다(Carcello et al. 2011). 이러한 연구결과가 갖는 실무적 시사점은 기업지배구조의 최고실무를 구현하기 위해서는 기업지배구조와 관련된 법률(예, 상법)과 모범규칙의 발의과정에서 최고경영자의 권한을 이사회와 감사위원회를 통해 어떻게 견제하고 감시할 것인가에 대한 전략적 방향설정이 매우 중요함을 시사한다.

국내 기업지배구조 동향

국내의 기업지배구조에 기초한 회계연구는 기업지배구조의 메커니즘을 중심로 내부구성원과 내부구조에 따른 회계품질과 가치연구, 외부구성원 및 외부환경(외부구조)과의 상호작용이 회계품질과 가치에 미치는 영향을 중심으로 이루어져 왔다.

기업지배구조의 대표적 내부구성원은 경영자와 주주이며, 경영자의 능력과 투자성향, 경영전략 및 이익예측, 경영자교체는 회계품질, 경제적 결과와 관련성이 있다.

경영자의 능력은 보고이익의 질을 높인다(Demerjian et al. 2013). 경영자의 능력이 높을수록 회계의 보수성, 경영자와 감사인 간 의견불일치가 감소하였으며, 의견불일치는 개정 외감법 시행 이후의 분석결과에서 두드러지게 나타남으로써 제도의 변화가 회계정보의 질 개선으로 이어질 수 있음을 시사하고 있다. 능력 있는 경영자는 이익조정을 통한 미래 영업성과의 부정적 효과를 완화하며, 경영자의 능력과 재무제표의 비교가능성 간에는 유의한 양(+)의 관계가 있음을 확인하였다. 그러나, 경영자 능력과 미래 주가폭락위험 간의 관련성을 실증분석한 결과, 경영자 능력이 높을수록 차기 주가폭락위험이 증가하는 것으로 나타났으며, 경영자 능력과 주가폭락위험 간의 양(+)의 관계는 특히 재무보고의 불투명성이 높은 집단과 대리인 비용이 큰 집단에서 유의하게 확인됨으로써 경영자가 자신의 능력을 기회주의적 유인에 따라 발휘할 경우 기업가치에 부정적인 영향을 미칠 수 있음을 제시하였다.

경영자의 과도한 자신감은 자기과신 성향으로 나타나며, 건전한 지배구조일수록 이익조정과 과잉투자의 관련성은 약화되는 반면 대리인이 비용이 클수록 강화되는 결과로 나타난다. 경영자의 자기과신 성향과 보수주의 측정치 간에는 음(-)의 관계가 존재하며, 경영자의 자기과신 성향은 내부회계 담당인력의 양적 우수성뿐만 아니라 질적 우수성도 저해한다는 결과를 통해 경영자의 성향이 미치는 부정적인 효과가 매우 포괄적이라는 연구결과가 제시되고 있다.

경영자의 선도형 경영전략은 보수주의 회계처리와 음(-)의 관련성을 나타내며, 지속적인 발생액의 조정으로 이익의 질이 낮아지고, 이익상향 조정의 경향이 높아지는 현상이 두드러진다. 그러나, 선도형 경영전략을 사용하는 기업이라도 우수한 감사위원회가 존재하는 경우, 이익조정의 증거가 현저하게 감소하며, 기업의 경영전략에 따라 우수한 기업성과를 창출하기 위한 적절한 보상방식이 존재한다는 실증결과를 제시함으로써 실제 기업의 경영자 보상체계 설계 시 의미 있는 시사점을 제공한다.

경영자의 교체유형이나 교체사유에 따라 이익조정이 관찰되거나 재무제표의 비교가능성이 감소하는 결과를 보이는데, 건전한 기업지배구조는 경영자교체에 관한 정보비대칭을 완화하고 이해관계자의 이익과 합치되는 방향으로 교체에 관한 의사결정을 유도함으로써 경영자교체에 따른 시장반응에 긍정적인 영향을 미칠 수 있다. 기업의 안정적이고 계획적인 최고경영자의 교체는 재무보고의 품질을 향상시키고 재무보고의 위험을 줄일 수 있다는 사실을 보여주고 있다.

지분율 괴리와 지배주주의 지분변화는 지배주주의 사적이익 추구로 인해 이익조정을 통한 이익의 질을 감소시키고, 공시정보의 빈도나 수준 역시 감소하는 것으로 나타났다. 지배주주의 사적이익 추구는 기업의 미래가치 감소요인으로 작용할 수 있으므로 좋은 지배구조를 통해 기업의 공시 의사결정을 지원하고, 지배주주와 외부주주 간 정보불균형 방지를 위한 제도적 보완이 필요함을 제시하고 있다.

새로운 시각

Kothari(2019)는 미래 회계분야의 연구 동기가 기업지배구조에서 파생될 것이라고 주장하였다. 특히 회계정보 수요는 기업지배구조와 기업가치 평가라는 두 차원에서 제기되는 연구주제와 필연적으로 연결될 것으로 예측하였다. 미래 연구가 어디로 가야 하는가에 대해 많은 연구자는 각자 나름의 제안을 제시하고 있다.

Cohen et al.(2004)은 이사회와 감사위원회의 상호작용 연구가 기업지배구조 연구에서 매우 중요한 의미가 있지만, 상대적으로 소수의 연구만이 수행되고 있다고 주장하였다. 최근까지 이사회와 감사위원회의 상호작용을 연구주제로 이루어진 연구는 여전히 소수에 해당된다. Cohen et al.(2004)은 이사회가 감사위원회 선정 시 중요한 영향력을 행사하는 존재이므로 이들의 특성과 선정된 감사위원회의 상호작용 효과가 존재하므로 이에 대한 고려가 필요함을 역설하였다.

기업지배구조에 기초한 회계연구의 핵심주제가 “고품질 재무보고

(high quality financial reporting)"라는 사실에 비추어 볼 때 최근까지 해당 개념에 대한 명확한 개념적 합의가 이루어지지 않고 있으며(McDaniel et al. 2002), 연구자의 필요에 따라 연구가 진행되고 있다. 최근 국제기준의 수용은 "규칙중심(rules base)" 대(vs) "원칙중심(principles base)" 패러다임 간 회계정보유용성 변화를 초래하고 있다. 특히 원칙중심 회계 패러다임은 기업지배구조 이해관계자 사이에 회계정보의 산출과정과 결과의 합의성(consensus)이 요구된다.

기업지배구조에 기초한 회계 연구 대다수가 제한된 공개자료(public data)를 이용하는 archival 연구로 그 연구의 장단점이 분명하다(Carcello et. al, 2011a). archival 연구는 기업지배구조 투입물(이사회와 감사위원회 등)과 회계산출물의 관련성을 분석하는 데 적합하지만, 이사회의 의사결정 과정에 대한 이해를 제공하는 데 한계가 있다. 예를 들어, 감사위원회가 경영자와 외부감사인의 재무보고 논쟁에서 형식적으로 보면 외부감사인을 지지해야 하지만, 실질적으로도 그러한지는 또 다른 문제이다. 이러한 문제를 기존의 archival 연구 형식으로 분석하는 데는 명확한 한계가 있다. 따라서 후속 연구는 인터뷰, 실험실연구 등과 같은 연구방법론을 채택하여 기업지배구조의 의사결정 과정에 대해 좀 더 집중할 필요가 있다.

기업지배구조는 외형적으로 지배주주에 의해 통제되는 구조로 간주되지만, 지배주주, 이사회, 대주주, 외부감사인 등의 유기적 연계를 통한 다차원 구조이다. 따라서 미래 연구는 이러한 기업지배구조의 동태적인 연계성에 좀 더 초점을 두어야 한다. 더욱이 기업지배구조의 동태적 연계성은 회계연구에 좀 더 초점을 둔다면, 재무보고의 품질에 영향을 미치는 경영자의 능력과 기업지배구조 메커니즘(corporate governance mechanism)의 연계성에 회계가 어떻게 영향을 주는가에 주목해야 한다. 예를 들어, 회계기준이 정교하지 않는 상황에서 경영자는 더욱 공격적인 재무보고를 시도하고, 이러한 과정에서 감사인은 보고이익의 신뢰성을 다소 보수적으로 조정한다(Nelson et al. 2002; Trompeter 1994).

기업지배구조에 기초한 선행 연구는 오래전부터 통제 효과성(control effectiveness)과 문화의 관련성을 주장하였지만(Hofstede 1991), 최근까지 그러한 연구적 노력은 다소 미흡하다. 이러한 문화적 차이는 나라 간 차이가 가장 대표적으로 언급되지만(Cohen et al. 2004), 산업 간 차이도 존재할 수 있다.

대부분의 기업지배구조에 기초한 회계연구는 기업지배구조 변수를 외생변수로 가정한다. 대부분의 선행연구는 동시시차기준(즉, 수준변수모델)에 기초한 회계산출물(예, 재무제표재작성, 비정상발생액 등)을 종속변수로 기업지배구조 특성을 독립변수로 설정된 회귀분석을 실시한다. 그러나 기업지배구조는 다른 영향요인에 의해 특성화되는 내생성도 보유하고 있다.

기업지배구조는 대리인 이론을 그 시초로 한다. 그 이후 청지기 이론(stewardship theory), 이해관계자 이론(stakeholder theory), 자원의존이론(resource dependence theory), 제도이론(institutional theory), 경영자패권이론(managerial hegemony theory) 등 다양한 기업지배구조를 설명하는 이론이 등장하였다. 이러한 이론들은 기업지배구조의 메커니즘과 경영진의 행위에 대해 이론적 차이가 존재하고, 연구관점의 차이는 연구모형 구성과 결과 해석에도 영향을 미치게 된다. 그러나 최근까지 국내 연구는 연구자들의 연구에 적용하는 기업지배구조 이론에 대한 명확한 사전적 규정 없이, 연구자의 연구목적에 따른 연구모형과 해석만을 제시하고 있다.

선행연구는 단독 또는 소수의 기업지배구조 특성변수를 채택하여 분석하고 있다(Carcello et al. 2011a). 그러나 제한된 지배구조 특성변수는 궁극적으로 연구결과의 내적타당성 부족과 연구모형에서 주요 변수의 누락효과로 인해 심각한 오도를 발생시킨다. 미래 국내 연구는 기업지배구조 특성을 반영하는 다양한 변수들을 최대한 개발하고, 이들 특성변수의 그룹화 등에 관한 연구 진행을 통해 연구변수 풀(pool)의 확장을 시도해야 한다.

대부분의 선행연구는 기업지배구조 관련 변수의 외생성(exogenous)을 가정하고 있다. 그러나 기업지배구조 변수 중 일부는 내생성이 존재하고, 이러한 내생성의 고려 없이 단순하게 회귀모형에 다른 독립변수와 함께 투입하여 분석하는 경우 심각한 연구결과의 내적타당성 훼손이 우려된다(Lacker and Rusticus 2010). 따라서 미래연구는 이러한 내생성(endogeneity)을 통제할 수 있는 도구변수(instrumental variable) 개발에 노력하여야 한다.

국내 선행연구는 대부분 기업지배구조의 개별 구성요소를 중심으로 회계품질이나 경제적 성과와 관련되는 실증연구들이 단편적으로 진행되어 왔다. 그러나, 단순히 기업지배구조의 구성원이나 내·외부조직구조와 관련한 요소를 중심으로 연구가 진행되었다고 이를 기업지배구조에 기초한 회계연구로 분류하기엔 그 범위와 대상이 너무 방대하고, 해석상의 의미(implication)와 시사점에 한계가 있다고 하겠다. 이에 기존 선행연구의 분석을 토대로 향후 연구를 위한 새로운 시각을 〈그림 Ⅱ-2〉과 같은 연구모형으로 제안하고자 한다.

기업지배구조에 기초한 회계연구는 "기업지배구조의 이론적 배경[99]을 어디에 둘 것인가?"에서부터 비롯되어야 한다. 전통적인 기업지배구조 관련 연구는 대리인이론에서 출발하였지만, 이사회나 감사위원회, 내부회계관리제도, 법률 및 규제와 같은 내·외부 메커니즘이나 최근 관심이 집중되고 있는 ESG 등 기업지배구조와 관련한 다양한 이슈를 대리인이론으로 설명하기에는 이론적 한계가 존재한다. 따라서, 기업지배구조 연구가 근거하는 주요 이론적 논리가 우선 전제되어야 하며, 이에 따라 기업지배구조에 대한 관점도 상이하게 된다.

기업지배구조에 대한 관점은 연구자가 인식하는 기업지배구조의 역할 또는 기업지배구조를 바라보는 시각이라 할 수 있다. 기업지배구조를 감시, 감독과 통제, 메커니즘 중 어떠한 시각이나 관점으로 보느냐에 따라 기업지배구조를 형성하는 구성요소들도 달라진다. 기업지배구조를 감시나 통제가 아닌 메커니즘의 관점으로 본다면 감시나 통제의 단순효과가 아닌 구성요소 간 상호작용 효과를 고려한 연구모형의 설계가 이루어져야 한다.

기업지배구조를 이루는 주요 구성요소로는 경영자, 주주와 같은 구성원과 지분구조, 이사회 및 감사위원회, 내부회계관리제도 등과 같

---

99 기업지배구조와 관련된 가장 기본 이론은 대리인이론에서 출발한다. 그러나 최근까지 기업지배구조를 설명하는 이론으로 청지기 이론(stewardship theory), 이해관계자 이론(stakeholder theory), 자원의존이론(resource dependence theory), 제도이론(institutional theory), 경영자패권이론(managerial hegemony theory) 등과 같은 논리로 설명되어지고 있다. 이러한 이론들은 기업지배구조의 메커니즘과 경영진의 행위에 대한 이론적 차이가 존재하고, 이러한 연구 관점은 연구모형 구성과 연구결과 해석에도 영향을 미치게 된다. 그러나 최근까지 국내 연구는 연구에 적용하는 기업지배구조 이론에 대한 명확한 사전적 규정 없이, 연구자의 연구목적에 따른 연구모형과 해석만을 제시하고 있다.

은 구조가 있다. 기업지배구조의 구성원은 행동주의적 측면이 강조되어 유인(incentive)과 위험(risk)에 따라 구성원들의 행동들이 다르게 나타나고, 연구의 변수와 연구가설, 결과에 대한 해석이 달라지므로 연구설계 시 구성원의 유인과 위험이 명확히 제시될 필요가 있다.

기업지배구조도 하나의 구조 그 자체로 보지만 기업지배구조를 구성하는 구성요소로서의 구조는 기업의 모든 프로세스가 통하는 하나의 채널이자 관문으로 이를 통해 회계정보가 생성되고 산출되며, 구조의 효과성과 효율성에 따라 회계품질[100]과 경제적 성과[101]가 차이를 보이게 된다. 이 과정에서 조절과 통제 또는 매개변수로서의 역할을 수행하는 외부구성원, 외부구조와의 상호작용을 충분히 고려하여야 하고, 내부구성요소와의 조절효과를 통해 회계 관련 성과로 연결되는 경우에만 기업지배구조에 기초한 회계연구로서의 의미가 있다고 하겠다.

기업지배구조에 기초한 회계연구는 기업지배구조의 개념이 등장하게 된 배경과 이론을 바탕으로, 기업지배구조를 보는 관점, 구성원의 유인과 위험에 따른 회계품질과 경제적 성과, 구조의 효과성과 효율성에 따라 회계품질과 경제적 성과에 미치는 영향 및 관련성을 통합적으로 연구할 수 있도록 연구의 체계와 모형이 통합, 확장된 연구시각이 필요함을 제안한다.

---

100 회계연구 분야에서 관심을 집중해야 할 부분은 기업지배구조에 따라 회계정보의 질이 달라지며, 이는 부정이 빈번하게 발생하는 기업의 회계정보는 품질이 떨어질 수밖에 없다는 사실로도 설명이 가능하다. 회계품질은 이익의 질, 적시성, 비교가능성과 같은 회계정보품질, 재무보고품질, 보수주의에 대한 인식으로 측정된다.

101 기업지배구조와 회계정보의 관련성은 기업의 환경, 법률, 제도에 미치는 파급력으로 인해 재무적 성과, 기업가치라는 경제적 성과로 연결된다.

<그림 II-2> 기업지배구조의 통합적 연구시각

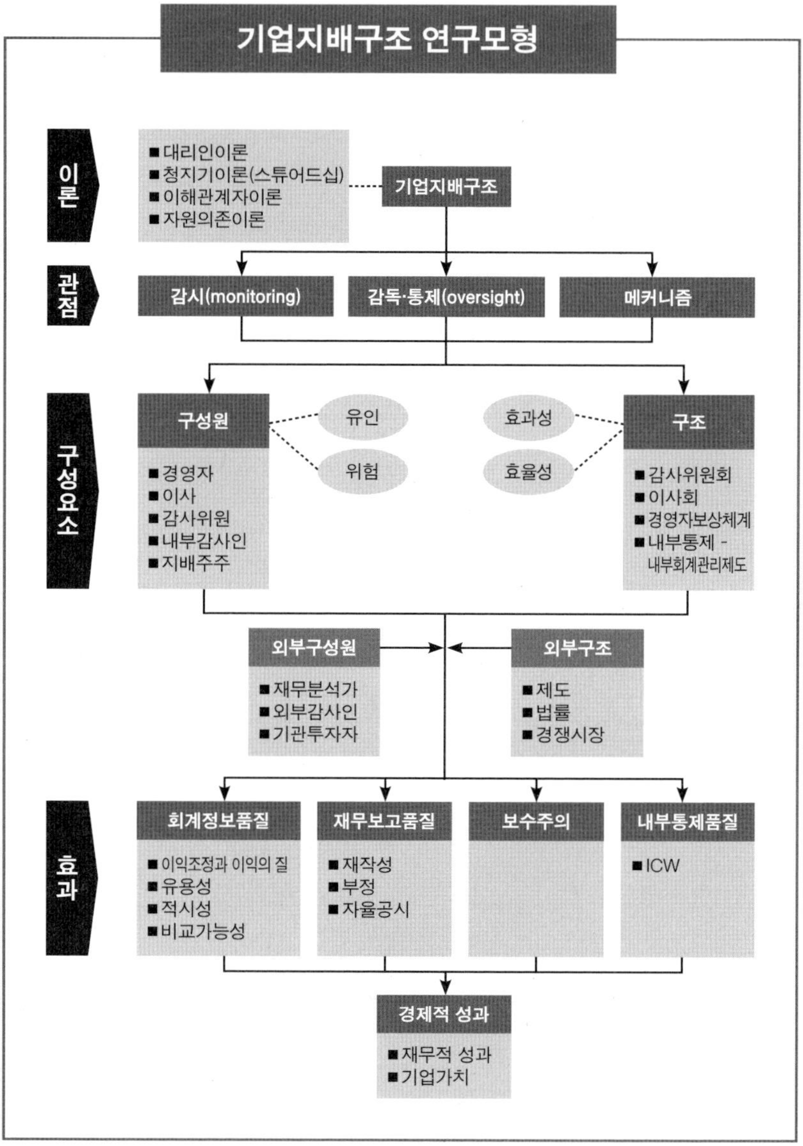

미래 연구

대부분의 연구는 감사위원회에 초점을 맞추고 있으며, 일부 연구에서만 감사위원회와 이사회 간의 상호관계를 고려하고 있다(Menon and Williams 1994; Kalbers and Fogarty, 1993; Beasley and Salterio 2001; Laux and Laux 2009; Carcello et al. 2011a). 그러나 이사회가 감사위원회에게 권한을 부여하고 선정하기 때문에 이사회의 강력한 지지가 없다면, 감사위원회가 감시기능을 효과적으로 수행할 수 없다. 따라서 감사위원회를 분리하여 고려하는 것은 의문의 여지가 있다.

감사위원이 갖추어야 할 지식기반 유형을 추가적으로 고려할 시기가 되었다. 지식경험이 없는 감사위원은 외부감사인과 상이한 방식으로 통제환경활동(control environment activities)을 평가하여 상호 심각한 의견불일치 문제를 초래할 수 있다(DeZoort et al. 2001). 더욱이 외부감사인은 감사위원회의 재무 및 비즈니스 지식에 대한 문제제기를 지속적으로 하고 있다(Cohen et al. 2002). 따라서 후속 연구는 Sarbanes-Oxley Act(2002)의 결과로 제정된 개혁(예: 감사위원회에는 전문성을 갖춘 위원이 한 명 이상 있어야 하고, 다른 모든 위원들도 재무적 소양을 갖추고 있어야 한다는 요건)이 감사위원회의 전문성을 유의적으로 변화하게 하였는지를 검증해 볼 필요가 있다.

후속 연구는 입법자(legislators)와 규제기관의 의도대로 감사위원회 전문성의 증가가 재무보고의 품질을 향상시키는 결과를 초래했는지 여부에 초점을 맞출 수 있다. 이 분야의 연구는 감사위원회의 실질적인 효과를 더욱 향상시키는 데 관심이 있는 입법자와 규제기관에 지침을 제공할 수 있다.

감사위원의 적격성과 관련된 주요 특성의 식별 및 측정을 위한 후속 연구가 필요하다. 예를 들어, 감사위원의 적격성은 독립성 문제뿐만 아니라 감사위원이 직면하는 다양한 회계사안을 정확하게 판단할 수 있는 감사위원의 전문지식의 수준도 매우 중요하게 고려하여야 한다. 이러한 맥락에서 Sarbanes-Oxley Act(2002)는 재무적 전문성과 소양에 대한 일반적 요건을 제시하였지만, 기업수명주기별로 감사위원의 적격성이 변화할 수 있다는 사실을 반영하지 않고 있다. 첨단기술 분야와 같이 경영환경의 변동성이 심한 산업에 속하는 신생기업의 경우 다른 수명주기보다 더욱 강력한 재무 모니터링 관련 전문성이 필요하고, 성숙기인 기업은 안정적 경영환경에 필요한 광범위한 비즈니스 전문성이 필요할 수 있다.

규제 대 비규제 산업 비교에 초점을 둔 연구가 필요하다. 향후 연구는 감사위원회의 구성과 전문성 측면에서 규제 대 비규제 산업 간 차이분석이 필요하다. 해당 연구는 규제 관련 정책기관이 규제대상기업(constituent firms)에 영향을 미치는 지침(guidelines)을 작성할 때 유용한 정보를 제공할 수 있다.

이사회 임원 및 감사위원 선임의 특성을 검토하는 연구가 지속적으로 수행되어야 한다. 최근까지 연구는 감사위원회의 역할이 무엇인지, 감사위원회의 효과성을 어떻게 적절하게 정의하고 측정하는가에 대한 고려가 부족하다.

후속 연구의 중요 분야는 기업지배구조와 관련하여 빈번히 이루어진 입법 및 규제개혁이 재무보고 품질에 부정적인 영향을 미칠 수 있는 의도치 않은 결과의 가능성을 검토하여야 한다. 예를 들어, 기업지배구조 관련 규제에서 감사위원의 재무적 소양과 전문성에 대한 강조에 따른 의도하지 않은 결과로 인해 감사위원회가 기업이 직면한 비즈니스 및 전략적 위험에 대한 충분한 고려 없이 재무제표에 과도하게 집중하는 결과를 초래할 수 있다. 이는 기업이 경쟁시장을 충분히 이해하지 못한 경우 지속적인 위기 상황을 야기할 수 있기 때문에 재무보고 품질에 잠재적으로 영향을 미친다.

감사위원회의 형식(form)에 대한 과도한 규제방향은 감사위원회가 감시업무를 효과적으로 수행하는 데 필요한 필수권한(requisite power)과 실질(substance)을 손상시킬 수 있다. 이러한 사안에 대한 연구는 입법자와 규제기관 모두에게 향후 규제 노력을 이끌어 낼 수 있는 가치 있는 피드백을 획득하는 데 도움이 될 수 있다.

미래 연구는 이사회 독립성이 회계부정에 관여한 경영진의 인센티브의 조정 과정에서 회계부정에 대한 경영진의 의지를 억제하는 데 어떤 조건하에서 문제가 될 수 있는지(또는 그렇지 않은지)를 체계적으로 분석하여야 한다.

자본시장의 유형이 감사위원회 활동의 실효성(the effectiveness of the substance)에 어떤 역할을 할 수 있는지에 대한 연구가 보다 많이 수행되어야 한다. 예를 들어, 미래 연구는 감사위원에게 요구되는 특성(예: 재무전문성)과 관련하여 상이한 주식거래소 상황이 기업의 재무보고 품질에 상이한 영향을 미치는가에 검토하여야 하고, 해당 거래소에 상장된 기업의 감사위원회에 어떤 유형의 전문가를 배치해야 하는가를 분석하여야 한다.

선행 연구에 기초한 실증연구(archival research)는 기업지배구조 메커니즘의 형식과 실질의 차이를 파악할 수 있는 데 한계가 있다. 기존의 감사위원회의 독립성 확보 조항은 최소한 한 명이 재무전문가이며, 나머지 위원들은 재무적 소양을 갖춘 최소한의 기준을 준수하도록 보장한 것이다. 그러나 감사위원이 사회적 네트워크를 통해 최고경영층과 관련되어 있다면, 독립성이 무너질 수 있다. 따라서 외부감사인은 재무보고 프로세스와 관련된 위험을 평가할 때 기업지배구조 메커니즘의 형식과 실질의 차이를 식별하여 감사위원회의 효과성에 영향을 미치는 경영진의 능력을 외부감사인이 인식하는 데 대한 연구가 필요하다. 경영진의 법률 규정 준수만 감시하는 수준의 감사위원회에 외부감사인이 의존할 수 있는지 불분명하다. 특히 재무보고 사안에 대한 분쟁에서 감사위원회가 외부감사인의 입장을 지지할 것인가 또는 경영진이 감사위원회의 성과에 과도한 영향력을 행사하는지 여부를 외부감사인은 면밀히 검토할 필요가 있다. 기업이 지배구조 요건에 관한 법률 조문(the letter of the law)을 준수하고 있지만, 지배구조 메커니즘이 보고 사안에 대해 경영진에 이의를 제기할 능력이 무기력한 상태에 놓여있다고 향후 연구에서 밝혀지면, 법률적인 명문규정만으로 기업지배구조를 의무화하는 현재의 접근법을 재고할 필요가 있다.

오랜 관행으로 기업지배구조 중 사내이사의 역할을 다소 부정적인 시각으로 보지만(Abowd and Kaplan 1999), 경영진과 이사회의 긴밀한 연계는 이사회 활동의 효과성을 향상시킬 수 있다. 예를 들어, 경영활동의 핵심 경영진의 존재는 잠재적으로 사외이사의 기업 업무에 대한 이해도를 향상시킬 수 있다. 따라서 이사회의 기능 중 전략적 의사결정 기능을 개선하는 데 도움이 될 수 있다. 예를 들어, CEO가 이사회 임원인 경우 CEO는 기업성과에 상당히 영향을 미칠 수 있는 잠재적인 신제품 라인에 대한 자세한 정보를 이사회에 제공할 수 있다. 따라서 기업지배구조 형식 중 경영의 투명성 확보와 전략적 의사결정 간 상충관계에 영향을 받는 영역에 대한 심도 있는 연구가 필요하다. 규제당국은 때때로 전략적 측면을 고려한 기업지배구조에 보다 유연한 원칙을 적용할 필요가 있다.

실무 회계유형과 경영자의 능력(기업지배구조 메커니즘 및 재무보고의 품질)의 관련성을 분석하는 새로운 연구노력이 필요하다. 회계기준의 정교성은 경영자의 재무보고 적극성에 영향을 줄 수 있다(Nelson et al. 2002). 회계기준의 정교성은 이익의 하향조정을 권고하는 감사인의 판단에 영향을 준다(Trompeter 1994). 따라서 향후 연구는 기업지배구조 메커니즘의 효과성이 안정적인 비즈니스 환경뿐만 아니라 경영자능력과 외부감사인의 판단에 영향을 줄 수 있는 실무적 회계문제도 다루어야 한다.

선행 연구도 "고품질 재무보고"에 대한 일관되고 일반적으로 인정된 정의가 결여되어 있음을 시사한다(Haka and Chalos 1990; McDaniel et al. 2002). 이 사안은 특히 일반적으로 인정된 회계원칙에 대한 "원칙" 대 "규칙" 기준 접근법과 관련하여 회계전문가 사이의 논쟁을 고려한다면 향후 충분히 연구할 가치가 있다. 예를 들어, 원칙기준 접근법은 "규칙"기준 접근법과 비교해서 "고품질 재무보고"를 구성하는 것과 관련하여 다양한 이해관계자들, 특히 경영진, 감사인 및 감사위원회 간에 보다 많은 합의를 도출할 가능성이 있는가를 검증할 필요가 있다.

향후 연구의 또 다른 유익한 분야는 상장법인의 경영진(CEO 및 CFO)이 재무제표 및 관련 공시(related disclosures)의 적정성(appropriateness)과 공정성을 어떻게 인증할 것인가에 대한 요건과 관련이 있다. 지배구조의 이해관계자(예: 이사회, 감사위원회, 외부감사인)가 최고경영진의 인증을 재무보고와 관련하여 기업의 책임을 현저하게 향상시키는 것으로 간주하거나 또는 단순히 재무제표의 신뢰성에 의미 있는 영향이 거의 또는 전혀 없는 상징으로 간주하는지 향후 연구에서 고려할 수 있다. 또한 향후 연구에서 법원과 법률시스템이 고위경영진에게 보다 높은 기준을 두고 경영진이 제공한 명백한 인증의 결과로 재무보고 실패 시 보다 높은 처벌을 부과할 것인지도 검토할 수 있다.

Sarbanes-Oxley Act(2002)가 기업통제시스템을 더 강조하면서 내부감사인이 기업지배구조에서 보다 중요한 역할을 수행하는지 살펴보는 것은 흥미로울 것이다(Geiger and Taylor, 2003). 향후 연구에서 통제 전반에 걸친 경영진의 책임 증가는 권한을 강화하여 결국 내부감사 기능의 효과성을 향상시킬 것인지 검토할 수 있다. 기업지배구조의 유형과 장점(strength)이 (1) 내부감사인의 객관성, 역량 및 업무성과에 대한 외부감사인의 평가 (2) 내부감사인을 협력자(assistants)로 활용하려는 성향을 포함하여 내부감사 기능에 대한 외부감사인의 의존성 (3) 강력한(약한) 내부감사 기능이 있는 존재하는 경우 외부감사인의 전반적인 고객 위험 평가 및 감사 프로그램 계획수립 판단과 관련이 있는지 여부가 향후 연구에서 검토되어야 할 다른 이슈에 포함된다. 아마도 내부감사 기능과 기업지배구조 간의 관계에 대한 연구의 전반적인 목표 중 하나는 특히 내부감사인의 전문성 인식(perceived professionalism)을 향상시키는 것이라면, 내부감사인과 외부감사인 간 보다 긴밀한 협력을 효과적으로 강제하는 접근법에 대한 통찰력을 입법자와 규제기관에 제공하는 것일 수 있다.

선행 연구는 지배구조 요인이 외부감사인과 내부감사인 간의 관계에 미치는 영향에 대해 거의 관심을 기울이지 않았다. 내부감사 기능에 대한 외부감사인의 평가와 의존성은 감사 효율성과 효과성에 영향을 미치는 중요한 이슈이며 감사문헌에서 잘 연구되어 왔다(Krishnamoorthy 2002; Maletta 1993). 기업지배구조 요인은 내부감사 기능에 영향을 미치는 것으로 알려져 있으므로(Raghunandan et al. 2001) 내부감사 기능에 대한 외부감사인의 평가와 의존성에서 지배구조 요인의 역할을 검토하는 것은 향후 연구에 유용한 분야이다.

지금까지 연구에서 대체적으로 무시되고 있는 마지막 한 분야는 문화적 다양성(cultural variations)이 기업지배구조 메커니즘의 효과성에 미치는 영향이다. Hofstede(1991)는 통제메커니즘 효과(effectiveness)에 문화가 역할을 할 수 있다고 제안했다. 예를 들어, 영·미국은 높은 수준의 개인주의와 낮은 권력 간격(power distance)를 지니고 있고, 대륙 국가는 보다 집단주의적이며(collectivist in orientation) 높은 권력 간격을 지니고 있다(Cohen et al. 1993, 1995). 이것은 영·미국보다 다른 문화권에서 기업지배구조 메커니즘은 단지 상징적이고 경영자의 회계부정을 조절하는 데 비효과적임을 시사한다. 따라서 향후 연구는 양질의 재무보고 프로세스를 보장하기 위한 모니터링 관리(monitoring management)에서 문화가 미치는 영향을 조사해야 한다.

법원과 법률시스템은 권력 간격이 보다 높은 문화에서 지배구조 메커니즘보다 효과적인 지배구조를 보장하고 경영진의 행위를 점검하는 데 보다 중요할 수 있다(Cohen et al. 1993).

외부감사인 선임과 관련된 사안은 향후 연구에서 보다 광범위하고 심도 있게 검토되어야 한다. 미래 연구 관점은 다음과 같은 질문으로 요약할 수 있다. 기업지배구조 요인이 외부감사인 선임 및 유지 결정에 미치는 영향과 방식을 집중 분석할 필요가 있다. 기존연구는 외부감사인 선임 시 감사위원회 독립성과 활동에 초점을 두었지만(Abbott and Parker 2000), 외부감사인 선임이 이사회에서 점점 더 주목을 받음에 따라 이사회의 역할을 검토하는 것이 중요하다. Beasley and Petroni(2001)는 사외이사와 외부감사인 선임 간의 연관성을 검토했지만, 이사회의 다른 특성(예: 구성, 규모, 지식, 전문성)을 검토하거나 통제하지 않았다. 이해관계자에 대한 이사회의 책임에 관하여 최근에 증가된 기대치를 감안할 때(예: Sarbanes-Oxley Act 2002), 독립성 이외의 이사회 특성이 감사인 선택 및 선임 결정(auditor choice and selection decisions)과 관련이 있는지 검토하는 것이 도움이 될 것이다.

외부감사인 유지 결정에 영향을 미치는 중요 기업지배구조 요인에 관한 연구가 부족하다. 감사위원회는 단순한 거수기(rubber -stamping management decisions)가 아니라 외부감사인 유지 및 수수료 프로세스에 적극적으로 참여해야 할 필요가 있다. 따라서 외부감사인 유지 및 감사인 변경 결정에 영향을 미치는 기업지배구조 요인에 관한 연구는 향후 연구에 유익한 분야일 가능성이 높다. 또한 규제기관이 이 과정에 어떤 영향을 미칠 수 있는지 검토하는 것도 유용할 것이다.

감사계획수립 판단(audit planning judgments)에 대한 이사회와 감사위원회의 영향력 연구가 적극적으로 수행되어야 한다. 외부감사인이 모니터링 기능에만 집중하고 고객의 전략적 방향을 설정하는 데 이사회가 갖는 잠재적 역할을 무시한다면, 외부감사인은 기업의 성과를 저해할 뿐만 아니라 잠재적인 효율성도 희생시킬 수 있다. 기업지배구조의 유형은 주요 비즈니스 프로세스(예:제품 혁신, 공급 업체 선정, R&D 프로세스)와 해당 프로세스 달성과 관련된 위험에 영향을 미칠 수 있다. 따라서 피감사회사의 지배구조에 대한 평가는 피감사회사의 사명과 비즈니스 목표를 정의하고 개발하는 프로세스, 이러한 목표를 달성하는데 방해될 수 있는 사업 위험, 비즈니스 위험을 통제하고 감시하기 위해 시행 중인 위기관리 프로세스를 외부감사인이 이해하는 데 도움이 될 수 있다.

시니어급 감사인(audit senior)의 역할 중 하나가 주로 파트너급 감사인이 고려할 정보를 수집하는 것이다(Cohen et al. 2002). 고위 경영진과 이사회의 영향력을 고려한(가장 중요한 것으로 간주되는 메커니즘) 시니어급 감사인의 기업정보 획득 방식에 대한 검토가 매우 중요하다(Be'dard and Biggs 1991). 시니어 감사인은 감사절차를 계획하고 실행할 책임이 있지만, 외부감사팀의 직급상 실무진이기 때문에 피감사회사의 지배구조에 대해 충분한 정보를 제공받지 못할 가능성이 있다. 향후 연구는 시니어급 감사인의 잘못된 판단을 극복하기 위하여 기업지배구조에 대한 평가를 어떻게 감사계획 프로세스의 필수 구성요소 할 것인지, 또한 기업지배구조를 평가하는 시니어급 감사인보다 전문지식(the requisite amount of domain expertise)을 보유한 파트너급 감사인을 어떻게 판단하여 포함시킬 것인지에 대한 연구가 수행되어야 한다. 예를 들어, 기업지배구조 관련 사안에 보다 많은 파트너급 감사인의 참여가 필요하다고 판단되면 규제기관은 감사 프로세스에서 파트너급 감사인을 보다 실질적으로 관여하도록 의무화할 수 있다.

기업지배구조와 외부감사 범위의 관련성에 대해 다음 두 가지 관점이 존재한다. 먼저 대리인 이론에 근거한 수요기준 접근법(demand-based approach)은 이사회는 보다 강력한 모니터링에 중점을 두기 때문에 외부감사인의 고품질 감사 노력(audit effort)을 요구하고 그에 따른 감사범위가 결정된다고 주장한다(Carcello et al. 2002). 다른 관점인 위험기준 접근법(risk-based approach)은 기업지배구조 메커니즘이 약한(강력한) 경우, 외부감사인이 감사 노력을 증가(감소)시켜 이런 증가된 위험에 대응하기 위해 감사범위를 결정할 가능성이 보다 높다고 주장한다(Johnstone and Be'dard 2001; Wright et al, 2004). 언뜻 보기에 수요기준 접근법과 모순되는 것처럼 위험기준 접근법이 보이지만, 두 접근법이 상호 배타적이지 않다고 주장할 수 있기 때문에 더 많은 주의를 기울여야 한다. 즉, 지배구조 메커니즘이 취약할 때 강력한 지배구조를 가진 고객의 요구가 보다 많아지고, 감사인이 인지하는 위험이 보다 커짐에 따라 감사 노력은 보다 증가할 수 있다. 예를 들어, 안정적인 산업에 속하는 기업은 환경의 예측가능성이 높기 때문에 감사범위에 대한 수요(demand)는 이사회의 모니터링 역할 수행과 관련된 수요기준 접근법이 타당하고. 그에 반해 외부환경이 유동적이고 불안정 산업(volatile industries)의 경우는 외부감사인이 감사위험 억제전략의 일부로 기업지배구조의 위험요인을 인지하므로 감사범위의 결정은 위험기준 접근법이 적정하다. 이와 같은 산업별 안정성, 기업지배구조의 특성, 외부감사인의 인식 등이 감사범위에 미치는 영향에 대한 후속 연구가 필요하다.

미래 연구는 다양한 연구방법(분석적, 실증적, 행태적)을 사용하여 감사인의 계획수립 판단(auditors' planning judgments)에 영향을 미치는 기업지배구조 요인에 대한 이해를 보다 높일 수 있는 강력한 이론적 근거를 개발해야 한다.

외부감사인과 기업지배구조 특성의 관계를 검토할 때 반드시 고려해야 할 또 다른 요인은 감사인의 인센티브이다(Nelson et al. 2002).

Sarbanes-Oxley Act(2002)는 다수의 비감사서비스를 금지하고 있지만, 감사위원회의 승인을 받아 외부감사인이 제공할 수 있는 서비스는 여전히 많다. 이러한 인센티브의 존재로 인해 보다 모호한 회계기준이 있는 경영진의 입장에 대해서도 감사인이 의문을 제기할 가능성이 완화되는가에 대한 검토가 필요하다.

외부감사인이 문제(issues)를 제기하지 않는 경우 감사위원회는 감사인과 함께 이러한 회계 이슈를 독립적으로 제기할 수 있는 충분한 권한과 전문성을 보유할 수 있는지에 대한 연구가 필요하다. 외부감사인이 독립적인 감사를 수행할 수 없다고 입법자들이 인식하는 경우, 향후 법률이 비감사서비스에 대한 금지를 더욱 확대해야 하는지 연구를 통해 검토되어야 한다.

미래 연구는 감사인 선임 및 유지에 관한 결정에서 주주, 특히 연기금과 같은 기관의 대주주의 역할을 검토해야 한다. 감사인의 선임/재선임을 주주로부터 승인받도록 규제기관이 의무화해야 하는지에 대한 연구는 중요하고 유용한 분야이다.

III부
기업지배구조를 넘어 ESG 시대로

Corporate governance, accounting and ESG

III부

기업지배구조를 넘어 ESG 시대로

Prologue

기업지배구조(firms'governance)는 ESG(Environmental, Social and governance)의 한 요소이지만, 실질적으로 기업지배권에 대한 가치 변화가 ESG 시작이라는 관점에 비추어 볼 때, ESG는 기업지배구조 개념을 바탕으로 등장한 새로운 기업 패러다임으로 이해해야 할 것이다.

지구 온난화에 따라 기후와 자연은 위기에 처했고, 인구 문제도 위협이 되고 있다. 주주 중심 접근법은 이러한 지구 규모의 엄청난 과제에 대처할 수 없기 때문에 회계 및 재무도 근본적인 변화를 강요당하고 있다. 오늘의 회계 전문가는 재무보고 기준에 의거하여 재무제표를 작성하기만 하면 된다고 생각해서는 안 된다. 재무 전문가는 '주주를 위한 이익 극대화'에서 '지속적인 가치 창출'으로의 시대적 변화 속에서 새로운 역할을 찾아야 한다. 재무 책임자(financial officer)뿐만 아니라 가치 책임자(value officer)로서의 역할도 중요하게 되었다. 결과적으로, CFO(chief financial officer)는 CVO(chief value officer)로 인식되어야 한다.

ESG 경영은 회계수치로 드러나지 않는 기업의 추가적인 성과 차원을 발굴하는 것을 목표로 한다. 최근까지 많은 기업 이해관계자(예, 투자자, 정부기관, 학자 등)는 재무제표만을 통해서는 기업의 내재가치 관련 정보를 획득하는 데 한계가 있음을 우려하고 있다.

적정한 통제 없는 기업의 환경 활동은 지구, 사람 그리고 기업의 이익에 부정적인 영향을 줄 수 있기 때문에 기업의 모든 활동은 사회적 책임(socially responsibility)이 동반되어야 한다.

ESG의 배경

ESG는 기업과 투자자 모두에게 매우 중요한 개념이다. 해당 개념은 2001년 영국 연금기금 투자과정에서 사회, 윤리 또는 환경(Social, Ethical or Environment) 논쟁에 대한 고려를 목적으로 하여야 한다는 FTSE4 Good Index Series의 발표 후 자연스럽게 대중화되기 시작하였다. 그리고 FTSE4 Good은 2006년 "UN 책임투자 원칙(the United Nation's Principles for Responsible Investement (UN PRI))"을 도입하였다. 이 과정에서 "Who Cares Wins?"라는 질문과 함께 자연스럽게 ESG 논쟁이 첫

번째로 언급되었다[102].

초기 ESG 기준은 기업의 재무평가에 통합되도록 요구되어졌다. 이러한 요구는 글로벌 투자자의 요구인 지속가능 투자에 대한 욕구와 일맥상통하게 된다. 2017년 세계적인 투자자문회사인 SSGA(State Street Global Advisors)는 이사진 전원이 남성인 400개의 회사에 여성임원의 부족을 이유로 대표이사 재선임에 대해 부정적 의견을 개진하였다.

또 다른 초기 ESG 예로, 2017년 3월 ExxonMobiles 회사 주주는 기후 변화에 대해 기업이 적극적으로 대응하도록 요구하며, 전체 주주 중 62%(직전년도 기준 38% 증가)가 세계 최대 오일 및 가스회사로서 기후에 미치는 영향에 대한 보고를 요구하는 투표를 하였다.

WEF(World Economic Forum)는 유럽을 중심으로 하는 경제단체로서 미국기업의 전략과 경영기법을 벤치마킹하기 위해 Klaus Schwab가 1971년 설립하였으며 유럽기업이 나아가야 할 방향에 대해 토론하여 왔다. 1973년부터 정규 포럼을 개최하였고, 그들의 관심을 경제뿐만 아니라 사회 이슈쪽으로 확장하여 진행하였다.

아메리카뱅크의 최고경영자이자 WEF의 IBC 의장으로 있는 Brian Moynihan은 the International Business Council(IBC)이 BIG4 회계법인(Deloitte, PwC, KPMG, 및 Ernst & Young)과 연계하여 기업의 기존 경영시스템을 ESG 체제로 전환하는 데 가속력을 발휘하도록 하고, "이해관계자 자본주의(Stakeholder Capitalism)"접근법에 기초하여 기업이 ESG 상

102 ESG 등장을 지속가능 경영에서 출발한 것으로 보는 시각도 존재한다. 전 세계적으로 지속가능성이 주요한 의제로 등장한 1987년 UNEP(유엔환경계획)와 WCED(세계환경개발위원회)가 공동으로 채택한 '우리 공동의 미래' 일명 브룬트란트 보고서에서 지속가능 발전 제시를 그 기원으로 본다(삼정KMG 경제연구원 2021).

황을 보고하는 데 사용할 수 있는 표준화된 측정치로 22개 특정 메트릭스(metrics)를 제안하였다. WEF 2021 Meeting에서 120개 글로벌 기업들은 합의된 메트릭스를 채택하는 데 동의하였으며, 장기 기업가치에 대한 미래전망을 이해관계자에게 제시하였다.

위와 같은 ESG 관련 글로벌 움직임은 "제4차 산업혁명에서 기업의 보편적 목적"이라는 주제로 개최된 Davos Manifesto 2020을 통해 구체화되었다. 이것은 2019년 9월 19일 Business Roundtable에서 공표된 내용의 현실적 결과물이다.

Davos 2020 Manifesto는 현존하는 기업의 정보보고 체계에서 쉽게 획득되거나 변형될 수 있는 22개의 정량 정보 메트릭스를 제시하였다. 이들 22개의 메트릭스는 기업의 현존 능력에 대한 객관성에 기초하였다. 또한 the Davos 2020 Manifesto는 34개의 확장형 및 미래지향적 메트릭스를 제안하였다. 특히 22개(핵심) 및 34개(확장판)의 메트릭스는 UN의 2030 지속가능 개발(SDG)에 대한 아젠다와 구조적 일관성을 갖도록 구성되어 있다.

메트릭스는 4개의 중요 영역인 지배구조(Deloitte 주도), 지구(PwC 주도), 인류(KPMG 주도) 그리고 번영(Ernst & Young 주도)로 구성되어 있다. 각각의 영역은 해당 대형회계법인이 각각의 영역에 적합한 메트릭스를 개발하도록 하고 있다.

22개의 메트릭스에 SDG 요소를 포함 또는 일치화시키는 것은 전 세계적인 요구사항을 충족시키기 위한 조치이다. 예를 들어, 지배구조 메트릭스는 책임있는 소비와 생산(SDG #12), 평화, 정의 및 강한 비영리 기관(SDG #16) 그리고 목표를 위한 파트너십(SDG #17)의 내용을 포함하고 있다.

ESG가 대세인가?

ESG 규제 강화는 국제적 흐름이며, 가장 중요한 특징은 기업의 ESG 정보공시 의무의 강화로 귀결된다. 특히 2050년 탄소배출 Net-Zero 달성을 위한 탄소감축 규제 강화와 기업의 준수 노력은 지속적으로 기업의 환경경영 핵심 주제가 될 전망이다.

ESG 투자정책은 기업으로 하여금 기업지배구조 개선을 위한 지속적이고 혁신적인 결과를 요구하고, 이러한 과정에서 기업은 스튜어드십 코드 강화와 같은 가시적인 성과물도 나타나고 있다. 더욱이 국내의 경우 연기금과 자산운용사 등의 책임투자 및 ESG 투자 전략의 활용에 대한 동향은 그 시사하는 바가 크다.

ESG와 관련된 지속가능보고서를 발표 하는 기업의 수는 전세계 매출기준인 G250 수준에서 1993년 35%에서 2020년 96%로 현저히 증가하였다. 예를 들어 미국의 경우 S&P 250 기업 기준으로 1993년 35%에서 2020년 96%로 증가하였고, 우리나라의 경우도 2020년 기준으로 78% 정도가 ESG 관련 보고서를 발간하고 있다.

ESG가 대세인가에 대한 원론적인 질문에 가능한 하나의 해답은 과거 기업가치에 대한 사고의 영역이 주주의 가치에 초점을 둔 반면, ESG는 모든 이해관계자의 가치에 초점을 두고 있다는 것이다. 역사적으로 볼 때 특정 패러다임의 지속가능성은 해당 패러다임을 지지하고 전파하는 지지층의 확장력에 의해 결정된다.[103] 이러한 관점에서 주주와 주주의 이윤극대화가 아닌 환경과 사회 그리고 모든 이해관계자의 가치를 고려하는 ESG의 경영패러다임에 대한 지지층에 대한 확장력은 무한하다고 볼 수 있다.

ESG의 중요 개념

어느 시대와 어떤 기업을 막론하고, 경영환경의 변화는 기회 혹은 위협이라는 동전의 양면을 갖고 있다. ESG에 의한 경영환경의 변화도 모든 기업에게 도전과 위기를 초래할 것이며, 전혀 다른 모습으로 다가오고 있다.[104]

103 경제학자인 밀턴 프리드먼(Milton Friedman)은 "주주는 사업주(owner of the business)이며, 기업 경영자의 책임은 사회의 기본 원칙을 준수하면서도 가능한 생산성에 기초한 비즈니스 모델에 근거해 사업을 수행하는 것이고, 기업의 유일한 사회적 책임은 비즈니스 게임규칙 내에서 희소자원을 활용하여 이윤극대화를 추구하는 것이다"라고 주장하였다. Luigi Zingales 교수는 2019년 University of Chicago Convocation에서 이윤극대화만 추구하는 주주중심적 경제논리인 프리드만의 이론은 기업에 의해 파생된 환경 및 사회적 비용을 기업이 추가적인 비용 없이 되돌릴 수 있다는 가정에 근거한 것이라고 비난하였다. 이와 함께 최근 주주 자본주의(Shareholder Capitalism) 대신에 이해관계자 자본주의(Stakeholder Capitalism) 패러다임을 강조하는 다양한 주장들이 제기되고 있다. 예를 들어, Joseph E. Stigliz는 주주는 기업의 이해관계자 중 한 그룹일 뿐이고, 단기 자본주의보다 장기 지속가능한 자본주의 철학을 강조하고, 이윤보다 지속가능한 가치창조와 경제적 자본뿐만 아니라 환경적, 사회적 자본의 유지 중요성을 역설하였다.

104 예를 들어, 코로나 사태는 비대면적 일상화를 통해 비대면 비지니스에 빠르게 적응할 수 있는 컨텐츠 기업(아마존, 페이스북, 넷플릭스, 마이크로소프트 등)은 '코로나 수혜

특히, ESG 경영패러다임의 중요 개념 중 하나는 기업의 지속가능성이라는 문제와 귀결된다. 즉, ESG는 환경(E), 사회(S), 지배구조(G)로 대변되는 기업의 비재무적 요소를 통해 기업의 지속가능성을 가늠해 보는 것이다.

ESG 생태계는 과거 기업의 생태계와 그 결이 다르다. 과거 기업생태계는 기업을 중심으로 모든 것이 구성되지만, ESG 생태계는 다양한 ESG 생태계 구성원의 관심과 참여가 필요하다. 따라서 ESG의 성공을 위해서는 ESG 관련 이해관계자의 니즈와 역할에 대한 이해가 선행되어야 한다[105]. ESG 경영이 안착될 수 있도록 기업뿐만 아니라 ESG 생태계 구성원 모두의 집단지성이 절실한 이유이다.

ESG 중요 개념 중 또다른 하나는 공시문제이다. 금융위원회는 2025년부터 자산총액 2조 원 이상의 유가증권 상장사에 대해 ESG 공시를 의무화하고, 2030년부터는 모든 코스피 상장사로 확대한다고 밝혔다[106].

ESG 경영의 핵심은 기업의 지속가능 성장성(sustainable growth)을 강화하는 데에 있다. 하지만 구체적인 실행방안을 도출하고 실행하는

주'로 호황을 누렸지만, 이러한 변화에 적응하지 못한 기업은 생존까지 위협받는 위기를 맞게 되었다.

105 ESG 경영은 단순하게 해당 기업만의 중요 사안이 아니다. 예를 들어, 가치사슬 관점에서 보면, 협력업체의 관심과 참여가 없는 경우 ESG 생태계는 불완전 형태를 갖추게 된다. ESG 생태계 형성과정에서 협력업체의 ESG 내재화 여부가 원청업체와의 파트너십 결정 과정에서 중요한 판단기준으로 부상하고 있기 때문이다. ESG 생태계에서 소비자의 역할도 중요한데, 이는 기업은 ESG 경영을 비용으로 인식하기 쉽다. 하지만 ESG 생태계가 효과적으로 형성된다면, 이해관계자인 소비자는 기업의 이러한 비용투자에 대해 더 큰 신뢰성을 부여하여 궁극적으로 기업가치에 긍정적 영향을 줄 수 있다.

106 국내에서도 ESG 정보공개 의무화가 단계적으로 추진되고 있다. 이로 인해 대표적 ESG 보고서인 '지속가능경영보고서'와 '기업지배구조보고서'를 의무적으로 공시해야 하는 기업들이 증가할 전망이다.

것이 결코 쉬운 일이 아니다. 특히 ESG 경영은 과거 기업의 이윤극대화라는 목표를 '기업가치 극대화' 또는 '기업의 선한 영향력 극대화'로 사고의 전환을 요구한다. ESG 경영성과에서도 전통적인 경영성과의 판단기준인 투입(input)-산출(output) 관점에서 결과(outcome) 또는 영향(impact)을 통한 경영성과의 판단으로 그 성과판단 개념의 전환을 요구한다.

ESG 관련 개념 중 중요성(materiality) 개념은 ESG 관련 정보에 대한 다양한 이해관계자의 요구와 기업의 ESG 공시모델을 이해하는 데 핵심적인 사안이다. ESG 경영에서 파생되는 다양한 정보 중 무엇을 어떠한 포맷으로 이해관계자에게 제공하는가는 여러 관점이 존재할 수 있다. 예를 들어, 유럽재무보고자문그룹(EFRAG)의 핵심 개념은 '이중중요성(double materiality)'인데, 즉 '영향 중요성(impact materiality)' 관점[107]과 '재무적 중요성(financial materiality)' 관점[108]을 있는 그대로 각각 반영하면서도 둘 간의 상호작용을 무시하지 않는 보고 시스템을 구축할 것을 권고하고 있다.

107 기업이 환경과 사람에 미치는 유의적인 영향을 보여줄 수 있는 지속가능성 사안을 inside-out materiality인 영향 중요성이라고 한다.

108 기업의 가치에 영향을 미치기 때문에 재무적으로 중요한 지속가능성 사안을 outside-in materiality인 재무 중요성이라고 한다.

ESG 환경(Environmental)요인

기업은 생산활동과정에서 오염물질을 배출하고, 자원고갈을 통해 자연시스템, 기후, 인류건강에 부정적인 영향을 줄 수 있다. 따라서 환경요인은 환경을 보호하고, 자원을 보존하며, 최소환경비용을 발생시키는 요인으로 구성된다. 환경요인의 대표적 예로 이산화탄소를 최소화하는 노력, 규제 준수, 자원의 보존과 관리, 에너지 절약, 물관리 등이 포함된다.

- Net-Zero
- RE100
- ZWTL(Zero Waste To Landfill)
- Circular Economy
- 탄소국경세, 플라스틱세

ESG 사회(Social)요인

ESG 사회요인은 기업이 일반사회에 긍정적인 영향을 주거나 특정 소수 사회집단에게 일할 수 있는 기회를 제공하는 것을 의미한다. 따라서 사회요인은 기업이 어떻게 그들의 영향을 긍정적으로 사회에 미치게 하는가, 사회는 이러한 기업의 영향력과 명성을 인식하는가 등으로 측정한다. 이러한 사회요인은 기업 내부 이해관계자의 관계에도 적용되며, 근로자에게 안전한 작업환경과 작업기준을 제공하는 것이 포함될 수도 있다.

기업의 사회적 책임을 수행하기 위한 CSP(Corporate Social Practices)는 세 가지 개념 차원으로 구성된다.

(1) 기업의 사회적 책임성(경제, 법률, 윤리, 재량권)
(2) 기업의 사회적 민감성(반응, 대응, 합의, pro-action)
(3) 사회적 이슈(소비자, 환경, 제품 안전성, 노동자 차별/안전, 주주)

사회요인은 사회, 정책, 안전, 건강, 노사관계 등이 그 근간을 이룬다. 따라서 기업이 사회적 책임 또는 반응에 대해 어떠한 철학을 수용하는가에 따라 ESG 사회요인에 대한 성과는 기업마다 매우 다르게 나타난다. 최근까지 논의된 아젠다는 다음과 같다.

- 다양성
- 인권
- 구성원안전, 건강
- 동반성장
- 제품/서비스의 SV

ESG 지배구조(governance)요인

지배구조는 기업 전략과 정책을 수행하는 조직구조 및 경영실무와 관련되고, 기업윤리와 적정한 비즈니스 수행 과정 전반을 포함한다. 기업은 주주의 이윤극대화와 기업가치 상승에 대한 장기적인 지속가능성을 보여주기 위해 다양한 경영전략과 경영수단의 집합체로 기업지배구조를 가지고 있다. 따라서 좋은 기업지배구조는 대리인비용(agency costs)과 기업 생존성을 극대화시켜 기업성과의 최적화를 위한 필수요소이다.

기업지배구조는 이해관계자를 고려한 장기적 주주가치 극대화, 기업목표에 대한 책임성, 사업 절차와 구조에 의해 결정된다. 기업지배구조는 이사진에게 기업 운영과정에 대한 통제권을 어떻게 부여할 것인가의 측면에서 조직집행의 핵심 요소이다. 즉, 기업 사업 전반에 대한 감독·감시(overseeing) 영역에서 이사진의 구성과 역할이 가장 중요하다.

기업지배구조 중 가장 중요한 사항(the best pratice)은 경영진과 이사진에 대한 경쟁과 보상을 균형 있게 디자인하는 것이다.

가장 주목받는 지배구조요인은 지배구조의 투명성과 밀접한 관련성을 보여주고 있다. 최근까지 지배구조요인으로 활발하게 논의되는 내용은 다음과 같다.

- 기업 윤리
- 특별감사(Compliance)

- 이사회 독립성
- 임원 보상
- 주주 권리

ESG 개념의 측정[109]

ESG 기준의 가장 난제는 다양한 기업 및 산업 생태계가 존재하는 비즈니스 환경에서 일관성 있고 투명한 재무 및 비재무 측정 메트릭스를 제공하는 것이다. 국제적 BIG4 회계법인들은 "시장주도"형 메트릭스를 생성하는 데 일관성을 갖고 있다. IBC는 기업이 BIG4에 의해 제안된 메트릭스를 자율적으로 선택하도록 한다. 2020년 BIG4의 최종 메트릭스 버전 내용은 〈표 III-1〉과 같다.

재무제표 수치는 기업 명성, 시스템 품질, 안정성, 노사문화, 전략, 비즈니스 Know-how, 기타 무형자산의 시장가치 등과 같이 지식베이스에 기초한 글로벌 경제생태계에 중요한 정보를 제공하는 데 한계가 있다. 그러나 ESG는 환경, 사회 및 기업지배구조에 대한 광범위한

109 우리나라는 ESG지표 혼란을 최소화하기 위해 2021년 'K-ESG'가이드라인을 발표하였다. 이 가이드라인은 관계부처합동으로 다우존스지속가능경영지수(DJSI), 모건스탠리캐피탈인터내셔널(MSCI), 세계경제포럼(WEF) 등 국내외 13개 평가기관의 3,000개 이상의 지표와 측정항목을 분석하여 작성하였다.

비재무적 정보를 제공한다. ESG는 경영 측면뿐만 아니라 위험관리(risk management) 측면에서 매우 유용한 지표를 생성한다(Galbreath 2013).

ESG 지표는 특히 경영자에게 매우 유용하다. 경영자는 광범위한 경영전반의 정보와 장기적 전략수립에 자신의 역량을 집중하여야 하는데, ESG 성과는 기업의 장기 전략에 긍정적 신호로 해석되며, 지속가능성을 유지하기 위한 기업의 핵심적 기저 수준을 보여준다.

〈표 Ⅲ-1〉 ESG의 주제와 핵심 메트릭스

주제	핵심 메트리스
원칙	목적 설정: 기업은 사회적 핵심 효익과 연계되는 목적을 수립하여야 함
	이사회 구성: 사회적으로 인정되는 구성원, 임기, 직위 및 업무, 성별, 이해관계자의 대표성을 고려하여야 함
	이해관계자에 대한 중요 논쟁의 영향력: 중요 목록을 제시하고, 이들이 이해관계자에 미치는 방식에 대해 기술
	반독점, 반금융거래, 괴롭힘 금지: 모든 정책과 절차에 대해 구성원의 훈련비율
	윤리권고안 보호 및 보고 메커니즘: 권고, 윤리적 및 법률적 행위, 성실성에 대한 보고체계
	비즈니스 과정에서 위험 및 기회 통합: 일반적인 위험에 상반되는 위험요인 공시. 이들 위험에 대한 이사회 감시, 자료 안전성의 고려
환경	그린하우스 가스(greenhouse gas) 배출: 중요 배출의 상·하 변동성 보고
	TCFD(the Taskforce on Climate-related Financial Disclosure)-중요 기후 위험 및 기회에 대한 보고: 기후변화가 중요하다면, 공시전략, 메트릭스 및 기업실행목표
	토지 사용과 생태 민감성: 토지사용, 오염지역 등에 대한 고려
	물부족 지역에서 깨끗한 식수 사용: 상류 및 하류 물공급을 위한 보고
인간 자본	남녀임금평등성: 남녀 대비 연봉 비율
	다양성과 포용: 범주(남녀, 연령 등)별 종업원 비율
	임금수준: 지역 최소연봉 대비 해당 기업 비율
	건강과 안전: 산재 비율
	제공되는 교육훈련:종업원 규모 대비 교육 횟수

번영	일자리창출: 연령별, 성별 및 지역별 신규 고용규모
	순경제 기여성: 세금, 보조금, 투자승인 등으로부터 수령된 재정지원
	제품 및 서비스 내 혁신: R&D 투자 비율
	지역사회투자: 지역사회 파트너십

(출처) 한국공인회계사회 'WEF-IBC 이해관계자 자본주의 메트릭스(2021)

ESG Framework 주요기관

ESG 프레임워크(Framework)는 매우 다양하고 그 확장성이 복잡하다. Mik Wallace(Environmental Resource Management partner)는 "ESG가 혼란스럽고 과도하다고 느낄 수 있지만, 관련 실무영역에서는 매우 혁신적이고 논리적인 생각으로 인지되고 있다. 새로운 논쟁이 끝임없이 등장하고 그 깊이와 넓이는 매우 강력하지만, 사회는 이에 대해 다소 무지하다"라고 주장하였다. 최근까지 이러한 ESG 프레임워크를 주도하는 기관으로 GRI, CDP, SASB, TCFD, WDI 등이 존재한다.

글로벌 보고서 작성기준(GRI)(Global Reporting Initiative)은 1997년에 설립되었으며, 기업이 친환경 경영 실무를 이해관계자에게 공시하도록 회계책임(accountability) 프레임워크를 제시하였다. GRI는 2009년 ESG 용어를 처음 사용하였고, 이후 해당 용어가 보편적으로 사용되기 시작하였다(삼정KPGM 경제연구소 2021). 많은 글로벌투자자, 사업가 및 정부관료들은 GRI의 ESG 프레임워크를 기후변화, 인권, 기업지배구조, 사회

복지 등과 관련된 영향에 대해 논의할 때 사용하고 있다.

탄소정보공개프로젝트(CDP)(Carbon Disclosure Project)는 기후변화 예방을 위한 글로벌경제시스템 구축을 목표로 하는 국제 비영리조직이다. CDP 프레임워크 동기는 경영 수익에서 환경보고와 위험관리로 자본시장의 우선순위를 이동시키는 것이다. 2002년 CDP는 환경공시 프로그램을 수립하고, 800개 도시와 120개 국가에서 8,400개 기업을 위한 플랫폼(platform)으로 성장하였다.

지속가능회계기준위원회(SASB)(Sustainability Accounting Standards Board)는 2011년 지속가능성과 기본 재무성과를 공시하기 위한 기준(standards) 개발을 위해 설립되었다. SASA의 기준 창시자인 Jean Rogers는 SASB 프레임워크 목표는 "투자자가 환경 및 사회 관련 중요 이슈의 성과를 비교하고, 가장 지속가능한 결과치에 집중하도록 지원하는 것이다"고 언급하였다. 최근까지 SASB는 산업별로 특화된 재무적 중요 정보에 초점을 두고 있고, 이것이 다른 ESG 프레임워크와 차별화된다.

기후변화 재무정보공개 전담 협의체(TCFD)(the Taskforce on Climate-related Financial Disclosures)는 2015년 12월 글로벌 재무시스템에 기후변화를 더 많이 반영하기 위한 노력하던 Michael Bloomberg에 의해 창설되었다. TCFD는 이해관계자에게 부채 및 거래위험에 영향을 주는 기후 관련 재무위험을 보고하는 방식을 제안하였다. 2020년 2월 기준으로 1,000여 개의 기업이 TCFD에 참여하고 있다(사회적가치원 2021).

인력정보공개계획(WDI)(Workforce Disclosure Initiative)은 2016년 영국에서 행동주의 투자그룹인 ShareAction의 "책임있는 투자(responsible investment)"의 일환으로 탄생되었다. CDP를 모델화한 프레임워크는 의미 있는 정보를 투자기관에게 제공하기 위한 노력의 결과로 공급체인과 노동자 관련 경영정보를 수집한다. 2019년 기준으로 137개 투자그룹과 118개의 투자기업이 WDI 프레임워크를 사용하고 있다.

순위제공기관(Rating Agency)

ESG 투자 관련 정보에 대한 수요 증가는 ESG 순위제공기관의 지수 개발에 큰 동인으로 작용하였다. 그러나 국내외 ESG 평가기관의 급증으로 평가기관 간 점수나 등급의 격차가 큰 사례가 빈번하게 발생하여 혼란 또한 가중되고 있다. 가장 대표적인 국내외 주요 ESG 평가기관을 살펴보면 다음과 같다.

〈표 III-2〉에 제시된 평기기관 중 가장 영향력이 있는 ESG 순위제공기관으로 MSCI, Sustainalytics, RepRisk, ISS가 있다. 그러나 이들 기관의 ESG 관련 평가지수에서도 상호 간 차이가 있어 이해관계자에게 혼란을 야기하고 있다.

<표 III-2> 주요 ESG 평가기관 목록

지역	성격	기관	데이터 원천
국외	데이터 사업자	Blooming	공개정보
		FSTE Russell	
		MSCI	
		Refinitive	
		Rep Risk	
	분석기관	ISS	
		Sustainalyics	
		Vigeo Eiris	
	비영리기관	CDP	설문
	신용평가사	S&P Global	
국내	분석기관	대신경제연구소	공개정보
		서스틴베스트	
		한국기업지배구조원 (KCGS)	
	데이터 사업자	지속가능발전소	

(출처) 임선영 KCGS Report(2021)

2010년에 설립된 MSCI는 ESG 순위 제공기관 중 가장 거대한 기관이다. MSCI 순위는 최고 AAA부터 최하 CCC까지로 구분되며, 개략적으로 6,000개의 글로벌 기업과 400,000명의 투자자를 위해 관련 순위가 제공되고 있다. MSCI는 총운영자산(assets under management) 규모에서 상대적으로 높은 권위를 가지고 있지만, 순위산출과정에서 상대적으로 낮은 투명성을 갖고 있다.

Sustainalytics는 2008년에 창설되었고, 네덜란드 DSR, 독일의 Scores 그리고 스페인의 AIS의 합병 기관이다. Sustainalytics 순위는 산업과 지역을 통합하여 비교가능하도록 0~100등급으로 부여된다.

Sustainalytics는 총운영자산과 투명성 측면에서 평균 이하의 평가를 받고 있다.

RedRisk는 1998년에 설립되었고, 8,400여 개 민간 및 공공기업에 34개 영역에 걸쳐 국제적 순위를 제공하고 있다. RedRisk는 MSCI와 유사하게 AAA부터 D까지 순위를 제공한다.

마지막으로 ISS(Institutional Shareholder Services)의 환경 및 사회 정보공개품질점수(Environment and Social Disclosure Quality Score)는 2018년에 제공되고 있는 지수이다. 해당 기관의 순위지수는 더 상세한 하부단위 논쟁에 따라 기업의 총체적인 환경 및 사회 영향지수를 제공하고, 0에서부터 10까지 범위의 점수를 부여한다. 해당 기관은 2018년 기준으로 5,000여 개 기업에 대한 순위점수를 제공하고, 평균수치의 공공자료를 제공하지만, ESG Index AUM은 낮은 편이다.

ESG 개념구조와 순위제공기관의 관계를 요약하면 다음과 같다.

〈표 III-3〉 ESG 프레임워크 및 순위제공기관

Frameworks	Rating Agencies
SASB	MSCI
GRI	Sustainalytics
CDP	ISS Environment and Social Disclosure Quality Score
TCFD	RepRisk
WDI	DowJJones Sustainable Indices(DJSI)
Climate Disclosure Standards Board(CDSB)	Bloomberg Professional Services
UN Principles for Responsible Investment(PRI)	FISE Russell
UN Sustainable Development Goals(SDG)	Vigeo Eiris

(출처) 삼정KPGM 경제연구소 Samjong INSIGHT(2021) 수정 보완

ESG 투자

2006년 코피아난 UN 전 사무총장이 발표한 6가지 UN 책임투자원칙(United Nation's Principles of Responsible Investment, UN PRI)은 ESG 투자의 초기 개념에 영향을 주었다. 미국 노동부가 2016년 발간한 '환경, 사회 및 지배구조 투자 수단' 보고서에서 ESG 투자는 사회책임투자(Social Responsible Investment: SRI)에서 파생되었으나 최적의 투자성과를 강조하는 선관주의 의무를 최우선시한다고 강조하고 있다(Cek and Eyupoglu 2020).

최근 국내 SRI 채권 규모는 100조를 돌파하였고(2021.4.6. 파이낸셜뉴스), 최초 상장 후 50조 원 도달까지는 2년 정도 소요되었지만, 50조에서 100조 원 도달은 11개월만에 달성되었다. 또한 외국의 사례 중 Armazon社는 2021년 5월 1억 달러 규모의 sustainable bond[110]를 발행하였고, Moody's는 2021년 기준으로 Global ESG 채권의 발행액 규모를 650억 달러로 예상하고 있다.

ESG 투자는 기업의 사회적 책임을 강조하는 SRI 및 Impact Investing와 유사한 개념이다. SRI는 ESG 투자의 금융수익률보다 사회적 책임과 가치를 더욱 강조한 투자 철학인 반면, Impact Investing은 SRI보다 사회적 가치를 더욱 강조하는 개념으로써, 해당

110 sustainable bond는 ESG 의무를 강화한 채권으로 기업이 ESG와 관련된 채권발행 약속을 반드시 지키도록 규정하고 있다.

기업의 사회활동이 사회, 환경문제들을 직접 해결할 수 있는 경우 투자를 실행하는 전략이다(Inderst and Stewart 2018).

ESG는 행동의 주체인 기업이 아니라 자본주의의 본질인 자본투자자의 필요성에 의해 더욱 촉진되고 있다. 최근 글로벌 투자의 핵심 요인으로 ESG가 자리잡고 있다. 특히 글로벌 투자자는 ESG 요인을 기업의 효율성, 생산성, 장기위험관리, 운영관리에 기여하는 핵심적 요인으로 인지하고 있다. ESG투자는 기업이 특정 영역에서 지속가능한 행동을 통해 단순한 이익이 아니라 기업가치의 본질에 기여할 수 있는 전략과 행동을 기업에 요구하고 있다. 즉, ESG 투자는 기업의 지속가능성을 증대시키고, 사회와 모든 이해관계자에게 부가가치를 창출하고 있음을 나타낸다. 따라서 모든 기업은 자본조달과정에서 ESG에 대한 엄격한 검증을 요구받고 있다. 이러한 맥락은 이제 단순한 추세를 넘어 필수적인 기업의 전략적 선택지로 자리 잡고 있다.

기업은 ESG 투자에 대한 강한 유인을 인식하고, 경영전략의 핵심을 수정하고 있다. 그러나 실무적으로 이에 대한 명확한 성과를 검증하는 데는 다소 시간이 소요될 전망이다. 모든 이해관계자의 합의된 인식은 ESG가 기업과 사회 모두에 즉각적으로 효익을 줄 수 있다는 직관적 사실이다.

ESG 투자를 움직이는 힘

ESG투자의 첫 번째 촉진자는 투자자의 시간 관점으로 단기투자(short-term investment)에서 장기투자(long-term investment)로 전환되고 있다는 것이다. 장기투자는 기업에 대한 정보가 풍부할수록 유리한데, ESG 관련 정보는 기업의 중장기 정보로 대부분 구성되어진다.

두 번째 촉진자는 기업의 무형자산에 대한 통찰력이다. 기업의 기대성과에 대한 평가는 단순하게 재무제표의 유형자산 규모만으로 판단하기가 난해하다. 투자자는 기업가치에 대한 전반적 평가의 최종 단계에서 기업의 무형자산 미래가치에 대한 판단이 필요하고, 그러한 판단에는 기업의 인적자원에 대한 투자, 안전과 관련된 잠재적 리스크, 공정성과 관련된 기업의 명성 등과 같이 ESG 요인과 매우 밀접한 관련성이 있는 정보가 요구된다.

마지막으로 정부, 기업가정신, 매체, 대중은 ESG의 중요한 촉진자이다. 전 세계적으로 환경 및 사회문제에 성숙한 개념을 보유한 소비자 및 이해관계자는 기업이 자신의 제품과 경영활동에 따른 환경 및 사회에 미치는 영향에 책임을 지도록 종용하고 있다. 결과적으로 기업은 ESG에 더 많은 관심과 지표개발, 투명한 공시보고에 대한 노력을 증대시켜야 한다.

ESG 투자의 추세와 전망

ESG투자는 수십 년 동안 글로벌 모멘텀을 만들었으며, 빠르게 투자영역을 확장하고 있다. 하지만 이러한 빠른 성장 이면에 ESG 요인이 기업의 재무성과를 증대시킨다는 신념뿐만 아니라, 무형적이고 환경 또는 사회적 기업투자는 재무적 이윤을 희생시킨다는 관점 사이에서 충돌은 여전히 지속되고 있다.

최근까지 가장 강력한 글로벌 투자전략으로 네거티브 스크린(negative screening)이 있는데, 이는 특정 환경, 사회 및 지배구조에서 문제가 있을 수 있는 기업을 투자 포트폴리오에서 제거하는 방식으로 투자포트폴리오를 구성하는 것이다. 또 다른 ESG투자 전략 방식으로 ESG 통합(integration)이 있는데, 이는 미국, 캐나다, 오스트레일리아, 뉴질랜드 및 아시아 일부에서 지속가능 투자전략의 대표적 방식이다.

글로벌 수준의 ESG 투자는 급속하게 증가하고, 정부와 국제기구(예, UN) 등에 의해 지지되고 있다. 최근까지 ESG 투자 관련 선도적 발의안(initiatives)이 모든 이해관계자를 아우르는 수준에서 급속하게 등장하고 있고, 그들의 활동을 통해 글로벌 수준의 자각과 관심을 받고 있다.

국내의 경우 2021년 3월 기준으로 지난 6개월간 ESG를 포함하는 사회적 책임투자(SRI) 펀드에 4,646억이 유입된 반면, 같은 기간 국내 액티브 주식형 펀드에서 1조 1,860억 원이 빠져나갔다. 4대 금융지주의 ESG 채권 발행금액은 2018년을 기준으로 볼 때, 15배 정도 성장한 것으로 나타났다(파이낸셜 뉴스 2021.03.11.).

〈표 III-4〉 글로벌 수준의 ESG 투자 관련 이니셔티브(initiatives)

기구 및 경제협력체	선도적 이니셔티브(initiatives)
United Nations(UN)	• UN-supported Principles for Responsible Investment • UN Environment Programme • UN Framework Convention on Climate Change • UN Green Climate Fund • UN Global Compact • Principles for Responsible Agricultural Investmenta
G20	• G20 Green Finance Study Group, Global Infrastructure Hub
Organisation for Economic Co -operation and Development	• High-Level Principles on Long-Term Investment • Work stream on Governance and Fiduciary Duty
Financial Stability Board	• Task Force on Climate-Related Financial Risks
European Union (EU)	• EU Energy Union, EU Capital Markets Union • European Fund for Strategic Investments • EU Non-Financial Reporting Directive • ESG and fiduciary duty initiatives Product disclosurei nitiatives
Belgium	• Vandenbroucke Law (2003) • Laws against financing of landmines and cluster munitions(2007)
Denmark	• Amendment to the Danish Financial Statements Act
France	• Grenelle Law II, Articles 224 and 225 • Energy Transitions for Green Growth Law, Article 173
Germany	• The Renewable Energy Act • Amendment in regulations concerning pensions funds
Italy	• Mandatory disclosure of ESG for pension funds • New measure on pension funds' investment policy
Netherlands	• Green Investment Directive
Norway	• Norwegian Act on Annual Accounting
Spain	• Sustainable Economy Law—Mandatory Disclosure of ESG • Law modernizing Spain's Social Security System
Sweden	• Mandatory Disclosure of ESG for Pension Funds Public Pension Funds Act

United Kingdom	• Amendments to 1995 Pensions Act: Pension Disclosure Regulation
Hong Kong	• Social Innovation and Entrepreneurship Development Fund
India	• Ministry of Corporate Affairs'new Corporate and Social Responsibility Policy under the Companies Act 2013
Japan	• Principles for Financial Action for the 21st Century
Singapore	• Sustainable Singapore Blueprint
Viet Nam	• Climate Investment Funds' Clean Technology Fund

(출처) ASIAN DEVELOPMENT BANK INSTITUTE, Environmental, Social, and Governance Investment: Opportunities and Risks for Asia(2020),

ESG가 재무적 또는 경제적 성과를 창출하는가?

글로벌 수준의 투자서비스기관(financial service agencies)인 Boomberg, MSCI 그리고 Thomson Reuters는 장기적 관점의 주주가치 극대화에 초점을 둔 통합된 ESG 점수를 제공하는 플랫폼(platform)을 구축했다. 우리나라도 2021년 12월 20일 금융위원회와 한국거래소가 '2021년 녹색금융 추진계획' 12대 과제 중 하나로, 녹색사업·기업 정보를 제공하는 'ESG 정보 플랫폼' 서비스를 개시하였고, 이러한 조치는 최근 국내외 ESG 논의 확산과 투자 규모 확대에 대응하여 ESG 정보의 투명성, 비교가능성 및 투자 편의성을 높이기 위해 플랫폼을 구축하기 위한 것이다.

그러나 ESG 정보가 기업의 경영정책, 실무, 경영성과 등에 대한 정보를 제공할 수 있는가에 대한 논의는 아직도 진행형이다. ESG는 기업이 주주에게 환경문제에 대한 기업의 좋은 이미지를 충족시키기 위한 노력의 일환으로 파생되었다. 최근까지 ESG 관련 정보에 대한 이해관계자들의 폭발적 관심 증대는 자연스럽게 ESG 지표와 경제적 성과의 연관성을 확인하기 위한 노력으로 이어진다. 투자 그룹은 ESG 관련 지표가 기업의 장기성장성에 대한 신호를 제공할 것으로 기대한다.

다양한 정책기관(UNEP FI, IFRS, CSR, EFFAS-DVFA, SRI, UN PRI, OECD)[111]은 ESG 지표에 대한 다양한 요구사항을 주장하였고, 그러한 요구에는 ESG를 통해 제공되어야 할 경제성과에 대한 요구들이 반영되어 있다. 특히 ESG 정보 제공에 경제성을 고려하여야 한다는 기관들의 보고서(IFAC, GRI, UNCATD, IIRC)[112] 형식에 대한 가이드라인이 폭발적으로 제공되고 있다.

---

111 UNEP-FI(UN environment programme-finance initiative: 유엔 환경프로그램-재무 이니시에티브), IFRS(International Financial Reporting Standards: 국제회계기준위원회), CSR(Corporate Social Responsibility: 기업사회적책임), EFFAS(The European Federation of Finacial Analysts Scocieties: 유럽연합재무분석가협회), SRI (Stanford Research Institute: 스탠퍼드연구소), UN-PRI(UN-supported network of investors: 유엔책임투자원칙), OECD(Organization for Economic Cooperation and Development: 경제협력개발기구)

112 IFAC(International Federation of Accontants: 국제회계사연맹), GRI(Global Reporting Initiative: 국제표준화기구), UNCATD(United Nations Conference on Trade and Development: 유엔무역개발회의), IIRC(International Integrated Reporting Council: 국제통합보고이사회)

〈그림 Ⅲ-1〉 ESG 지표와 경제적 성과 관련성에 대한 다양한 의견 형성

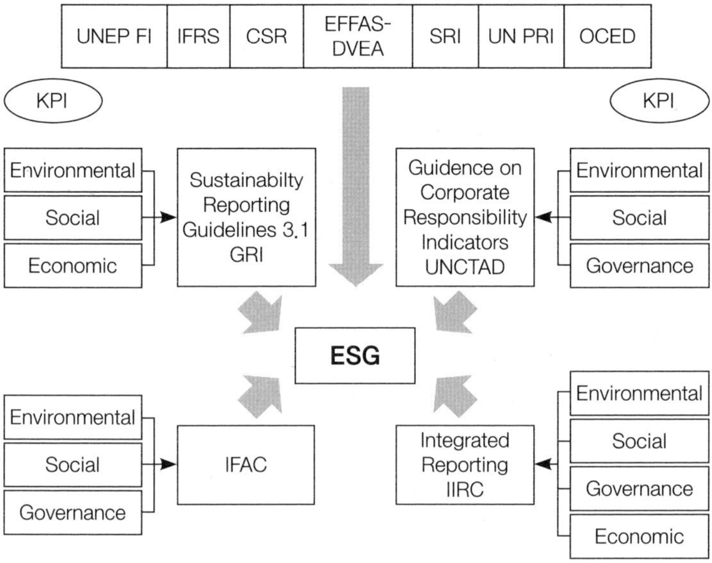

(출처) Kocmanová and Dočekalová(2012)

ESG 성과는 재무적 성과보다 경제적 성과에 초점을 두어야 한다. 경제적 성과는 고객충성도, 주주충성도에 기반을 두고 있고, 기업의 지속가능성장성과 보유한 모든 자원의 효율적 활용의 결과물로 투자수익률 측면을 강조한다(Taliento, et al. 2019). 그러므로 경제적 성과는 최고 수준의 경영실무를 활용하여 장기적 주주가치를 창조할 수 있는 능력인 기업의 총체적 재정건전성을 의미한다.

Whelan et al.(2020)은 2016년부터 2020년까지 ESG와 재무성과 관련성을 연구한 1,000편의 논문을 분석한 결과 전체 연구결과 중 58% 연구가 ESG와 재무성과 사이에 유의한 양(+)의 관련성을 보여주었고 전체 투자자 중 33% 정도는 ESG와 재무성과 사이에 양(+)의 관련성 있다고 인지하고 있었다.

〈그림 III-2〉 ESG와 재무성과 관련성 연구 결과 2016년-2020년

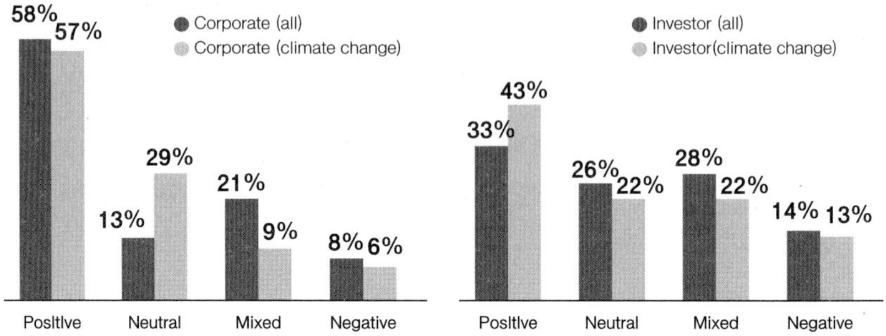

(출처) Whelan et al. 2020, NYU, Center Sustainable Business

ESG 경영체계

과거 기업 경영목표는 환경 및 사회적 원가가 발생하더라도 재무적 이윤극대화를 추구하였다. 그러나 현재 기업 목표는 단순한 이윤극대화로 지속가능성을 보장받을 수 없다. 예를 들어, 모든 기업은 2050년까지 지구온난화를 막기 위한 'Net-Zero'라는 지구 공동의 목표에 필수적으로 동참하여야 한다.

최근까지 다양한 ESG 구축 및 운영전략인 경영체계에 대한 접근법이 국제기구, 각국 정부, 학계, 실무계, 개별 기업 수준에서 제안되고 있다. ESG 전략은 ESG 기업정책과 공시에 가장 중요한 출발점이다. ESG 실무의 구성과 내용도 ESG 전략의 가치지향점과 철학에 의해 결정된다.

ESG 측면에서 환경 및 사회적 요소를 ESG 전략 과정에 연결시키고, 이해관계자 간 이해 일치화에 대한 전략수립 모델로 R. G. Eccles와 M. P. Krzus가 제창한 지속가능 가치 매트릭스(Sustainable Value Matrix: SVM))가 있다. SVM은 기업 차원의 과제 중요성과 사회 차원의 과제 특수성을 가로와 세로축으로 구성한 2차원적 평가 방식을 채택하고 있다.

먼저 기업 차원의 중요성 과제는 기업의 생존 측면에서 필수적인 가치 창출 전략과 관련된 것이다. 이에 반해 사회 차원의 중요성 과제는 지속가능성 사회전략과 이해관계자와 협력을 위한 전략과 연계된다. 마지막으로 기업 및 사회 차원의 중요성 및 특수성이 높은 과제는 가치 창출 전략과 지속가능성 사회전략의 교차 영역에 해당된다.

중요성 평가에 타당성을 갖게 하기 위해서는 SVM의 결과에 대해 이해관계자의 참여가 필요하다. 왜냐하면 SVM을 이용하여 상호 작용함으로써, 기업은 이해관계자의 정당한 기대를 이해하고, 사회적 차원의 특수성을 더 잘 판단할 수 있게 된다. 동시에 이해관계자는 기업의 불확실성 장기 투자와 관련된 합리성 근거를 이해할 수 있게 된다. 전략 수립과 자원 배분의 과제는 지속가능성 관점의 도입과 이해관계자 참여에 의한 중요성 평가를 더욱 심화한 것이다.

ESG 경영체계의 기본 구성도는 〈그림 Ⅲ-2〉와 같다. ESG 경영체계는 가장 상단에 ESG의 궁극적 목적과 비전이 존재하며, 그러한 목적과 비전을 구체적이고 진실된 가치지향 관점에 기초하여 환경, 사회 그리고 지배구조 차원의 목표가 수립이 이루어지고, 특히 생태계, 규제, 투자, 공시 그리고 직무별로 중요 아젠다 개발이 이루어진다. 그리고 이러한 아젠다를 실천하기 위한 ESG 전략수립과 이해관계자를 대상으로 한 커뮤니케이션을 강화해야 한다.

기업의 비즈니스 리더는 기존의 경영체계를 "ESG 경영체계"로 재설계하기 위해 다양한 ESG 관련 프로젝트를 개발하여야 한다. ESG 프로젝트는 경영체계의 가장 최상위 개념인 ESG 목적과 비전을 구현하기 위한 전략적 도출과정으로 이해할 수 있다. ESG 비전의 예로는 1) 기업 존재 목적의 재정의, 2) 새로운 ESG 경영체계를 위한 벤치마킹 진단, 3) 기존 비전 체계 진단 및 New ESG 비전 및 목표(ESG 측정, 평가 등 고려) 수립 등이 있다.

〈그림 Ⅲ-2〉 ESG 경영체계

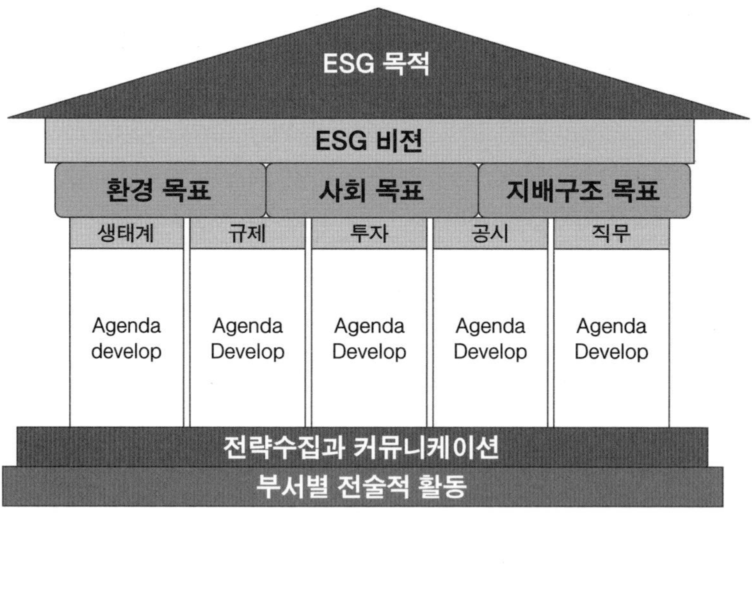

기업이 주목할 만한 ESG 프로젝트는 크게 규제(Regulation), 투자(Financing), 공시(Reporting), 경영(Management) 영역으로 구분할 수 있다.

규제: ESG 프로젝트는 전 세계적으로 다양하게 제시되고 있는

ESG Initiative, 기후변화 조약, ESG 규제 관련 동향 그리고 ESG 도입을 위한 다양한 규제활동 등이 있다. 기업은 이러한 규제 관련 동향 속에서 선제적으로 기업의 ESG 경영체계에서 준비하여야 할 중요 사안에 대한 점검이 필요하다. 이러한 점검 사안으로는 ESG 기반 신사업 전략 및 상품 개발, 해외 네트워크의 ESG 리스크 관리 대응, 기후변화 규제, ESG 기반 고객대응 등이 필요하다.

투자: 자본시장에서 ESG 기준 투자와 채권의 발행규모는 지속적으로 증가하고 있고[113], 기업분석가들도 ESG에 기초하여 기업의 순위와 평가를 수행하고 있다. 따라서 기업은 자본시장을 통한 자본조달에서 유리한 입장을 선점하기 위해 이에 대한 ESG 투자(Financing)프로젝트에 관심을 갖는다. 아시아개발은행 연구소(ADBI: ASIAN DEVELOPMENT BANK INSTITUTE)는 글로벌 투자 패러다임이 전통적인 이윤과 재무정보에 기초한 투자에서 지속가능한 기업가치와 다양한 이해관계자의 자본가치를 반영하는 ESG 투자로 전환되고 있음을 주장하였다[114].

공시: 공시 영역은 과거 재무정보 중심의 공시체계에서 비재무정보와 기업의 진실된 가치와 지속가능성에 대한 정보제공을 요구하는 이

---

113 Funds & Asset Management에 따르면, '20년 글로벌 ESG 펀드 유입액은 약 1,500조 원으로 전년비 140% 증가하였고, 유럽을 중심으로 ESG 패시브 펀드, ESG ETF 등이 글로벌 ESG 자산 증가를 견인하고 있다. 도이치뱅크는 글로벌 ESG 투자가 '20년 40.5조 달러에서 '30년 130조 달러로 연평균 12.4%의 높은 성장세를 기록할 것으로 예상한다.

114 ADBI(2020)는 대부분의 자본시장 관련 법령이 규칙중심에서 원칙 중심으로 전환되고 있고, 이러한 이유는 기업이 단순한 규칙의 준수로 사회적 책임을 다할 수 없고, 적극적인 환경, 사회 그리고 다양한 이해관계자의 자본유지 관점의 책임 수행을 요구받기 때문이라고 주장하였다. 또한 자본시장의 투자기관들은 지속가능한 비즈니스 모델 없이 단순한 이윤추구 모델에 기초한 투자기법은 투자기관의 이해관계자의 장기적인 이익을 침해할 수 있다고 주장하였다.

해관계자의 요구에 부응하기 위한 ESG 공시(Reporting) 의견이 폭발적으로 증가하고 있다. 특히 ESG 공시모델을 결정하는 것은 ESG 경영체계 구축과정에서 매우 중요한 프로젝트에 해당된다.

〈그림 Ⅲ-3〉 ESG 프로젝트 유형

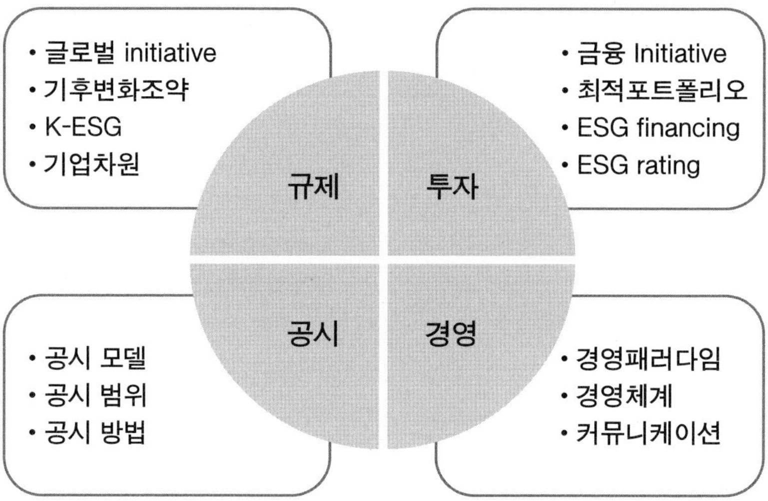

경영: 경영(Management) 영역은 과거의 이윤극대화 관점에서 이해관계자 자본주의를 강조하는 새로운 패러다임을 구체적으로 실천할 수 있는 경영 이념과 체계를 기업의 비즈니스 환경에 어떻게 도입할 것인가와 관련된 프로젝트를 의미한다. 특히 기업가치의 지속가능성을 구현하기 위한 다양한 ESG 관련 경영기법, 신기술도입, 그리고 구성원에 대한 커뮤니케이션 방식이 프로젝트의 중요 내용을 구성한다. 가장 중요한 경영 영역의 프로젝트는 Management Infra 구축을 위한 전략적 대응 방안으로 이사회, 조직 및 운영체계 구축, ESG 프로세스 구축, ESG 성과

평가, HR 방안 등에 대한 기업의 대응방안이 필요하다.

ESG 정보의 공시 제도

전 세계적으로 기업 환경에 있어 환경, 사회, 지배구조 관련 비재무 정보를 고려하는 책임투자가 확산되고 있다. 국내에서도 국민연금 등 연기금을 중심으로 책임투자가 확대되고 있어 기업들의 ESG 정보 공시를 단계적으로 확대해 나가는 정책을 다각적으로 추진해 나가고 있다[115].

첫째, 한국거래소(KRX)는 2017년 3월 기업지배구조 공시 제도를 도입하여 기업지배구조 핵심원칙 10개 항목에 대해 Comply or Explain 방식으로 준수 여부와 미준수 시 사유를 제시하도록 하여 자발적인 공수 준수를 유도하였다[116]. 2019년부터는 자산 2조 원 이상 유가증권 상장기업에 대해 "기업지배구조 보고서" 공시를 의무화하였고, 이후 단계적으로 의무대상 기업의 범위를 확대하여 2026년부

115 Comply or Explain 방식은 자발적인 공시 준수를 유도하기 위한 수단으로 준수 현황에 대해 기업이 자발적으로 공시하거나 준수하지 못할 경우 적극적인 설명을 요구하는 방법이다.

116 국민연금은 스튜어드십 코드를 도입하면서 ESG 정보를 반영한 투자를 강화하였는데, 2018년 보건복지부에서 국민연금의 사회책임투자 확대방안 계획을 발표하면서 ESG 전담조직을 확대하고 ESG 평가 모형에 따라 52개 세부지표를 기준으로 점검과 평가를 진행하고 있다.

터는 전체 유가증권 상장기업 대상으로 공시를 의무화할 예정이다[117].

둘째, ESG 관련 비재무 정보를 대폭 포함하고 있는 "지속가능경영 보고서"를 매년 기업에서 공시하고 있는데 이에 대한 공시를 2025년까지는 일정 규모 이상의 유가증권 상장기업을 대상으로 자율공시 형태로 활성화하고 2030년까지 일정규모 이상의 유가증권 상장기업에 대해 공시를 의무화한 후 2030년부터 전체 유가증권 상장기업에 대해 확대해 나갈 계획을 가지고 있다[118].

셋째, 금융위원회에서 ESG 정보의 공시 의무를 규정하고 있는 "기업공시제도 종합 개선방안"(2021.1.14.)을 발표하였고, 이어서 한국거래소(KRX)는 상장기업의 ESG 정보의 공시 활성화를 직접적으로 유도하기 위한 "ESG 정보공개 가이던스"(2021.1.18.)를 발표하였다. 이 가이던스에서는 ESG 목표 설정부터 전사차원에서 다루는 데 핵심적인 역할을 이사회와 경영진이 수행할 수 있기 때문에 이들의 역할을 강조하고 있으며, ESG를 다루기 위한 지배구조의 확립과 관리 의지를 명확히 밝히는 것이 필요함을 조언하고 있다.

또한 ESG 정보공개에서 고려해야 할 목적과 기본방향을 제시하면서 다음과 같은 일반적으로 요구되는 6가지 ESG 정보공개 원칙을 제공하고 있다.

117 기업지배구조 보고서는 주주의 권리, 이사회 및 감사위원회의 구성 및 운영현황, 외부감사인의 독립성 등의 기업지배구조 관련 정보를 제공하기 위한 보고서이다.

118 환경 관련 기회 및 위기 요인과 대응 계획, 노사관계 및 양성 평등 등 사회적 이휴 관련 개선 노력 등과 같이 지속가능 경영 관련 정보를 제공하기 위한 보고서이다.

〈참고〉 KRX "ESG 정보 공개 가이던스"의 정보공개원칙

• 정확성(Accuracy)

정보는 이해관계자가 기업의 성과를 평가할 수 있도록 정확해야 한다. 정보의 수집 및 분석 등 보고서를 준비하는 과정에서 다양한 오류가 발생할 수 있으며, 정보의 작성자 및 보고서 작성자 등이 정보를 체계적으로 관리함으로써 정보의 오류나 누락을 방지해야 한다.

• 명확성(Clarity)

정보 공개는 이해관계자의 요구에 맞는 정보를 전달하기 위한 목적으로 작성되어야 하며, 이해관계자가 쉽게 이해할 수 있는 방법으로 제공되어야 한다. 지나치게 구체적이거나 개략적인 것은 이를 지양하여야 한다. 정성적 정보 및 정량적 정보를 적절히 사용하는 것을 권장한다.

• 비교가능성(Comparability)

정보는 이해관계자가 기업의 목표와 성과를 비교할 수 있고, 이를 다른 기업의 성과와도 비교할 수 있어야 한다. 이를 위해서는 일관된 방법을 적용하여 정보를 공개해야 하며, 지표의 산출 방법에 중대한 변화가 있는 경우 이전의 정보를 정정하고 변경 내용을 명시하는 것이 필요하다. 다른 기업과의 비교 가능성을 높이기 위해서는 글로벌 표준을 적용하고, 권장된 지표 및 방법론에 따라 보고하는 것이 바람직하다.

• 균형(Balance)

많은 기업들이 사고 등 부정적인 이슈는 축소하고 긍정적인 활동은 부각하기도 한다. 그러나 정보의 완전성을 보장하고 이해관계자가 조직 전반의 성과를 합리적으로 평가할 수 있기 위해서는 기업에 유리한 정보뿐만 아니라 불리한 정보도 이를 보고서에 포함해야 한다. 이 경우 기업이 부정적인 이슈에 어떻게 대응하고 있는지 적극적으로 소명하는 것을 권장한다.

• 검증가능성(Verifiability)

정보는 검증이 가능하도록 정의, 수집 및 기록되어야 하며, 정보의 공개는 재무보고서와 유사한 내부통제절차를 따라야 한다. 보고서의 품질을 높이기 위해 독립적인 제3자 검증기관의 검증을 거치는 것이 바람직하며, 검증 수준, 범위 및 과정 등을 보고서에 함께 명시하는 것이 필요하다.

• 적시성(Timeliness)

이해관계자들이 정보를 효과적으로 활용할 수 있도록 정보를 정기적으로 공개하는 것이 필요하다. 정보의 적시성을 위해서는 재무보고서와 ESG 정보의 공개기간을 동일하게 하는 것이 바람직하며, 재무보고서 발간 이후 최대한 빠른 시기에 ESG 정보를 공개하는 것이 필요하다. 다만 재무적 결과에 중대한 영향을 미칠 수 있는 ESG 이슈가 발생한 경우에는 이를 적시에 공개하는 것을 권장한다.

다음으로 ESG 정보공개 6대 원칙을 바탕으로 관련 공시를 제공하기 위해서는 중요성(Materiality) 평가가 선행되어야 하는데, 지속가능회계기준위원회(SASB,Sustainability Accounting Standards Board)와 GRI(Global Reporting Initiative) 원칙[119] 등의 국제기구가 제시하는 중요성 개념을 참고하여 기업별로 적합한 정보공개 범위와 내용을 결정하고, 우선순위를 파악해야 한다. 그리고 이 가이던스에서는 기업들의 다양한 정보 공개 표준들이 제시하는 핵심 공통 지표를 제시하기 위해 권고공개지표 12개 항목 21개 지표와 권고 공개지표를 수록하였다[120].

이상에서 살펴본 바와 같이 우리나라에서는 ESG 정보의 공시를 활성화하기 위한 제도들이 활발히 발표되고 있다. 이러한 공시 의무화를 통해 지속가능경영 보고서나 기업지배구조 보고서에 필요한 정보가 정확히 공개됨으로써 투자자를 실질적으로 보호할 수 있을 것이다. 그러나 현실적으로 투자자들이 기업의 지속가능경영보고서나 기업지배구조보고서 등을 꼼꼼히 살펴보고 투자를 결정하는 것이 쉽지 않을 것이므로 기업의 ESG 정보 공시에 대한 외부 평가기관들의 평가에 따라 투자 결정이 이루어질 가능성이 많다. 따라서 공시의무화와 함께 중요한 사항은 기업의 ESG 공시 정보에 대해 외부 평가기관이 어떻게 평가하는 것이 합리적일지에 대한 공감대 형성일 것이다. 이러한 관점에서 본다면 실질적으로 투자자에 유용한 ESG 평가지표

---

119 GRI에서는 중요성의 개념을 조직의 중요한 경제적, 환경적 및 사회적 영향을 반영하는 주제 또는 이해관계자들의 평가와 의사 결정에 실질적인 영향을 미치는 것을 의미한다고 한다.

120 환경부문 5개 항목(온실가스 배출, 에너지사용, 물사용, 폐기물 배출, 법규위반·사고), 사회부문 4개 항목(임직원 현황, 안전·보건, 정보보안, 공정경쟁), 거버넌스부문 3개 항목(경영진의 역할, ESG 위험 및 기회, 이해관계자 참여)이다.

를 표준화하는 과정이 매우 중요하며, 이러한 과정을 통해 기업은 표준화된 평가지표 중심으로 ESG 정보공개 기준을 정립해 나갈 수 있을 것이다.

이러한 기업의 ESG 경영 추진과 평가대응 애로가 증가함에 따라 최근 정부 관련부처에서도 국내외 600여 개에 달하는 ESG지표에 대한 혼란을 줄이고자 "K-ESG 가이드라인 v1.0"(2021.12.1.)을 발표하였다. 이 가이드라인에서는 우선, 기업이 우선적으로 고려해야 할 ESG 경영 요소와 평가기관에서 많이 다루는 평가항목 제시를 위해, 국내외 주요 평가기관에서 활용하고 있는 3,000여 개 이상의 지표와 측정항목을 분석하고 기업의 의견을 수렴하여 ESG 이행 및 평가를 위한 공통적이고 핵심적인 61개 사항을 도출하였다. 다음으로 글로벌 수준의 기본 진단항목과 글로벌 기준에서 일부 사용되거나 국내 기업에서 중요시되고 있는 ESC 경영 요소를 추가 진단항목으로 구분하여 제시하였다. 마지막으로 ESC 경영 수준의 향상을 위한 방향성 제시에 초점을 두어 기업 스스로 ESC 경영 목표 수립이 용이하도록 범용적 성격의 활용 가이드를 제시하고 있다.

부록

ESG 경영 보고서 사례

Corporate governance, accounting and ESG

부록

ESG 경영 보고서 사례

넷플릭스의 2020 ESG 경영 보고서

넷플릭스는 수많은 언어로 된 다양한 장르의 콘텐츠를 제공함으로써 세상을 최고로 즐겁게 만들기를 갈망하고 있다. 창작자들에게 그들이 제작한 영화, 드라마, 프로그램을 위한 글로벌 플랫폼을 제공하고, 넷플릭스 회원에게 이러한 다양한 콘텐츠에 대한 창을 제공하면서 넷플릭스는 매우 행복해한다. 하지만 이제 2억 이상의 회원을 가지고 성장하면서, 넷플릭스는 기업의 책임 또한 증가한다는 것을 알게 된다. 그래서 넷플릭스는 지역 공동체에 기여하며 환경에 미치는 영향을 최소화하고자 한다.

이 보고서는 넷플릭스의 ESG를 담고 있는 두 번째 보고서로서 넷플릭스가 사회에 미치는 폭넓은 영향력에 대한 정보를 투자자들과 기타 이해관계자들에게 보여준다. 이 보고서는 지속가능회계기준위원회(Sustainability Accounting Standards Board; SASB)[121] 프레임워크를 벤치마크로 사용하여, 엔터테인먼트 산업의 중요한 사항에 초점을 맞추어 작성되었다.

SASB 가이드라인은 산업에 따라 다양하기 때문에, 이 보고서는 "인터넷 & 미디어 서비스"와 "미디어 & 엔터테인먼트" 산업에 대한 SASB 프레임워크를 참조하여 넷플릭스의 2020회계년도에 대한 ESG 정보를 제공한다.

넷플릭스의 친환경 경영

넷플릭스는 자사가 환경에 미치는 영향을 끊임없이 평가하고, 지속 가능성 증대를 위한 새로운 기회들을 연구하고 있다.

넷플릭스가 세상에 즐거움을 제공하려면, 즐거움을 제공하기 위한 거주 가능하고 안정된 세계가 필요하다. 그래서 넷플릭스는 2022년 말까지 대기 중 탄소를 제거하는 프로젝트를 통해 "순배출량 0 달성"을 목표로 하고 있다.

1. 넷플릭스에서의 지속가능성

현세대와 다음 세대가 거주 가능한 세상에서 살기 위해서는 기후를 안정시키는 것이 필요하다. 넷플릭스는 환경 지속가능성

121 www.sasb.org

(environmental sustainability)을 넷플릭스 핵심 쟁점으로 만들었으며, 행동으로 옮길 필요성을 가지고 2020년 다음과 같은 일들을 했다.

(1) CFO(Chief Financial Officer) 산하에 지속가능 사무실(Sustainability Office)을 설립하였으며 넷플릭스 첫 번째 지속가능 사무장(Sustainability Officer)으로 Emma Stewart 박사를 고용했다.
(2) 넷플릭스의 Co-CEOs, CFO, and VP Public Policy(부사장급 공공정책관)들과 함께 ESG전략을 개발하였으며 이사회에 보고하였다.
(3) 넷플릭스의 재무보고를 감독하고 있는 VP Corporate Controller(부사장급 기업 회계감사관)에게 넷플릭스의 ESG 보고업무를 맡겼으며. 이는 ESG 보고서 작성이 넷플릭스의 재무 및 내부감사 규약의 이점을 활용할 수 있도록 보장해준다.
(4) 넷플릭스의 외부감사인에게 2020년의 Scope 1 배출량과 Scope 2 배출량[122]에 대한 제한적인 보장을 하도록 요청했다.
(5) 넷플릭스의 기업 위험 관리에 기후변화 위험을 포함했다.

프로그램을 개발하는 동안, 넷플릭스는 아래 13개 기관에 속한

---

122 Scope 1 covers direct emissions that come from sources that are owned or contrilled by the company.(제품 및 서비스 생산 단계에서 발생하는 직접 배출)
Scope2 covers indirect emissions from the purchased or acquired energy consumed by the company.(기업에서 사용하는 전기와 동력을 만드는 과정에서 발생하는 간접 배출)
Scope 3 includes all other indirect emissions that occur in a company's value chain, including supply chain operations and end-product usage by customers.(직접적인 제품 및 서비스 생산 외에 협력업체와 물류는 물론 제품 사용과 폐기 과정에서 발생하는 외부 배출)

전 세계 60명 이상 전문가들의 통찰력과 연구로부터 도움을 받았다.

- Climate Outreach
- ENGIE Impact
- Environmental Defense Fund
- Fraunhofer IZM
- Global Optimism
- Lawrence Berkeley National Laboratory
- Natural Resources Defense Council
- Potsdam Institute for Climate Impact Research
- Rare
- University of Bristol
- University of California Santa Barbara
- United Nations' Framework Convention on Climate Change
- WWF(World Wildlife Fund)

넷플릭스는 또한 독립 전문가 자문단(Advisory Group of Experts)을 설립하였는데, 이들은 자발적으로 시간을 내어 넷플릭스에서 지속가능성에 도달하는 최선의 방법을 조언해 주었다. 이 자문단 그룹은 리더십, 과학 및 지속가능성에 대한 상당한 지식을 갖춘 개인전문가와 기관 대표들로 구성된다.

- Dr. Johan Rockström, 포츠담 기후영향연구 소장
- hristiana Figueres & Tom Rivett-Carnac, 파리협정의 공동 설계자이면서 Global Optimism 창시자

- Dr. Katharine Hayhoe, 텍사스 공대 기후보존과 교수
- Kelly Kizzier, 세계 기후, 환경 방위 기금 부의장
- Derik Broekhoff, 스톡홀름 환경 연구소 선임 연구원
- Marcene Mitchell, 세계야생생물기금(World Wildlife Fund; WWF) 산하 기후변화(Climate Change) 상무
- Tim Juiliani, 세계야생생물기금(World Wildlife Fund; WWF) 산하 미국 기업 기후 참여(US Corporate Climate Engagement) 의장
- Xiye Bastida, 청소년 운동가이자 유엔상 수상자

넷플릭스는 지구 온난화를 산업화 이전 수준과 비교하여 2°C 이하, 바람직하게는 1.5°C로 제한하겠다는 파리 협정의 목표를 지지한다. 넷플릭스는 2021년에 "America is All In"에 합류했는데, 이는 이러한 목표를 달성하기 위해 만들어진 기관이다.

넷플릭스는 2019년, 2020년에 대한 온실 가스(Green House Gas, GHG)

즉, 탄소 발자국(Carbon Footprint)[123]을 측정하였다. 넷플릭스의 독립 회계사들(EY)은 2020년 Scope 1, Scope 2 배출량을 점검하였으며 이를 보고(NFLX-FY20-Netflix-Independent-Accountants- Report)하였다.

이 보고서는 넷플릭스가 가장 많이 배출하는 원천이 어디에 있으며, 배출량을 줄여야 하는 가장 큰 기회가 어디에 있는지 이해하도록 도와주었다. 2020년 넷플릭스의 탄소 발자국은 1.1(Metric Ton; MT)이었다. 이는 2019년보다 줄어든 수치로 COVID-19 펜데믹 동안 연기된 콘텐츠 제작에 기인하는 것으로 나타났다.

2019년 보고서에서, 넷플릭스는 직·간접 전기 사용량과 항공여행을 포함한 기업 여행 배출량을 공개했다. 하지만 2020년 보고서에서는 온실가스(GHG) 자료 수집과 탄소 발자국 측정 과정을 개선했는데, 이 보고서에서는 훨씬 더 넓은 범주를 포함하고 있다. 특히, 넷플릭스는 출장을 포함하여 기업과 관련된 다양한 원천으로 유발된 배출량을 포함하기 위해 Scope 3 배출량 범주를 포함시켰다. 그 결과, 2019년 탄소 발자국에 대한 2020년도 추정치는 2019년에 실시했던 최초 분석보다 더 높게 나타났다.

넷플릭스는 엔터테인먼트 회사이다. 넷플릭스 탄소발자국의 거의 50%는 넷플릭스가 개발한 콘텐츠 생산(content)으로 기인하며 그 다음은 회사 운영 및 구매 상품으로 기인하고(corporate), 나머지는 데이터 센터 제공업체에 의한 것(streaming)이다.

---

123 개인이 날마다 일으키는(배출하는) 오염의 양을 '탄소발자국'이라고 한다.

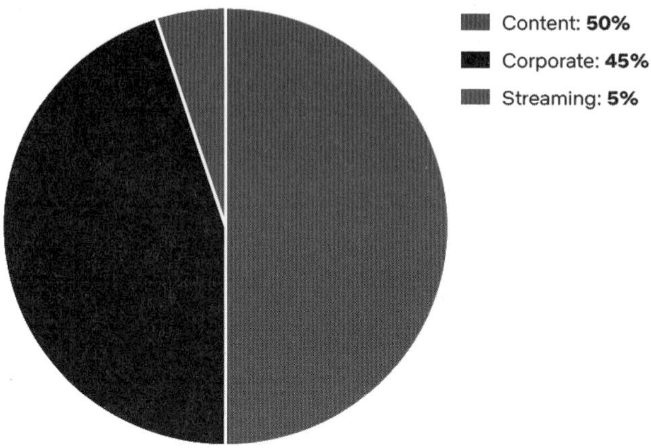

Figure: Netflix's 2020 company carbon footprint by business activity.

교토 의정서(Kyoto Protocol, Annex A)에 근거하여 넷플릭스에서 나오는 모든 온실 가스는 온실가스 규약(GHG Protocol, 2004)에 명시된 대로 metric tons of carbon dioxide equivalents(MTCO2e)로 전환되어 계산된다.

넷플릭스는 다양한 데이터 소스를 다른 형식으로 저장하고 있다. 온실가스 자료 관리를 개선하기 위해, 넷플릭스는 특별한 절차를 수행하면서 사업 활동 자료(business activity data)를 수집해 왔다.

넷플릭스는 기후 목표치(climate targets)를 설정하고, 모든 관련된 Scope 3[124] 범주뿐만 아니라 모든 Scope 1과 Scope 2를 포함하였다. 즉, 넷플릭스 브랜드 인증을 받은 콘텐츠(My Octopus Teacher 또는 An Inconvenient Sequel)뿐만 아니라, 넷플릭스가 직접 제작한 콘텐츠(The

124 Scope 에 대한 범주는 GHG Protocol Corporate 및 Scope 3 표준에 따라 설정됨.

Midnight Sky), 제3의 제작회사가 만든 콘텐츠(Our Planet, Bill Nye Saves the World, 또는 You vs. Wild) 모두를 포함한다는 것을 의미한다. 넷플릭스의 제한된 운영 관리는 넷플릭스가 직접 관리하지 않는 콘텐츠 제작으로 나오는 배출량을 측정하고 줄이는 데 어려움을 준다. 하지만 콘텐츠가 어디에서 제작되든, 넷플릭스 브랜드의 콘텐츠로부터 방출되는 탄소 배출량에 대한 책임을 떠안는 것이 이 산업에서 긍정적 파급 효과를 창출할 것이라고 믿는다.

인터넷 전송 및 사용자 기기를 위한 에너지 사용-넷플릭스의 Scope3 범주에 포함되지 않는 것은 인터넷 전송과 넷플릭스 회원이 넷플릭스를 시청하면서 사용하는 기기(Apple tablet, Android phone, Samsung television)로부터 방출되는 탄소 배출량이다. 스트리밍 회사(streaming companies)에 대한 온실가스 회계 지침(GHG accounting guidance)은 아직 존재하지 않는다. 현재 가장 좋은 관행은 인터넷 서비스 제공업체와 기기 제조업체가 그들의 목표 범위 내에서 배출량을 제시하는 것이다. 이유는 그들이 기기의 설계와 제조에 대한 운영 통제권을 가지고 있기 때문이다(The Greenhouse Gas Protocol 참고).

2. Net-Zero+자연

2018년, Intergovernmental Panel on Climate Change(IPCC)의 "Global Warming of 1.5°C report"는 기후변화 최악의 영향을 피하기 위해 '지구 온도 상승은 산업화 이전보다 1.5°C를 초과해서는 안 된다'는 결론을 내렸다. 이것을 달성하기 위해, 글로벌 연간 온실가스 배출량은 2030년까지 대략 절반(즉, 45% 감소)이 되어야 하며 2050년까지 Net-Zero까지 떨어져야 한다.

넷플릭스는 자연과 함께 탄소를 줄이고, 보유하고, 제거하기 위해 노력하여, 일차적으로 2022년 말까지, 그리고 난 후 매년 Net-Zero 배출량을 달성할 것이다.

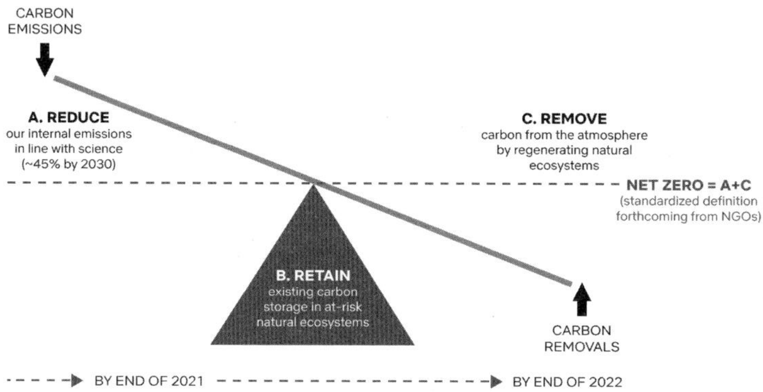

A. 넷플릭스 내부 탄소 배출량 줄이기(REDUCE):

지구 온난화를 1.5°C로 제한하려는 파리 협정의 목표에 맞추어 넷플릭스는 우선 내부 배출량을 줄이는 것부터 시작할 것이다. 즉, 넷플릭스는 2030년까지 Scope 1과 Scope 2 배출량을 45%로 줄일 것이다(Science-Based Targets Initiative Guidance).

B. 기존의 탄소 보유량을 유지하기(RETAIN):

넷플릭스는 열대 우림과 같은 위험지역의 자연보호부터 시작해서, 2021년 말까지 탄소가 대기 중에 유입되는 것을 막는 프로젝트에 투자함으로써 내부적으로 제거할 수 없는 탄소배출을 완전히 중화시킬 것이다(IPCC Special Report on Global Warming of 1.5°C).

C. 대기로부터 탄소 제거하기(REMOVE):

마지막으로, 2022년 말까지 넷플릭스는 탄소배출량 Net-Zero 달성을 위해 중요한 자연 생태계 재생에 투자할 것이다. 초원, 아열대, 열대 숲, 건강한 토양 등을 복원하는 이러한 프로젝트는 많은 이점 외에도 대기 중의 탄소를 제거하고 저장한다.

이러한 활동들은 넷플릭스의 기후여행 시작이다. 넷플릭스는 과학, 수학, 기술의 발전에 발맞추어 전략을 진화시키면서, 지속가능성 협회(sustainability community)로부터 계속 학습해 나갈 것이다. 넷플릭스는 경계설정(boundary setting), 시간설정(time frame), "Net Zero" 표준화 정의의 필요성을 인지하고 있다. 그와 함께, 넷플릭스는 전문 자문 그룹(Advisory Group of Experts)의 조언에 따라 가능한 최고의 야망을 반영할 목표를 설정하였다. 넷플릭스는 세계 표준을 충족시키기 위해 Net-Zero 활동을 진화시키는 일에 전념할 것이다. 넷플릭스의 목표는 Oxford University의 최신 지침과 일치하고 넷플릭스는 UN과 Science-Based Targets 기관의 BUSINESS AMBITION FOR 1.5°C 기업 그룹에 등록된다. 이러한 기업들은 1.5°C 미래를 위한 Net-Zero 목표를 설정하고 있다.

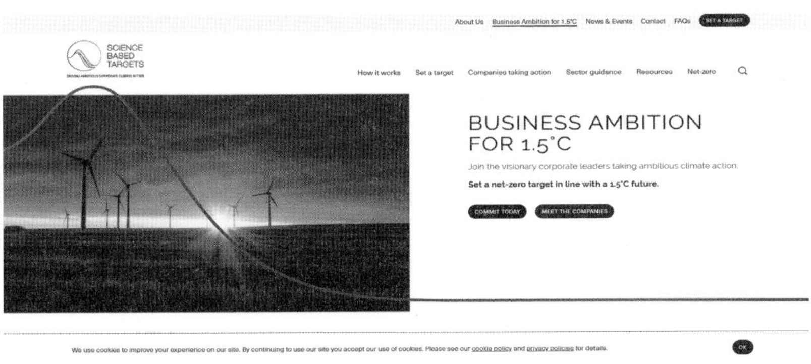

A. 과학적으로 내부 탄소 배출량 줄이기

(REDUCE our internal emissions in line with the science)

넷플릭스의 탄소 발자국 줄이기 계획은 지구 온난화가 더 이상 1.5°C 이상이 되지 않도록 제한하는 과학 지침에 병행한다. 그래서 넷플릭스는 2019년을 기점으로 2030년까지 Scope 1, Scope 2 배출량을 45%까지 줄이고자 목표를 설정하였다.

넷플릭스는 3단계 과정을 통해 이 계획을 달성하고자 한다: 최적화하기(optimize), 전기화하기(electrify), 탈탄소처리하기(decarbonize).

- Optimize: 넷플릭스는 먼저 가장 쉽고, 가장 비용 효과적인 탄소 배출량 감소가 달성되도록 보장하면서, 운영 효율성을 달성하는 데 초점을 맞춘다.
- Electrify: 전기는 액체 연료보다 탈탄소처리하기(decarbonize)가 더 쉽기 때문에, 넷플릭스는 가능한 화석 연료 에너지원에서 벗어나 전기 에너지원 또는 제로 배출 연료원으로 대체할 것이다.
- Decarbonize: 마지막으로, 넷플릭스는 100% 재생가능하고 추가가능한 전기(100% renewable and additional electricity) 또는 전기화는 불가능하다고 판명된 재생 연료(renewable fuels)를 살 것이다.

넷플릭스는 운영 통제가 가장 잘 될 수 있는 분야에서 이 세 단계를 먼저 적용할 것이다. 넷플릭스는 영국의 ALBERT와 BREEAM, 북미의 LEED와 PGA/Sustainable Production Alliance의 GreenProduction Guide.com.와 같은 지속 가능한 가이드라인에서

영감을 얻어, 주요 지속 가능한 모범 사례를 실행한다.

넷플릭스는 사무실과 DVD 저장고 등에서 직접 사용하는 전력을 최대한 줄이고자 노력하고 있으며 신재생에너지 공급 인증서(Renewable

Energy Certificates, RECs)를 받은 전력만 사용하고 있다.

넷플릭스가 직접 사용하지 않지만, 회원들에게 넷플릭스 서비스를 전달하면서 사용되는 전력이 있다. 이 간접 사용 전력에는 아마존 웹 서비스와 인터넷 공급업체 같은 협력 기업들이 사용하는 에너지도 포함된다. 이 부문의 에너지 발자국은 넷플릭스가 관리하지 않기 때문에, 통제하기에 매우 어렵다. 넷플릭스는 최대한 지속 가능한 에너지원이 사용되도록 노력해 왔으며, 그런 노력의 결과로 넷플릭스 서비스 제공 업체는 전력 사용량을 측정해서 보고한 다음, 지역 신재생에너지 공급 인증서 및 산림탄소 상쇄제도 인증을 받고 있다.

재생가능한 전기

넷플릭스의 목표는 100% 재생가능한 전기를 사용하는 것이다. 2020년에 넷플릭스는 전기 사용 데이터의 범위를 확장했고, 온실가스 의정서(Greenhouse Gas Protocol)에 준수할 것을 약속했다. 2019년과 2020년에 넷플릭스는 전기가 소비되는 시장에서 신재생 에너지 공급인증서(Renewable Energy Credits: RECs)를 구입하는 것뿐만 아니라, 특정 지역의 전기 서비스 제공업체로부터 직접 나오는 것을 포함하여 가능한 한 100% 재생 가능한 전기를 조달했다.

넷플릭스는 2020년 탄소 발자국을 감소시키기 위해, 다음의 국가에서 전기사용을 위한 신재생 에너지 공급인증서(RECs)를 발급받았다; 아르헨티나, 호주, 오스트리아, 벨기에, 벨리즈, 브라질, 캐나다, 칠레, 코스타리카, 필란드, 프랑스, 독일, 홍콩, 헝가리, 인도, 아일랜드, 이태리, 일본, 룩셈부르크, 네덜란드, 뉴질랜드, 폴란드, 루마니아, 싱가폴, 남아프리카, 스페인, 스웨덴, 스위스, 타이완, 아랍, 영국, 그리고 미국.

넷플릭스는 인터넷 서비스 제공자들에게 무료로 개방형 접속장치(Open Connect Appliances)를 제공한다. 이를 통해 인터넷 서비스 제공자들(ISP)이 넷플릭스 콘텐츠를 제공하는 데 필요한 업스트림 네트워크 용량을 크게 줄였다. 예를 들어, 넷플릭스는 브리저튼(Bridgerton)을 캘리포니아 본사에서 영국의 한 집으로 스트리밍하는 대신 영국 인근에 위치한 사이트에 배치하여 영국 회원에게 더 효율적으로 전달한다. 일부 서버는 인터넷 서비스 제공업체의 네트워크 내에서 호스팅되지만, 넷플릭스는 그러한 서버들의 탄소배출량 또한 고려한다.

넷플릭스는 사무실과 무대 공간의 95%를 임대하기 때문에, 재생 가능한 전기를 항상 직접 조달할 수는 없다. 하지만, 넷플릭스는 새로운 프로젝트와 제품에 투자함으로써 넷플릭스가 운영하는 지역에 새로운 재생 가능한 전기 발전을 가져올 수 있는 방법을 모색하고 있다.

재생에너지 사용을 위한 노력 외에, 넷플릭스는 일상적인 업무에서도 최대한 지속가능성을 창출하고자 노력한다. 퇴비화 제품을 사용하고, 남은 음식을 기부하며, 일회용 플라스틱 사용을 줄이고, 또한 직원들이 가정과 개인 생활에서도 지속가능성을 위해 노력하도록 권장한다.

B. 기존의 탄소량 유지하기(RERAIN existing carbon solutions)

1.5°C의 지구온난화(Global Warming of 1.5°C)에 대한 IPCC[125] 특별 보고서는 파리 의정서의 목표가 향후 10년 이내에 배출하는 것보다 더 많은 CO_2를 흡수할 수 있도록 전 세계의 숲과 토양에 대한 인간의 영향력을 감소시키지 않고는 실현가능하지 않음을 강조한다. 그래서 넷플릭스는 매년 파괴위험성이 높은 자연지역을 보존함으로써 탄소를 유지하도록 노력한다. 2021년이 되면, 넷플릭스가 내부적으로 줄일 수 없는 모든 탄소 배출량은 자발적인 탄소 시장(voluntary carbon market; VCM)[126]을 통해 고품질의 기후 행동 프로젝트에 대한 투자에 의해 해결될 것이다. 이 프로젝트는 생태 건강(ecological health)과 혜택 받지 못한 공동체(disadvantaged communities)를 보호하면서 기후 변화와 싸우는 데 중요한 이점을 제공하기 때문에 자연 생태계를 보호한다. 만약 이러한 생태계가 사라진다면, 위험한 기후 영향을 통해 생태계는 "회복할 수 없게(irrecoverable)" 된다. 그리고 그러한 생태계에 의존하고 있는 지역공동체는 위태로워질 것이다.

넷플릭스가 투자하고 있는 프로젝트 중 오리건주에서 시행하는 Lightning Creek Ranch project가 있는데, 이는 북미 최대 덤불 대

125 The Intergovernmental Panel on Climate Change (IPCC) is the United Nations body for assessing the science related to climate change.

126 탄소 시장은 산림 소유자가 산림을 유지하고 지속적으로 관리하는 일의 대가를 인정받고 금융적인 지원을 부여받는다. 탄소시장에서 탄소 배출권(CO_2 credits: CO_2 배출 감축량)은 탄소상쇄(carbon offset)의 형식으로 사고팔게 된다. VCM의 구매자들은 탄소 배출 감소에 의무가 없는 자들로 구성된다. 그들은 자발적으로 배출을 상쇄한다. 이에 반해, 준수 탄소 시장은 교토 의정서에 서명한 선진국들의 약속에 의해 이행된다. 만약 이 국가들이 자신들의 행동으로 약속을 준수하지 못한다면, 그들은 탄소상쇄 비용을 지불하여야 한다.

초원의 손실을 방지하고자 하는 것이다. 이 투자는 토지 소유자들이 그 땅을 경작하는 것을 막고 천연 탄소 제거 시스템(natural carbon removal systems)을 향상시키는 데 도움이 될 것이다.

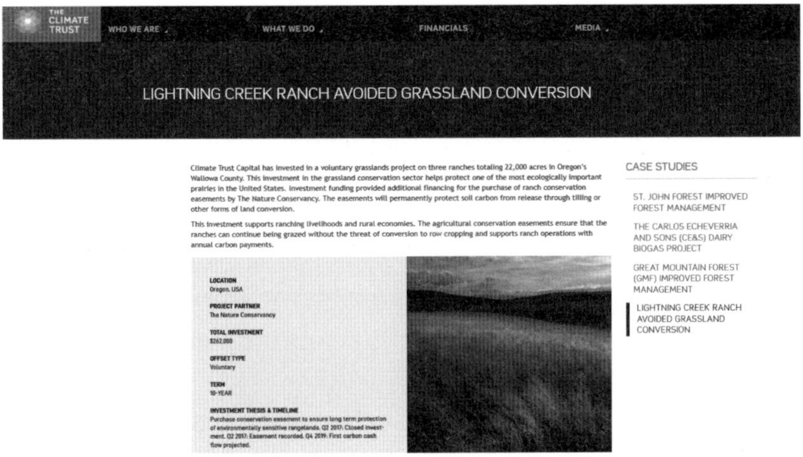

또 다른 프로젝트는 캐나다 브리티시 컬럼비아주의 Darkwoods Forest Carbon Project인데 이는 캐나다의 자연 보호단체(Nature Conservancy of Canada)에 의해 운영되며, 회색곰과 울버린을 포함한 수많은 종에게 서식지를 제공하는 프로젝트이다.

케냐에서, 넷플릭스는 Kasigau Corridor REDD+ Project를 지원하고 있다. 이 프로젝트는 코끼리 1만 1,000마리를 포함해 300여 종의 멸종위기종이 서식하고 있는 50만 에이커 이상의 건조한 숲을 보호하기 위함이다. 밀렵, 화전농업, 석탄을 위한 불법 채벌과 같은 지속불가능한 활동에 대한 경제적 대안을 제공하여 12만 명의 지역 사회 구성원에게 혜택을 준다.

C. 대기에서 탄소 제거하기(REMOVE carbon from the atmosphere)

내부 감축을 보완하기 위해 대기 중 탄소를 적극적으로 제거하는 자연 생태계 재생을 강조하면서 "탄소배출량 제거(emissions removals)"에 대한 투자를 통해 나머지 배출량을 제로로 끌어올릴 것이다. 즉, 이러한 활동에 대한 투자는 내부 탈탄소 조치의 대체안이 아니라 그러한 노력들에 추가하여 수행될 것이다. 이러한 전략은 2020년 9월에 발표된 Oxford Principles for Net Zero Aligned Carbon Offsetting에 따른다.

3. 스토리텔링을 통한 지속가능성

지속가능성은 서사적인 이야기이다. 2020년에 전 세계 1억 6,000만 가구가 지속가능성에 빛을 비추었던 넷플릭스로부터 적어도 한 가지 이야기를 보려고 했다. 이러한 이야기들은 넷플릭스가 지구를 즐기고 감사하도록 하는 제목들이며, 시청자들이 지속가능성에 관한 이슈와 희망적인 해결책을 더 잘 이해하도록 돕는다. 이러한 이야기는 Our Planet and My Octopus Teacher와 같은 Netflix 원작과 The Day After Tomorrow and Chasing Coral과 같은 고전을 포함한다. 이러한 이야기들은 인기가 있었고 수상까지 했다. 예로, Our Planet은 2019년 4월에 방영된 이후로 1억 가구가 시청했다. 데이비드 애튼버러가 내레이션을 맡은 2019년 지구 시스템과 살아있는 생물의 상호의존성에 관한 다큐는 두 개의 프라임타임 에미(Primetime Emmys)를 수상했다. My Octopus Teacher는 Critic's Choice Documentary Award와 International Documentary Association Award를 수상한 후 Oscar에 노미네이트되었다. 많은 제작자들은 환경 이야기에 영감을 받는다. 넷플릭스는 계속해서 이러한 이야기들이 넷플릭스 프로그램으로 방영되도록 투자할 것이다.

4. 경계를 허물고 협력하기

넷플릭스는 엔터테인먼트 관련 산업의 발전을 위해 지속적으로 파트너 공동체(community of partners)에 의존할 것이다.

엔터테인먼트 산업과 함께

넷플릭스는 다음의 기관들로부터 배우며 함께 일하고 있다: albert, Sustainable Production Alliance(SPA), Drawdown Labs(part of Project Drawdown), DIMPACT, Natural Resources Defense Council.

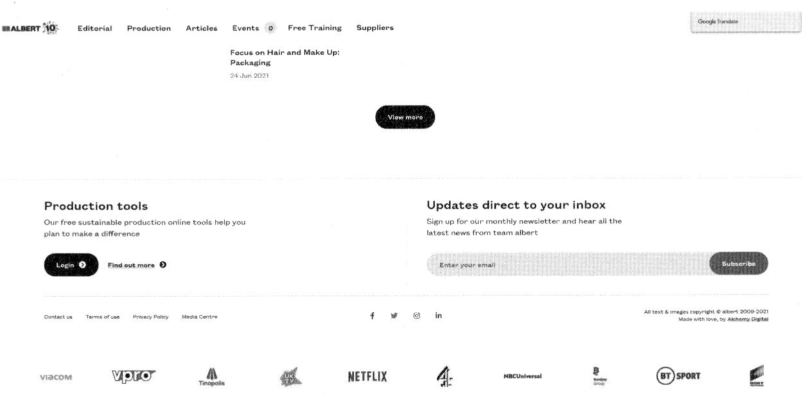

- albert: 넷플릭스는 2018년에 albert의 지속가능 생산 프로젝트(sustainable production project)에 함께했으며, 다수의 영국 넷플릭스 제작은 albert의 지원과 관련이 있다.

- Sustainable Production Alliance(SPA): 넷플릭스는 2019년에 SPA와 제휴했으며, 다수의 프로그램 제작을 위해 Green ProductionGuide.com에서 이용가능한 도구와 자원을 사용하였다.
- Drawdown Labs (part of Project Drawdown): 넷플릭스는 Drawdown Labs 컨소시엄의 창립 회사 중 하나인데, 이들은 "Net-Zero"를 넘어 기후에 대한 해결책을 지원한다.
- DIMPACT: 2020년 초, 넷플릭스는 엔터테인먼트와 미디어 산업의 디지털 탄소 발자국을 감시하고 지도화하기 위해 DIMPACT 프로젝트에 동참했다. 이 협력 프로젝트는 브리스톨 대학의 세계적인 연구자들이 지원하는데, 그들은 비디오 스트리밍의 탄소배출량을 계산하는 도구를 만들었다.
- 천연자원보호협회(Natural Resources Defense Council; NRDC): 넷플릭스는 NRDC로부터 조언을 구하기 위해 NRDC의 커뮤니케이션 및 정책 전문가들(communication and policy experts)을 초대했다.

넷플릭스의 가치 체인 파트너들과 함께

넷플릭스의 탄소 배출량 감소 목표는 넷플릭스 프로그램 제작과 연관된 에너지(연료, 전기), 여행(비행기, 호텔, 출퇴근), 다양한 자재 구입(의상, 소도구, 세트 장비), 도구 렌탈(카메라, 전등, 운송장비) 등으로 유발되는 탄소 배출량을 모두 포함한다. 넷플릭스는 넷플릭스의 탄소 배출량 목표값을 포괄적으로 정의했기 때문에 넷플릭스의 가치사슬에 이러한 모든 파트너를 포함시켜 탈탄소화를 보다 빨리 달성하도록 노력한다.

넷플릭스는 콘텐츠 제작 산업을 단독으로 운영할 수 없기 때문에, 파트너, 공급업체, 관련 기업들과 협력해 탄소 집중도가 낮은 콘텐츠를 제작하고 있다.

넷플릭스는 탄소 배출량 목표치에 아마존 웹 서비스(Amazon Web Services: AWS)와 같은 클라우드 제공업체, 스트리밍을 전달하는 데이터 센터, 인터넷 서비스 제공업체(ISP)로부터의 탄소 배출량도 포함한다.

회원과 더 가까운 곳에 위치한 인터넷 서비스 제공업체(Internet Service Providers: ISP)를 통해 넷플릭스의 Open Connect 프로그램을 에너지 효율적으로 제공할 수 있다. 이러한 방식을 통해 탄소 집약적인 국제 네트워크(international networks)를 설치한다든지 유지할 필요가 없으며, 영화나 TV 에피소드가 시청자에게 전송될 때 라우터의 인터넷 트래픽 부하를 피할 수 있고, 회원과 가까운 위치에서 회원들에게 콘텐츠를 전달함으로써 데이터를 적게 사용할 수 있다.

Social(사회적 책임 경영)

넷플릭스는 전 세계 회원의 즐거움을 위해 각양각색의 직원들 및 다양한 크리에이터들과 함께 일하고 있다.

위대한 스토리텔링은 사람들을 즐겁게 할 뿐만 아니라 편견에 도전하며, 공감과 이해를 증대시킨다.

넷플릭스는 스크린에서 성별, 인종, 성 소수자, 장애 등에서의 불평등 해소를 위해 노력하였다.

넷플릭스는 영화제작에서 여성, 유색 여성 감독들을, 그리고 시리

즈물에서 여성 크리에이터를 채용하는 데 앞서가고 있다. 2020년 2월 넷플릭스는 창의적 형평성을 위한 넷플릭스 펀드(Netflix Fund for Creative Equity)창설을 공표하였으며 여성 크리에이터를 위해 앞으로 5년간 1억 달러를 투자할 것이다.

또한 Ghetto Film School과 파트너십을 맺어 특히 유색인종을 위한 다큐멘터리나 논픽션 영화 제작을 후원하고 있다.

Netflix launches documentary and unscripted filmmaker fellowship with Ghetto Film School

A scene from the Netflix documentary "Crip Camp." (Netflix)

BY RYAN FAUGHNDER | STAFF WRITER
MARCH 1, 2021 9 AM PT

Netflix is partnering with Ghetto Film School on a fellowship program that aims to

SUBSCRIBERS ARE READING

CALIFORNIA
Massive oil spill sends crude onto Orange County beaches, killing birds, marine life

SCIENCE
Big gap between Pfizer, Moderna vaccines seen for preventing COVID hospitalizations

CALIFORNIA
What caused the massive oil spill off Huntington Beach? Here is what we know

BUSINESS
FOR SUBSCRIBERS
The fight over 'The One' — L.A.'s biggest and most extravagant mansion

TRAVEL
FOR SUBSCRIBERS
The 22 best things to do with your dog in L.A.

넷플릭스는 또한 중남미 흑인(Afro Latinx) 감독들을 지원하는 로스앤젤레스 라티노 국제 영화제(Los Angeles Latino International Film Festival; LALIFF)의 Latinx Inclusion Fellowship Series와 협업하고 있다. 넷플릭스는 미국뿐만 아니라 캐나다, 영국, 브라질 등에서도 이러한 노력을 하고 있다.

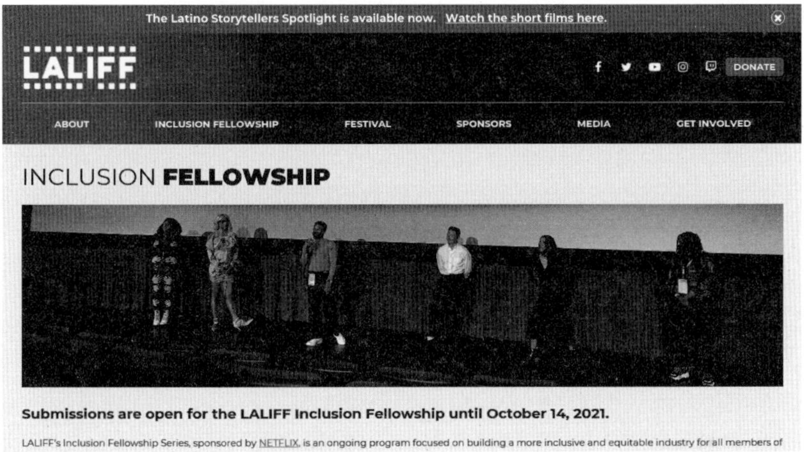

2021년 1월 넷플릭스는 처음으로 회사 내부 보고서(company inclusion report)를 발행하였는데 여기에서 자유와 책임에 대한 넷플릭스 문화에 관해 상당히 다루고 있다. 가장 중요한 것은 넷플릭스 기업 문화를 다양성과 포용으로 결합하면, 넷플릭스의 능력을 혁신적이고, 창조적이며, 문제를 해결할 수 있도록 해준다는 것이다.

인종 간 빈부격차를 줄일 수 있는 방법을 모색하면서 넷플릭스는 현금의 일부를 흑인 은행 및 유사 기관에 맡기게 되었는데 곧이어 다른 회사들도 "bank Black"운동(흑인을 위한 은행에 예금하는 운동)에 동참하였다.

넷플릭스는 채용관들이 직원을 더 포괄적으로 채용하도록 훈련하며, 회사나 간부들이 그들의 네트워크를 다양화하도록 도우며, 새로운 재능을 창조할 수 있도록 Netflix and Norfolk State University HBCU tech bootcamp와 같은 프로그램을 만들었다.

넷플릭스는 신입사원들이 회사의 모든 면에서 대표하고 있다고 느낄 수 있도록 지원한다.

넷플릭스의 15개 고용자그룹(Employee Resource Groups: ERGs)은 공유경험을 가진 사람들(예: 참전용사, 원주민, 흑인, 부모, 장애인, 라틴계 후손들, 아시아인)의 공동체 의식을 만들어 낸다. 넷플릭스는 가능한 한 공평하게 고용하기 위해 급여와 복리후생에 관한 회사 관행을 지속적으로 개선하고 있다. 급여 차별에 대한 공개토론을 장려하고 있으며, 임금 격차를 발견하면, 넷플릭스는 이를 바로 잡기 위해 노력한다.

넷플릭스의 유연한 육아휴직 정책은 성별과 관련이 없다(gender-blind). 넷플릭스는 직원들의 출산, 대리모, 입양 여행에 대한 지원을 위해 가족형성에 대한 복지(a family forming benefit)를 제공한다. 또한 미국 이외 국가에서 트랜스젠더 범위를 어떻게 확장할 수 있을지 탐구하고 있다. 넷플릭스는 직원들이 차이를 받아들이고, 편견을 발견하고, 어떠한 결정이 소외된 그룹에 미치는 영향을 함께 고려하도록 장려한다.

넷플릭스는 2020년의 코로나 사태와 인종 심판(the pandemic and racial reckoning) 상황에서 나타났던 특권(privilege), 편견(bias), 교차성[127](intersectionality), 동맹(allyship)과 같은 주제에 대한 의식을 높이기 위해 워크숍을 진행하였다.

넷플릭스는 히스패닉, 라티넥스, 원주민, 그리고 다른 소수민족들을 포용하면서 채용제도를 개선해 나가고 있다.

COVID-19의 영향

COVID-19 대유행은 엔터테인먼트 산업에서 낮은 임금을 받는 노동자들에게 치명적이었다. 따라서 넷플릭스는 전 세계 20개 나라의 가장 힘든 노동자들을 직접적으로 지원하기 위해 1억 5천 달러 기금을 마련하였다. 이 산업에서 일하고 있는 수십만 명의 노동자들을 도왔는데 그 예로 6-8주 동안 프로그램 제작이 중단되었지만 이에 속한 노동자들에게 임금을 지급하였다.

---

127 신분, 인종, 성별, 장애 등의 차별 유형들이 별개로 존재하는 것이 아니라 서로 결합하여 영향을 미치는 것

넷플릭스는 '프로그램 제작을 위한 안전기준'에서 엔터테인먼트 산업의 선두주자이며, 전염병이 시작된 이후 전 세계적으로 수백 개 프로그램 제작을 마쳤으며, 수천 개의 좋은 보수를 받는 중산층 일자리를 제공했다. 넷플릭스는 지속적으로 보건 기관, 노동조합, 연방, 주 및 지방 당국과 긴밀히 협력하여 상황을 모니터링하고 전 세계에서 제작되고 있는 넷플릭스 프로그램 대한 가장 안전한 기준을 평가하고 있다.

거버넌스(Governance)

넷플릭스는 역동적이며 치열한 엔터테인먼트 산업에서 활동하고 있으며, 처음부터 끊임없이 혁신하고 있다. 현재 넷플릭스는 190개국에 약 2억 4백만 명의 회원을 거느린 세계 최고의 엔터테인먼트 서비스 중 하나로 자리 잡고 있다. 이러한 넷플릭스의 성공은 괄목할 만하며, 이 역동적인 시장은 계속 발전하고 있으며 경쟁 또한 치열하다.

이러한 배경하에 넷플릭스의 기업지배구조가 구축된다. 거버넌스는 주주, 이사회 및 경영진 사이에서 권리와 책임의 올바른 균형을 찾고 적절한 견제와 균형이 유지되도록 보장하는 것을 의미한다. 기술의 급속한 발전과 미디어 환경의 변화와 함께, 넷플릭스는 소비자들의 역동적인 욕구와 욕망(needs and desires)을 충족시키기 위해 지속적으로 서비스를 개선해 나가고 있다. 넷플릭스의 기업지배구조는 넷플릭스가 이러한 일을 할 수 있도록 돕기 위해 구축되었다. 넷플릭스는 주주들을 위해 장기적 가치를 창출하기 위해 노력하였으며, 그것을 달성하는 데 성공하였다. 2002년 기업공개 이후, 2020년 12월 31일까지 연간 총주주수익률은 40%였다.

넷플릭스의 지배구조는 파격적이다. 넷플릭스는 이사회와 경영진에게 미래 지향적인 사고를 할 수 있는 자유를 주는 몇 가지 조항을 가지고 있다. 넷플릭스는 주주들의 목소리에 귀를 기울였고, 대리위임 권리(proxy access)와 같은 조항을 채택함으로써 그들에 대한 책임을 증가시켰다.

넷플릭스는 (1) 지금까지 넷플릭스의 성공을 지지해 온 방식과 (2) 이사회가 경영진을 자유롭게 접근할 수 있고 기업 전체 직원들로부터 정보를 직접 볼 수 있는 방식과 같이 혁신적인 넷플릭스의 지배구조에 대해 자랑스럽게 생각한다. 이러한 기업지배구조는 2018년 스탠포드 연구(2018 Stanford Study)에서 강조되었던 것이다.

STANFORD CLOSER LOOK SERIES

NETFLIX APPROACH TO GOVERNANCE
GENUINE TRANSPARENCY WITH THE BOARD

BY DAVID F. LARCKER AND BRIAN TAYAN
MAY 1, 2018

INTRODUCTION

The hallmark of good corporate governance is an independent-minded board of directors to oversee management and represent the interests of shareholders. Its primary responsibilities are to hire and replace the CEO as needed, monitor performance, review and approve strategy, and assess financial reporting and risk management. In a typical corporation, the vast majority of this work is carried out through board meetings and specialized board committees.[1]

However, it is not clear that directors receive the information they need to make fully informed decisions on all key matters. Partly, this is due to an "information gap" that exists between management and the board: Directors have a less-complete understanding of the company and the market than executives because of their limited exposure to day-to-day activities and their independence from the business. Directors only meet 4 to 8 times per year in full board meetings, and 2 to 8 times in committee meetings.[2] The information they review generally consists of dense PowerPoint presentations with extensive tables and graphs that span, in a typical large corporation, hundreds of pages. Some directors find these presentations heavy on data but light on the analysis and insights needed to fully understand the quality of management, decision making, and performance.[3]

Boardroom dynamics can further impede information flow, particularly in settings where the CEO maintains strict control over the content presented, when presentations are carefully scripted, when follow-up beyond one or two questions is discouraged due to time, and when presentations are made by only a limited number of executives—such as the CEO, CFO, general counsel, and not others. While fiduciary rules allow directors to rely exclusively on information provided by management, dynamics such as these can reduce the quality of that information and impair their ability to make good decisions on behalf of shareholders.

NETFLIX BOARD PRACTICES

Netflix takes a radically different approach to information sharing with the goal of significantly and efficiently increasing transparency among the CEO, executive team, and board of directors.[4] The Netflix approach incorporates two highly unique practices: (1) board members periodically attend (in an observing capacity only) monthly and quarterly senior management meetings, and (2) board communications are structured as approximately 30-page online memos in narrative form that not only include links to supporting analysis but also allow open access to *all data and information* on the company's internal shared systems, including the ability to ask clarifying questions of the subject authors. This quarterly memo is written by and shared with the top 90 executives as well as the board.

Founder and CEO Reed Hastings believes that these two practices improve the ability of the board to provide what he calls an "extreme duty of care" to the corporation: "The board isn't going to have the confidence to make hard decisions unless they really understand the market and the company."[5]

Netflix board members embrace the Netflix approach to board governance. In the words of one board member:

> *Reed's belief is that a competent and honest executive team knows dramatically more about what's going on in the company than a board, and so the board's involvement should be at very strategic levels. ... For a board to function well in that regard, it has to know a lot about the company.*

According to another:

> *To make sure that you have the right CEO in the chair, you need to understand the issues of the day, and you need to understand what qualities, attributes, and background experience would make this the right CEO to run this company for maximum shareholder return. This level of data, this level of access, and this level of conversation greatly facilitates our ability to be good board members.*

STANFORD CLOSER LOOK SERIES 1

넷플릭스는 오너십 기반(ownership base)과 조화를 이루기 위해 노력한다. 넷플릭스 이사회와 경영진은 주주들과 직접 협력하고, 이사회와 그 위원회는 보상 프로그램을 포함한 지배구조를 평가하는 주주들의 피드백을 반영하고 있다. 이러한 과정은 서로 다른 관점(views)을 공유하고 질문에 답할 수 있는 좋은 기회를 제공한다. 주주들은 지속적으로 의견을 제시하고, 넷플릭스 기업지배구조에 대한 평가를 계속 할 것이다.

넷플릭스는 윤리적으로 그리고 진정성(integrity) 있게 사업을 관리하는 데 전념하고 있다. 넷플릭스 윤리 강령(Code of Ethics)은 '직원과 이사회 구성원 행동에 대한 기대사항'을 제시한다. 넷플릭스는 법규 위반, 비윤리적이거나 부적절한 행위에 대해 최고법무책임자(Chief Legal Officer)에게 보고하거나, 고위 재무책임자(senior financial officer)의 위법행위에 대해 감사위원장(the Chair of our Audit Committee)에게 보고할 것을 권장한다. 넷플릭스는 제3자 기관(a third-party operated service)의 접근을 허용하고 있는데, 이 기관에 의해 작성된 보고서는 해결될 때까지 조사 및 평가되며, 새로운 정보는 감사위원회(the Audit Committee)에 매년 제공된다.

윤리적이고 진정성 있게 경영하겠다는 약속의 일환으로, 넷플릭스는 잠재적인 법적/규제 위반으로 이어질 수 있는 위험을 인식하여 이를 완화하려고 노력한다. 넷플릭스 글로벌 부패방지 정책(Global Anti-Corruption Policy)은 넷플릭스 직원과 계약자들이 세계적인 부패방지법과 뇌물방지법을 준수하도록 요구한다. 넷플릭스는 규칙적이고 지속적인 위험 평가(risk assessments)를 수행하는 것 외에 이 정책 준수에 대한 정기적인 훈련을 제공한다. 글로벌 반부패 정책과 윤리 강령(Global Anti-

Corruption Policy and Code of Ethics)을 포함하고 있는 넷플릭스 행동지침 및 규정(practices and policies)이 수많은 언어로 번역되었고 모든 직원들이 이용할 수 있도록 한다.

지배구조에 대한 넷플릭스 접근방식은 넷플릭스와 주주들에게 최고의 이익을 계속해서 제공할 것이다. 넷플릭스는 넷플릭스 기업지배구조 구성요소들이 표준적인 기업지배구조 관행에 맞지 않을 수도 있고 일부 주주들은 다른 견해를 가지고 있다는 것을 알고 있다. 하지만 넷플릭스는 넷플릭스의 장기적 가치가 지배구조에 대한 현재 접근방식에 가장 잘 최적화되어 있다고 믿고 있다.

넷플릭스 기업지배구조 관행에 대한 더 많은 정보를 원한다면 아래 사이트를 방문해 보라.

- 2020 Proxy Statement
- Netflix Approach to Corporate Governance - Study by Stanford Graduate School of Business Corporate Governance Research Initiative
- Netflix Governance Documents
- Leadership

Scotiabank의 2020 ESG 경영 보고서

스코샤은행은 ESG 보고 표준과 프레임워크를 사용하며 UN Environment Programme Finance Initiative(UNEP FI)[128], Task Force on Climate-related Financial Disclosures(TCFD), CDP Disclosure Insight Action(CDP), Partnership for Global LGBTI Equalty, Carbon Pricing Leadership Coalition, Equator Principles, UN Global Compact(UNGC), Sustainable Development Goals(SDGs), Principles for Responsible Investment(PRI)의 지지자, 서명자, 그리고 회원이다.

이 보고서는 스코샤은행이 고객, 주주, 직원, 지역사회에게 중요한 환경, 사회, 지배구조 문제를 어떻게 다루었는지 개략적으로 보여준다. 즉. 이 보고서는 스코샤은행의 이해당사자들에게 중요한 ESG 요인과 관련된 성과를 요약하고 2020 회계연도(2019년 11월 1일 ~ 2020년 10월 31일) 동안의 활동과 성과에 초점을 맞추고 있다.

스코샤은행은 아메리카대륙의 주요 은행이다, 우리는 "모두의 미래를 위해(for every future)"라는 기업목표를 가지고 고객 및 그들의 가족, 그리고 지역사회가 성공할 수 있도록 돕는다. 우리는 우리 은행의 장기적 성공이 은행과 연관된 미래와 얽혀 있다는 것을 알고 있다.

---

128 UNEP FI는 금융기관의 전반적인 경영활동이 지속가능성을 바탕으로 이루어지는 것을 목표로 한다.

전 세계가 번성할 때, 우리는 경제적, 사회적, 환경적 가치를 창출할 수 있는 더 나은 위치에 있을 수 있었다. 그리고 그것은 결국 모두에게 이익으로 돌아갔다. 우리는 모든 이해당사자들을 위한 가치창출을 위해 사업하고 있다.

COVID-19의 출현과 확산은 상당한 도전을 가져왔지만, 우리는 고객들을 우선시하고, 주주들을 위해 일하며, 지역사회를 지원하고 있다. 우리는 최근 은행에 중요한 ESG 이슈들을 평가했고, 사업 연속성, 직원 복지와 같은 주제들이 직원, 고객, 그리고 지역사회 구성원들에게 최우선이라는 것을 발견했다. 동시에, 우리는 인종 불평등 해결에 앞장섰으며 향후 5년 동안 직원의 다양성을 높이기 위한 야심찬 목표를 세웠다.

스코샤은행은 모든 조직에서 다양성, 형평성, 그리고 포용을 증가시키는 데 전념하고 있다. 이를 위해 추가적인 다양성 기준을 포함하도록 이사회 다양성 정책(Board diversity policy)을 개선해 왔다.

우리는 모든 사람들이 자신과 가족, 그리고 그들의 지역사회를 위해 더 나은 삶을 살 수 있는 기회를 가질 수 있도록 최선을 다하고 있다. 이를 위해 우리는 혜택받지 못한 사람들이 경제적 회복력을 증진시킬 수 있도록 고안된 ScotiaRISE(지역사회 투자 프로그램)을 시작했다. 우리는 이러한 투자가 사람들에게 긍정적이고 지속적인 변화를 가져올 것이라고 확신한다.

우리는 기후 변화가 세계 경제에 미치는 영향을 이해하고 관리하기 위해, 고객이 저탄소 전환의 기회를 잡을 수 있도록 돕기 위해 기후 약속(Climate Commitments)을 이행하는 데 지속적으로 노력하고 있다.

지속가능성(sustainability)과 환경위험관리(environmental risk management)에

대한 전문성을 가지고, 스코샤은행이 지속가능성의 선두 주자가 되도록 추진하면서 글로벌 뱅킹 및 마켓 사업부(Global Banking and Markets business) 내 지속가능 금융그룹(Sustainable Finance group)을 설립하였다. 스코샤은행의 글로벌 자산 관리(Global Asset Management)부서와 다이나믹 펀드(Dynamic Funds)부서는 고객이 저탄소 미래로의 전환에 투자할 수 있게 하는 새로운 제품(Scotia Low Carbon Funds)을 각각 도입했다.

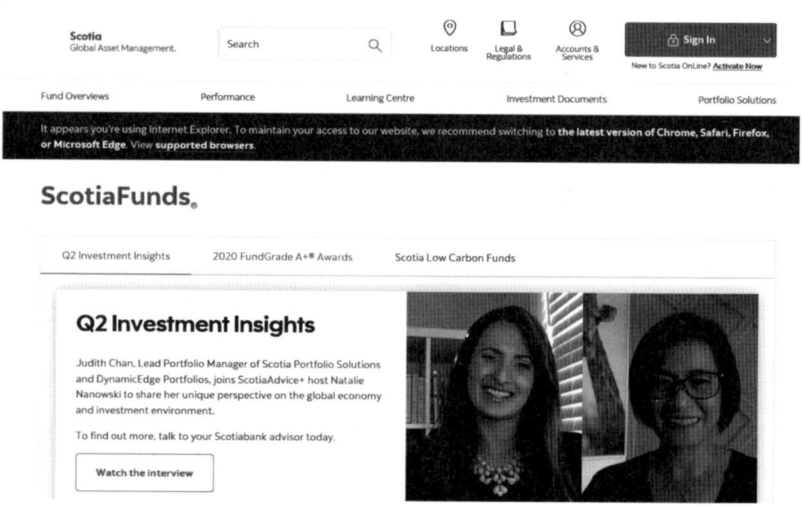

스코샤은행의 저탄소펀드(Scotia Low Carbon Funds)

스코샤은행은 2020년 지속가능성 노력으로 다우존스 지속가능성 지수(Dow Jones Sustainability Index)에서 전 세계 은행의 86번째 백분위수에 올랐고 금융기관들 중 기업지배구조(Corporate Governance) 상위 1%에 속하는 인정을 또다시 받게 되었다.

전략적 ESG 우선 순위에 대한 책임과 감독은 전체 이사회와 위원회의 공동 책임이다. 궁극적으로 스코샤은행의 강력한 기업지배구조는 이해관계자들이 우리에게 주었던 신뢰를 보호하고, 아메리카 대륙의 선도은행으로서의 신뢰를 더욱 발전시키는 것이다. 이러한 기업지배구조는 우리의 장기적인 성공과 사업수행 방식에 매우 중요하다.

스코샤은행은 ESG 경영을 통해 고객, 직원 그리고 주주를 위한 신뢰와 기회를 구축하는 데 초점을 맞추고 있으며 2020 회계 연도의 주요 ESG 경영 실적은 다음과 같다.

환경(Environmental)

2018년 11월 이후 기후변화의 영향을 줄이기 위해 2025년까지 1,000억 달러의 약속이행을 위해 280억 달러 이상을 동원했다.

ESG 자산 연구팀(ESG Equity Research Team)을 설립하고 글로벌 뱅킹 및 마켓 사업(Global Banking and Markets) 부서 내에 지속가능 금융 그룹(Sustainable Finance group)을 설립했다.

신용 심사(credit due diligence)의 의무사항으로 모든 기업대출(business banking loans)에 대한 기후변화 위험 평가(Climate Change Risk Assessment: CCRA)를 실시하였다.

북극 국립 야생 동물 보호구역(Arctic National Wildlife Refuge)을 포함한 북극권 내 석유 및 가스의 탐사, 개발, 생산과 관련된 활동에 후원하거나 특정 프로젝트에 지원하는 것을 제한하기 위해 은행 전체의 신용 정책을 업데이트했다.

은행 운영에 따른 온실 가스 배출량을 2016년 수준에서 20% 감소 달성하였다.

스코샤은행 기후 변화 우수센터(Climate Change Centre of Excellence)의 일환으로 캐나다 퀸스 대학에 있는 지속가능 금융 연구소(Institute for Sustainable Finance)와 다년간의 파트너십을 구축했다.

스코샤은행의 기후변화 우수센터(Climate Change Centre of Excellence)

2019년 스코샤은행의 '5억 달러 3.5년 녹색채권'(Scotiabank's USD $500 million 3.5 year Green Bond) 발행으로부터 나온 수익의 영향과 사용내역을 요약한 녹색채권보고서(Green Bond Report)[129]를 발간하였다.

---

129 스코샤은행의 녹색채권 프레임워크는 2019년 6월에 출범했다. 이는 국제 자본 시장 협회(International Capital Market Association: ICMA)의 녹색채권 원리 2018(Green Bond Principles 2018)과 함께 개발되었으며 다음의 4가지 핵심 구성 요소를 가진다: 수익 사용; 프로젝트 평가 및 선정에 관한 프로세스; 수익관리; 보고. (스코샤은행의 2021년 녹색채권보고서(Green Bond Report) 내용 발췌)

사회적 책임(Social)

혜택받지 못한 사람들(disadvantaged groups)이 경제적 회복력을 증진시킬 수 있도록 2021년 1월에 ScotiaRISE를 출범했다.

기부, 지역사회 후원, 직원 자원봉사 그리고 다른 종류의 지역사회 투자를 통해 지역사회에 거의 8천5백만 달러를 투자했다.

COVID-19 대유행 기간 동안 가장 위험에 처한 사람들과 지역사회를 지원하기 위해 1,660만 달러를 기부했는데, 여기에는 병원과 의료 전문가들을 지원하는 720만 달러가 포함되었다.

흑인, 원주민, 소수민족, 장애인, 여성에게 초점을 맞추어 향후 5년간 직원의 다양성을 높이기 위해 '5년간의 다양성과 포용 목표'(five-year Diversity and Inclusion Goals)를 갱신해서 출범시켰다.

캐나다의 흑인 기업가정신 프로그램(Government of Canada's Black Entrepreneurship Program)에 대한 지원을 발표했고, 이 프로그램의 흑인 기업가정신 펀드(Black Entrepreneurship Fund)에 최대 1억 2천8백만 달러의 대출을 약속했다.

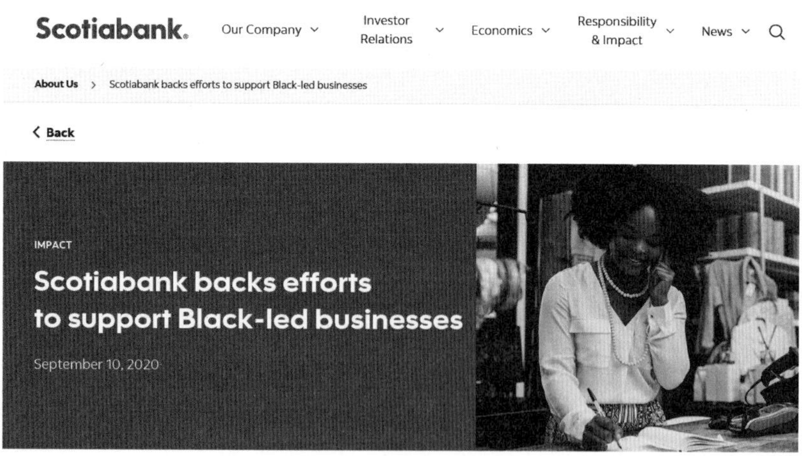

스코샤은행의 흑인 기업가정신 펀드(Black Entrepreneurship Fund)

캐나다 원주민 고객을 더 잘 이해하고 모시기 위해 토착 문화 역량 구축(Building Indigenous Cultural Competency)이라는 교육 모듈을 도입했다.

COVID-19 대유행 기간 동안 전 세계적으로 비지점 직원(non-branch employees)의 80%가 원격으로 일할 수 있도록 지원하였으며 정신건강 지원을 최우선으로 하였다. 직원 참여 점수를 81%에서 84%로 증가시켰다.

지배구조(Governance)

다우존스 지속가능성 지수(Dow Jones Sustainability Index)에 의거하여 3년 연속으로 전 세계 금융기관 중 기업지배구조에서 상위 1%를 달성했고 반범죄 정책(Anti-Crime Policies)에서 만점을 받았다.

이사회 이사(Board Directors) 중 46%는 여성이며, 2013년에 처음 마련된 이사회 다양성 정책(Board Diversity Policy)을 업데이트했다.

캐나다 원주민 및 소수민족 공급자 협의회(Canadian Aboriginal and Minority Supplier Council; CAMSC)에 가입하여 책임 있는 조달 및 공급자 다양성을 강화하였으며 캐나다 원주민 기업 협의회(Canadian Council for Aboriginal Business; CCAB)의 원주민 조달 챔피언(Aboriginal Procurement Champion)이 되었다.

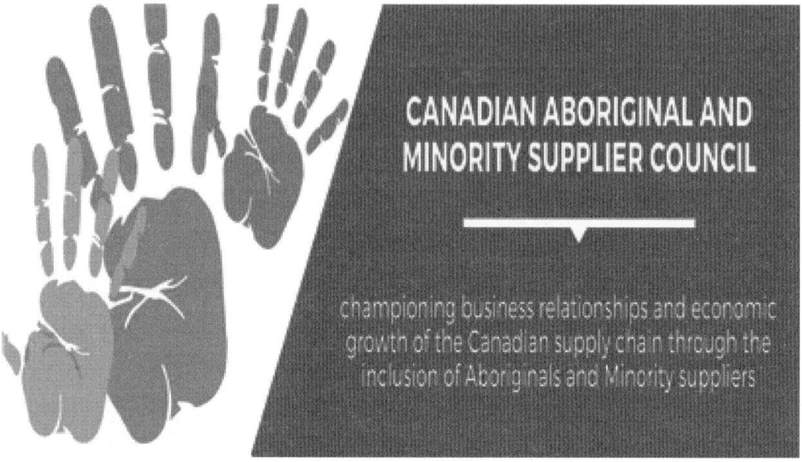

스코샤은행에서의 인권침해 진행 상황을 평가하고 새롭게 대두되는 인권 침해위험을 더 잘 파악하기 위해 2016년 이후 2차 인권평가를 완료했다.

의심스러운 금융 거래를 탐지 및 보고하면서, 이를 저해하는 방법을 개선함으로써 온라인 아동 성 착취와 싸우기 위해 고안된 민관 협력업체인 프로젝트 섀도우(Project Shadow)의 개발을 주도했다.

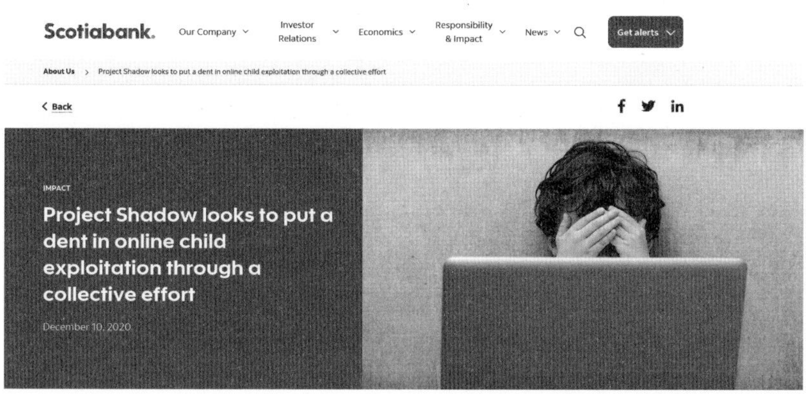

COVID-19에 초점을 맞춘 사이버 보안 태스크포스(cybersecurity taskforce)를 발족하여 수만 건의 타협 가능한 조기 경보 지표를 처리하였다.

인공지능(AI) 윤리에 관한 새로운 내부 교육을 개발하고 임원들을 위한 데이터 윤리 워크숍을 제공했다.

모든 직원들은 스코샤뱅크 행동강령(Scotiabank Code of Conduct)을 100% 따르고 있다.

References

I부 기업지배구조

Abowd, J. M. and D. S. Kaplan. Knoeber. 1999. Executive Compensation Six Questions That Need Answering. *Journal of Economic Perspectives* 13 (4): 145-168.

Agrawal, A. and C. Knoeber. 1996. Firm performance and mechanisms to control agency problems between managers and shareholders. *Journal of Financial and Quantitative Analysis* 31 (3): 377-397.

Ajinkya, B., S. Bhojraj, and P. Sengupta. 2005. The association between outside directors institutional investors and the properties of management earnings forecasts. *Journal of Accounting Research* 43 (3): 343−376.

Alchian, A. A. and H. Demsetz, 1972. Production Information Costs and Economic Organization The American Economic Review 62(5): 777−795.

Aminadav, G. and E. Papaioannou. 2020. Corporate control around the world. *Journal of Finance* 75(3): 1191−1246.

Bae, K. H., J. Kang. and J. Kim. 2002. Tunneling or value added

Evidence from mergers by Korean business groups. *The Journal of Finance* 57(6): 2695-2740.

Baek, J., J. Kang. and I. Lee. 2006. Business group and Tunneling : Evidence from private securities offerings by Korean chaebols. *The Journal of Finance* 61(5): 2415-2449.

Bebchuk, L. and J. Fried, 2004, *Pay without performance The unfulfilled promise of executive compensation* Harvard University Press.

Bebchuk, L., K. Cremers, and U. Peyer, 2011, The CEO pay slice *Journal of Financial Economics* 102: 199-221.

Becht, M. 1997. Strong blockholders, weak owners and the need for European mandatory disclosure. European Corporate Governance Network Executive Report.

Berle, A. A. Jr. and G. C. Means. 1932. *The Modern Corporation and Private Property* New York Macmillan

Briggs T. W. 2007. Corporate Governance and the New Hedge Fund Activism An Empirical Analysis. *Journal of Corporation Law* 32 (4): 681-738.

Bertrand, M., P. Mehta. and S. Mullainathan. 2002. Ferreting out Tunneling An Application to Indian Business Groups. *The Quarterly Journal of Economics* 117 (1): 121-148.

Brochet, F. and S. Srinivasan. 2014. Accountability of independent directors deviance from firms subject to securities litigation. *Journal of Finance and Economics* 111 (2): 430-449.

Bryan, S., L. Hwang, and S. Lilien. 2000. CEO Stock-Based Compensation An Empirical Analysis of Incentive-Intensity, Relative Mix and Economic Determinants. *The Journal of Business* 73 (4): 661-693.

Bushman, R. and A. J. Smith. 2001. Financial accounting information and corporate governance. *Journal of Accounting and Economics* 32 (1-3): 237-333.

Cadbury Committee Report. 1992. *The Financial Aspects of*

Corporate Governance. Gee and Co. Ltd. London.

Chandler, A, 1977. The Visible Hand; *The Managerial Revolution in American Business*. Harvard University Press.

Cheffins, B. R. 2003. Will Executive Pay Globalize Along American Lines *Corporate Governance An International Review* 11 (1): 8–24.

Chen, Y., W. R. Knechel, V. B. Marisetty, C. Truong, and M. Veeraraghavan. 2017. Board Independence and Internal Control Weakness Evidence from SOX 404 Disclosures. *Auditing A Journal of Practice & Theory* 36 (2): 45–62.

Clark, R. C. 1981. The Four Stages of Capitalism Reflections on Investment Management Treatises *Harvard Law Review* 94 (3): 561-582.

Classens, S., S. Djankov, and L. H. P. Lang, 2000, The separation of ownership and control in East Asian Corporations *Journal of Financial Economics* 58(1-2) : 81-112.

Coase, R. H, 1937, The Nature of the Firm *Economics 4(16)* : 385-405.

Core, J. E., R. W. Holthausen, and D. F. Larcker. 1999, Corporate governance chief executive officer compensation and firm performance *Journal of Financial Economics 51 (3)* : 371-406.

Core, J., W. Guay, and D. Larcker. 2003, Executive equity compensation and incentives A survey *Economic Policy Review 9* : 27-50.

Cronqvist, H. and M. Nilsson. 2003, Agency costs of controlling minority shareholders *Journal of Financial and Quantitative Analysis 38(4)* : 695-719.

Denis, D. and T. Kruse. 2000. Managerial discipline and corporate restructuring following performance declines. *Journal of Financial Economics* 55: 391-424.

Dragomir, V. 2008. Highlights for a history of corporate

governance. *European Journal of Management* 8 (1): 32-43.

Gordon, J. N. 2007, The Rise of Independent Directors in the United State 1950-2005; Of Shareholder Value and Stock Market Prices *Stanford Law Review 59* (6): 1465–1568.

Gregory, H. J. 2000, *The globalization of corporate governance* Global Counsel.

Grossman, S. and O. Hart, 1980, Takeover bids the free rider problem and the theory of the corporation *Bell Journal of Economics* 1 (1): 42–64.

Holmstrom, B., 1979, Moral Hazard and Observability, The Bell *Journal of Economics* 10 (1): 74–91.

Jensen, M. 1993, The Modern Industrial Revolution Exit and the Failure of Internal Control Systems *Journal of Finance 48*: 831-880.

Jensen, M. and W. Meckling. 1976, The Theory of Firm Managerial Behavior Agency Costs and Ownership Structure *Journal of Financial Economics 3(4)*: 305-360.

Jensen, M. and K. Murphy. 1990, Performance Pay and Top-Management Incentives *Journal of Political Economy* 98: 225-264.

Johnson, S., R. La Porta., F. Lopez-de-Silanes. and A. Shleifer. 2000. Tunneling. *American Economic Review* 90(2): 22-27.

Kim, K. A., J. R. Nofsinger. and D. J. Mohr. 2009. *Corporate Governance 3rd edition* Pearson College Div.

La Porta, R., F. Lopez-De-Silanes, A. Shleifer, and R. Vishny. 2000, Investor protection and corporate governance *Journal of Financial Economics* 58: 3-28.

La Porta, R., F. Lopez-De-Silanes, A. Shleifer, and R. Vishny. 1997. Legal determinants of external capital. *Journal of Finance* 52 (3): 1131-1150.

Lel, U. and D. Miller. 2014, Does takeover activity cause managerial discipline Evidence from international M&A laws. Working

Paper.

Liefmann, R. 1912. *Die Unternehmungsformen*. Moritz, Stuttgart.

Lorsch, J. W. 2013. America's Changing Corporate Boardrooms The Last Twenty-Five Years. *Harvard Business Law Review* 3(1): 119-134.

Martin, K. J. and J. J. McConnell. 1991. Corporate Performance Corporate Takeovers and Management Turnover. *Journal of Finance* 46 (2): 671-87.

Organization for Economic Co-operation and Development(OECD). 1999. Principles of Corporate Governance.

Smith, A. 1776, *The Wealth of Nations*, W. Strahan and T. Cadell, London.

Solomon, J. 2007. *Corporate Governance and Accountability*. John Wiley & Sons, Ltd. Hoboken.

Song, O-R. 2002. The legacy of controlling minority structure A kaleidoscope of corporate governance reform in Korean Chaebol. *JoLaw and Policy in international Business* 34: 183-246.

Tricker, B. 2015. *Corporate Governance Principles Policies And Practices*. Oxford University Press 3rd ed.

Pfeffer, J. and G. R. Salancik, 1978. *The external control of organizations A resource dependence perspective*. Stanford University Press.

Watts, R. L. and J, L. Zimmerman, 1986. *Positive Accounting Theory*. Prentice-Hall Inc.

Williamson, O. E. 1985, The Economic Institutions of Capitalism: Firms, Markets, Relational Contracting, *Administrative Science Quarterly* 32(4): 602-605.

김동순·전영순. 2004. 외국인투자자 대 국내투자자의 정보우위. 한국증권학회지(제33권 제2호): 1-44.

노준화·배길수. 2013. 대규모기업집단의 주력회사와 계열회사의 동일 감사인 선임이 감사품질에 미치는 영향. 회계학연구 (제38권 제2호): 247-281.

류지호. 2020. 경영자 유형 및 재벌기업의 소유구조가 R&D지출 행태에 미치는 영향. 경북대학교 박사학위 논문

박경서. 2017. 기업지배구조 연구의 고찰과 향후 국내관련 연구의 방향. 경영학연구(제46권 제3호: 625-662).

박경서·이은정. 2006. 외국인투자자가 한국기업의 경영 및 지배 구조에 미치는 영향. 금융연구(제20권 제2호): 73-113.

안윤영·신현한·장진호. 2005. 외국인투자자와 정보비대칭 간의 관계. 회계학연구(제30권 제4호): 109-131.

설원식·김수정. 2006). 외국인투자자가 기업의 배당에 미치는 영향. 한국증권학회지(제35권 제1호): 1-40.

전영순. 2003. 외국인투자자 및 국내 기관투자가의 투자의사결정과 회계이익의 질. 경영학연구(제32권 제4호): 1001-1032.

정남철·이영한. 2015. 대규모기업집단 특성에 따른 조세부담에 관한 연구-총수 지분율과 상장 여부를 중심으로. 세무학연구 (제32권 제3호): 87-123.

최정표. 2009. 한국재벌 흥망사. 경제발전연구(제15권 제2호): 233-261.

II부 기업지배구조와 회계

Abbott, L. J., B. Daugherty, S. Parker, and G. F. Peters. 2016. Internal audit quality and financial reporting quality The joint importance of independence and competence. *Journal of Accounting Research* 54 (1): 3-40.

Abbott, L. J. and S. Parker. 2000. Auditor selection and audit committee characteristics. *Auditing: A Journal of Practice & Theory* 19 (2): 47-66.

Abbott, L. J., S. Parker, G. F. Peters, and D. V. Rama. 2007.

Corporate governance audit quality and the Sarbanes-Oxley Acts Evidence from internal audit outsourcing. *The Accounting Review* 82 (4): 803– 835.

Abbott, L. J., S. Parker, and G. F. Peters. 2010. Serving two masters The association between audit committee internal audit oversight and internal audit activities. *Accounting Horizons* 24 (1): 1–24.

Abbott, L. J., S. Parker, G. F. Peters, and K. Raghunandan. 2003a. The association between audit committee characteristics and audit fees. *Auditing: A Journal of Practice & Theory* 22 (2): 17–32.

Abbot, L. J., S. Parker, G. F. Peters, and K. Raghunandan. 2003b, An empirical investigation of audit fees, nonaudit fees and audit committees. *Contemporary Accounting Research* 20 (2): 215-234.

Abbott, L. J., S. Parker, G. F. Peters, and D. V. Rama. 2007. Corporate governance audit quality and the Sarbanes-Oxley Acts Evidence from internal audit outsourcing. *The Accounting Review* 82 (4): 803– 835.

Abernethy, M. A., Y. F. Kuang, and B. Qin. 2019. The Relation between Strategy CEO Selection and Firm Performance. *Contemporary Accounting Research* 36 (3): 1575–1606.

Abowd, J. and D. Kaplan. 1999. Executive compensation six questions that need answering. NBER Working Paper 7124.

Adams, R. B., Akyol, A. C. and P. Verwijmeren. 2018 Director skill sets. *Journal of Financial Economics* 130 (3): 641-662.

Adhikari, B., A. Agrawal, and J. Malm. 2019. Do women managers keep firms out of trouble Evidence from corporate litigation and policies. *Journal of Accounting and Economics* 67 (1): 202-225.

Agrawal, A. and S. Chadha. 2005. Corporate governance and accounting scandals. *Journal of Law and Economics* 48 (2):

371–406.

Agrawal, A. and C. Knoeber. 1996. Firm performance and mechanisms to control agency problems between managers and shareholders. *Journal of Financial and Quantitative Analysis* 31 (3): 377-397.

Ahmed, A. S. and S. Duellman. 2007. Accounting conservatism and board of director characteristics An empirical analysis. *Journal of Accounting and Economics* 43 (2/3): 411–437.

Ahn, H. B. and R. J. Seo. 2013. The Corporate Governance and Earnings Management View from Multiple Large Shareholders and Control Contest. *Korean Accounting Review*. 38 (1): 43-85.

Ajinkya, B., S. Bhojraj, and P. Sengupta. 2005. The association between outside directors institutional investors and the properties of management earnings forecasts. *Journal of Accounting Research* 43 (3): 343–376.

Akbas, F., F. Meschke, and M. B. Wintoki. 2016. Director networks and informed traders. *Journal of Accounting and Economics* 62 (1): 1-23.

Alderman, J. and S. J. Jollineau. 2020. Can audit committee expertise increase external auditors' litigation rrisk The moderating effect of audit committee independence. *Contemporary Accounting Research* 37 (2): 717–740.

Ali, A. and W. Zhang. 2015. CEO tenure and earnings management. *Journal of Accounting and Economics* 59: 60-79.

Ali, C. B., S. Boubaker, and M. Magnan. 2020. Auditors and the Principal-Principal Agency Conflict in Family Controlled Firms. *AUDITING A Journal of practice & Theory* 39 (4): 31–55.

Altamuro, J., A. L. Beatty, and J. Weber. 2005. The effects of accelerated revenue recognition on earnings management and earnings informativeness Evidence from SEC Staff

Accounting Bulletin No. 101. *The Accounting Review* 80 (2): 373–401.

American Institute of Certified Public Accountants (AlCPA). 1999. SAS No. 89. Audit adjustments. New York AlCPA.

American Institute of Certied Public Accountants (AICPA). 2002. Consideration of fraud in a financial statement audit. Statement on Auditing Standards No. 99. New York AICPA.

Anderson U., M. Christ, K. Johnstone, and L. Rittenberg L. 2012. A Post SOX examination of factors associated with the size of internal audit functions. *Accounting Horizons* 26 (2): 167–191.

AON. 2019. Aon's 2019 global risk management survey. Available at: https://aon.mediaroom.com/2019-04-29-Aon-reports-riskreadiness-drops-to-lowest-level-in-12-years

Appel, I. 2016. Governance by Litigation. Working Paper, Boston College, Carroll School of Management.

Archambeault, D. S., F. T. DeZoort, and D. R. Hermanson. 2008. Audit committee incentive compensation and accounting restatements. *Contemporary Accounting Research* 25 (4): 965–992.

Armstrong, C., K. Balakrishnan, and D. Cohen. 2012. Corporate governance and the information environment Evidence from State anti takeover laws. *Journal of Accounting and Economics* 53 (1–2): 185–204.

Armstong, C. S., J. L. Blouin, A. D. Jagolinzer, D. F. Larcker. 2015. Corporate governance incentives and tax avoidance. *Journal of Accounting and Economics* 60 (1): 1-17.

Arno Forst, A. and B. R. Hettler. 2019. Disproportionate Insider Control and the Demand for Audit Quality. AUDITING A *Journal of practice & Theory* 38 (1): 171–191.

Asare, S. K., R. A. Davidson, and A. A. Gramling. 2008. Internal auditors' evaluation of fraud factors in planning an audit:

The importance of audit committee quality and management incentives. *International Journal of Auditing* 12 (3): 181−203.

Ashbaugh-Skaife, H., D. W. Collins, and R. LaFond, 2004. Corporate Governance and the Cost of Equity Capital. Working Paper University of Wisconsin, and University of Iowa.

Ashbaugh-Skaife, H., D. W. Collins, and R. LaFond. 2006. The effects of corporate governance on firms' credit ratings. *Journal of Accounting and Economics* 42 (1−2): 203−43.

Ayers, S. and S. Kaplan. 2005. Wrongdoing by consultants An examination of employees' reporting intentions. *Journal of Business Ethics* 57 (2): 121−137.

Azar, J. 2017. Portfolio diversification market power and theory of the firm. Working paper.

Baber, W. R., S.-H. Kang, L. Liang, and Z. Zhu. 2015. External Corporate Governance and Misreporting. *Contemporary Accounting Research* 32 (4): 1413−1442.

Bardhan, L., S. Lin, and S. Wu. 2015. The quality of internal control over financial reporting in family firms. *Accounting Horizons* 29 (1): 41-60.

Bartov, E., D. Givoly, and C. Hayn. 2002. The rewards to meeting or beating earnings expectations. *Journal of Accounting & Economics* 33 (2): 173-204.

Barua, A., D. Rama, and V. D. Sharma. 2010. Audit committee characteristics and investment in internal auditing. *Journal of Accounting and Public Policy* 29 (5): 503−513.

Basu, S. and Y. Liang. 2019. Director−liability−reduction laws and conditional conservatism. *Journal of Accounting Research* 57 (4): 889-917.

Beasley, M. S. 1996. An empirical analysis of the relation between the board of director composition and financial statement fraud. *The Accounting Review* 71 (4): 443−465.

Beasley, M. S., J. V. Carcello, D. R. Hermanson, and P. D. Lapides.

2000. Fraudulent financial reporting: Consideration of industry traits and corporate governance mechanisms. *Accounting Horizons* 14 (4): 441–454.

Beasley, M. S., J. V. Carcello, D. R. Hermanson, and T. L. Neal. 2009. The audit committee oversight process. *Contemporary Accounting Research* 26 (1): 65–122.

Beasley, M. S., J. V. Carcello, D. R. Hermanson, and T. L. Neal. 2010. Fraudulent Financial Reporting 1998-2007: An Analysis of U.S. Public Companies. Durham, NC: Committee of Sponsoring Organizations of the Treadway Commission (COSO).

Beasley, M. S. and K. R. Petroni. 2001. Board independence and audit firms type. *Auditing: A Journal of Practice & Theory* 20 (1): 97–114.

Beasley, M. S. and S. Salterio. 2001. The relationship between board characteristics and voluntary improvements in the capability of audit committees to monitor. *Contemporary Accounting Research* 18 (4): 539-570.

Bebchuk, L. A. and J. M. Fried. 2003. Executive compensation as an agency problem. *The Journal of Economic Perspectives* 17 (3): 71–92.

Bebchuk, L. A., R. Kraakman, and T. George. 1999. Stock Pyramids, Cross-Ownership and Dual Class Equity: The Mechanisms and Agency Costs of Separating Control From Cash-Flow Rights. *Concentrated Corporate Ownership*(R. Morck, ed.), 445-460 (2000).

Becht, M. 1997. Strong blockholders, weak owners and the need for European mandatory disclosure. European Corporate Governance Network Executive Report.

Be'dard, J. and S. F. Biggs. 1991. Pattern Recognition, Hypotheses Generation, and Auditor Performance in an Analytical Task. *The Accounting Review* 66 (3): 622-642.

Be'dard, J. and Y. Gendron. 2010. Strengthening the financial reporting system: Can audit committees deliver?. International Journal of Auditing 14 (2): 174–210.

Be'dard, J. and L. Graham. 2014. Reporting on internal control, chapter 25. In D.Hay, R. W. Knechel, & M.Willekens (Eds.). *The routledge companion to auditing*(pp.311-321). Abingdon, UK: Routledge.

Be'dard, J. and S. Paquette. 2009. Perception of Auditor Independence, Audit Committee Characteristics, and Auditor Provision of Tax Services. Working paper, Universite´ Laval.

Beekes, W., P. Pope, and S. Young. 2004. The link between earnings timeliness, earnings conservatism and board composition: Evidence from the UK. *Corporate Governance: An International Review* 12 (1): 47– 59.

Begley, J., and G. Feltham. 1999. An empirical examination of the relation between debt contracts and management incentives. *Journal of Accounting and Economics* 27 (2): 229–59.

Bell, T. B., F. O. Marrs, I. Solomon, and H. Thomas. 1997. Auditing Organizations through a Strategic-Systems Lens. The KPMG Business Measurement Approach. New York, NY: KPMG LLP.

Berle, A. A. Jr. and G. C. Means. 1932. *The Modern Corporation and Private Property*, New York, MacMillan.

Betromeu, J. and R. P. Magee. 2015. Mandatory disclosure and asymmetry in financial reporting. *Journal of Accounting and Economics* 59 (2): 284-299.

Bhandari, A., B. Mammadov, A. Shelton, and M. Thevenot. 2018. It Is Not Only What You Know, It Is Also Who You Know: CEO Network Connections and Financial Reporting Quality. *AUDITING: A Journal of practice & Theory* 37 (2): 27–50.

Bhaskar, L. S., P. H. Hopkins, and J. Schroeder. 2019. An Investigation of Auditors' Judgments When Companies Release Earnings Before Audit Completion. *Journal of Accounting Research* 57 (2): 355-390.

Bhattacharjee, S., K. K. Moreno, and J. S. Pyzoha. 2020. The Influence of Perspective Taking Encouraged by the Audit Committee on Auditor and Client Judgments during Accounting Disputes. *AUDITING: A Journal of practice & Theory* 39 (3): 29-53.

Biddle, G., G. Hilary, and R. S. Verdi. 2009. How Does Financial Reporting Quality Relate to Investment Efficiency?. *Journal of Accounting and Economics* 48 (2-3): 112-131.

Bierstaker, J. L., J. R. Cohen, F. T. DeZoort, and D. R. Hermanson. 2010. The Effects of Audit Committee Compensation, Fairness, and Responsibility on the Resolution of Accounting Disagreements. Working paper, Villanova University, Boston College, The University of Alabama, and Kennesaw State University.

Bird, A. and S. A. Karolyi. 2017. Governance and Taxes: Evidence from Regression Discontinuity. *The Accounting Review* 92 (1): 29-50.

Bishop, C. C., F. T. DeZoort, and D. R. Hermanson. 2017. The Effect of CEO Social Influence Pressure and CFO Accounting Experience on CFO Financial Reporting Decisions. *Audting: A Journal of practice & Theory* 36 (1): 21-41.

Black, B. S., H. Jang, and W. Kim. 2006. Does Corporate Governance Predict Firms' Market Values? Evidence from Korea. *Journal of Law, Economics, and Organization* 22 (2): 366-143.

Blue Ribbon Committee. 1999. Report and Recommendations of the Blue Ribbon Committee on Improving the Effectiveness of Corporate Audit Committees. New York: New York Stock Exchange and National Association of Securities Dealers.

Bourveau, T., Y. Lou, and R. Wang. 2018. Shareholder Litigation and Corporate Disclosure: Evidence from Derivative Lawsuits. *Journal of Accounting Research* 56 (3): 797-842.

Bova, F., Y. Dou, and O.-K. Hope. 2015. Employee ownership and firm disclosure. *Contemporary Accounting Research* 32 (2): 639–673.

Bowen, R. M., S. Rajgopal, and M. Venkatachalam. 2008. Accounting discretion, corporate governance, and firm performance. *Contemporary Accounting Research* 25 (2): 310–405.

Bradley, D., S. Gokkaya, X. Liu, and F. Xie. 2017. Are all analysts created equal? Industry expertise and monitoring effectiveness of financial analysts. *Journal of Accounting and Economics* 63 (2): 179-206.

Bradshaw, M. T., S. A. Richardson, and R. G. Sloan. 2001. Do analysts & auditors use information in accruals ?. *Journal of Accounting Research* 39 (1): 45-74.

Bradshaw, M., G. Liao, and M. Ma. 2019. Agency costs and tax planning when the government is a major Shareholder. *Journal of Accounting and Economics* 67 (2-3): 255-277.

Brazel, J. F. and J. J. Schmidt. 2019. Do Auditors and Audit Committees Lower Fraud Risk by Constraining Inconsistencies between Financial and Nonfinancial Measures?. *Audting: A Journal of practice & Theory* 38 (1): 103–122.

Brochet, F. and S. Srinivasan. 2014. Accountability of independent directors: evidance from firms subject to securities litigation. *Journal of Finance and Economics* 111 (2): 430-449.

Bronson, S. N., J. V. Carcello, C. W. Hollingsworth, and T. L. Neal. 2009. Are fully independent audit committees really necessary?. *Journal of Accounting and Public Policy* 28 (4): 265–280.

Brown-Liburd, H., A. M. Wright, and V. L. Zamora. 2015. Managers' Strategic Reporting Judgments in Audit Negotiations. *AUDITING: A Journal of practice & Theory* 35 (1): 47–64.

Brown, P., J. Preiato, and A. Tarca. 2014. Measuring Country Differences in Enforcement of Accounting Standards: An

Audit and Enforcement Proxy. *Journal of Business Finance and Accounting* 41 (1-2): 1−52.

Bruynseels, L. and E. Cardinaels. 2014. The audit committee: Management watchdog or personal friend of the CEO?. *The Accounting Review* 89 (1): 113−145.

Bushman, R. and A. J. Smith. 2001. Financial accounting information and corporate governance. *Journal of Accounting and Economics* 32 (1-3): 237-333.

Bushman, R. and A. J. Smith. 2003. Transparency, financial accounting information, and corporate governance. *Economic Policy Review* 9 (1): 65−87.

Bushman, R., Q. Chen, E. Engel, and A. Smith. 2004a. Financial accounting information, organizational complexity and corporate governance systems. *Journal of Accounting and Economics* 37 (2): 167−201.

Bushman, R., J. Piotroski, and A. Smith. 2004b. What determines corporate transparency?. *Journal of Accounting Research* 42 (2): 207−52.

Byrne, J., L. Lavelle, N. Byrnes, M. Vickers, and A. Borrus. 2002. How to fix corporate governance. *Business Week*, May 6.

Cadbury Committee Report. 1992. The Financial Aspects of Corporate Governance. Gee and Co. Ltd. London.

Carcello, J. V., M. Eulerich, A. Masli, and D. A. Wood. 2020. Are Internal Audits Associated with Reductions in Perceived Risk?. *AUDITING: A Journal of practice & Theory* 39 (3): 55−73.

Carcello, J. V., D. R. Hermanson, T. L. Neal, and R. Riley Jr. 2002. Board characteristics and audit fees. *Contemporary Accounting Research* 19 (3): 365−384.

Carcello, J. V., D. R. Hermanson, and K. Raghunandan. 2005. Factors associated with U.S. public companies' investment in internal auditing. *Accounting Horizons* 19 (2): 69−84.

Carcello, J. V., D. R. Hermanson and Z. Ye 2011a. Corporate Governance Research in Accounting and Auditing : Insight, Practice Implications, and Future Research Directions. *Auditing: A Journal of Practice & Theory*. 30 (3): 1-31.

Carcello, J. V., T. L. Neal, Z. V. Palmrose, and S. Scholz. 2011b. CEO involvement in selecting board members, audit committee effectiveness, and restatements. *Contemporary Accounting Research* 28 (2): 396–430.

Carcello, J. V., C. W. Hollingsworth, and T. L. Neal. 2006. Audit committee financial experts: A closer examination using firm designations. *Accounting Horizons* 20 (4): 351–373.

Carcello, J. V. and T. L. Neal. 2000. Audit committee composition and auditor reporting. *The Accounting Review* 75 (4): 453–467.

Carcello, J. V. and T. L. Neal. 2003. Audit committee characteristics and auditor dismissals following "new" going-concern reports. *The Accounting Review* 78 (1): 95–117.

Cardinaels, E. and H. Yin. 2015. Think twice before going for incentives: social norms and the principal's decision on compensation contracts. *Journal of Accounting Research* 53 (5): 985-1015.

Carlin, W. and C. Mayer. 2000. Finance, investment and growth. Working Paper, University College London and Said Business School, University of Oxford.

Cassell, C. A., L. A. Myers, R. Schmadebeck, and J. Zhou. 2018. The Monitoring Effectiveness of Co-opted Audit Committees. *Contemporary Accounting Research* 35 (4): 1732–1765.

Chalmers, K., D. Hayb, and H. Khlif. 2019. Internal control in accounting research: A review. *Journal of Accounting Literature* 42: 80–103.

Chan, K., B. Farrell, and P. Lee. 2008. Earnings management of firms reporting material internal control weaknesses under Section

404 of the Sarbanes-Oxley Act. *AUDITING: A Journal of practice & Theory* 27 (2): 161–179.

Chen, K. Y. and J. Zhou. 2007. Audit committee, board characteristics, and auditor switch decisions by Andersen's clients. *Contemporary Accounting Research* 24 (4): 1085–1117.

Chen, S., C. Xia, and Q. Cheng. 2008. Do family firms provide more or less voluntary disclosure?. *Journal of Accounting Research* 46 (3): 499–536.

Chen, L. H., H. H. Chung, G. F. Peters, and J. P. Wynn. 2017. Does incentive-based compensation for chief internal auditors impact objectivity? An external audit risk perspective. *AUDITING: A Journal of practice & Theory* 36 (2): 21–43.

Chen, S., C. Xia, and Q. Cheng. 2008. Do family firms provide more or less voluntary disclosure?. *Journal of Accounting Research* 46 (3): 499–536.

Chen, Y., W. R. Knechel, V. B. Marisetty, C. Truong, and M. Veeraraghavan. 2017. Board Independence and Internal Control Weakness: Evidence from SOX 404 Disclosures. *Auditing: A Journal of Practice & Theory* 36 (2): 45–62.

Cheng, Q., B. W. Goh, and J. B. Kim. 2018. Internal Control and Operational Efficiency. *Contemporary Accounting Research* 35 (2): 1102–1139.

Cheng, S., R. Felix, and R. Indjejikian. 2019. Spillover effects of internal control weakness disclosures: the role of audit committees and board connections. *Contemporary Accounting Research* 36 (2): 934–957.

Christensen, B. E., R. E. Hoyt, and J. S. Paterson. 1999. Ex ante incentives for earnings management & the informativeness of earnings. *Journal of Business Finance & Accounting* 26 (7-8): 807-832.

Christensen, B. E., T. C. Omer, M. K. Shelley, and P. A. Wong. 2019.

Affiliated Former Partners on the Audit Committee: Influence on the Auditor-Client Relationship and Audit Quality. *Audting: A Journal of practice & Theory* 38 (3): 95–119.

Christensen, H. B., L. Hail, and C. Leuz. 2013. Mandatory IFRS Reporting and Changes in Enforcement. *Journal of Accounting and Economics* 56 (2): 147–177.

Christie, A. A. and J. L. Zimmerman. 1994. Efficient and opportunistic choice of accounting procedures: corporate control contests. *The Accounting Review* 69 (4): 539-566.

Chung, H. H., and J. P. Wynn. 2008. Managerial legal liability coverage and earnings conservatism. *Journal of Accounting and Economics* 46 (1): 135–153.

Coates, D. J., M. L. Marais, and R. L. Weil. 2007. Audit committee financial literacy: A work in progress. *Journal of Accounting, Auditing and Finance* 22 (2): 175–194.

Cohen, J. R. and D. Hanno. 2000. Auditors' Consideration of Corporate Governance and Management Control Philosophy I Preplanning and Planning Judgments. *Auditing: A Journal of practice and Theory* 19 (2): 133-146.

Cohen, J. R, L. M. Gaynor, G. Krishnamoorthy, and A. M. Wright. 2007a. Auditor communications with the audit committee and the board of directors: Policy recommendations and opportunities for future research. *Accounting Horizons* 21 (2): 165–187.

Cohen, J. R., G. Krishnamoorthy, and A. Wright. 2007b. The impact of roles of the board on auditors' risk assessments and program planning decisions. *Auditing: A Journal of Practice & Theory* 26 (1): 91–112.

Cohen, J. R., J. R. Joe, J. C. Thibodeau, and G. M. Trompeter. 2020. Audit partners' judgments and challenges in the audits of internal control over financial reporting. *AUDITING: A Journal of practice & Theory* 39 (4): 57–85.

Cohen, J. R., G. Krishnamoorthy, and A. Wright. 2002. Corporate governance and the audit process. *Contemporary Accounting Research* 19 (4): 573-594.

Cohen, J. R., G. Krishnamoorthy, and A. Wright. 2004. The corporate governance mosaic and financial reporting quality. *Journal of Accounting Literature* 23: 87–152.

Cohen, J. R., G. Krishnamoorthy, and A. Wright. 2008. Form versus substance: The implications for auditing practice and research of alternative perspectives on corporate governance. *Auditing: A Journal of Practice & Theory* 27 (2): 181–198.

Cohen, J. R, U. Hoitash, G. Krishnamoorthy, and A. Wright. 2010a. The association between audit committee industry expertise and financial restatements. Working paper, Boston College and Northeastern University.

Cohen, J., G. Krishnamoorthy, and A. Wright. 2010b. Corporate governance in the post Sarbanes-Oxley era: Auditors' experiences. *Contemporary Accounting Research* 27 (3): 751–786.

Cohen, J., G. Krishnamoorthy, and A. Wright. 2017. Enterprise risk management and the financial reporting process: The experiences of audit committee members, CFOs, and external auditors. *Contemporary Accounting Research* 34 (2): 1178–1209.

Cohen, J., L. Pant, and D. Sharp. 1993. Culture-based ethical conflicts confronting multinational accounting firms. *Accounting Horizons* 12 (1): 1-13.

Cohen, J., L. Pant, and D. Sharp. 1995. An exploratory examination of international differences in auditors' ethical perceptions. *Behavioral Research in Accounting* (7): 37-64.

Comprix, J., L. Mills, and A. Schmidt. 2012. Bias in quarterly estimates of annual effective tax rates and earnings management. *Journal of the American Taxation Association* 34 (1): 31–53.

Cram, D. P., V. Karan, and I. Stuart. 2009. Three threats to validity of choice-based and matched-sample studies in accounting research. *Contemporary Accounting Research* 26 (2): 477–516.

Cremers, M., V. Nair, and C. Wei. 2007. Governance mechanisms and bond prices. *Review of Financial Studies* 20 (5): 1359–88.

Cullinan, C. P., H. Du, and W. Jiang. 2010. Is compensating audit committee members with stock options associated with the likelihood of internal control weaknesses? *International Journal of Auditing*. 14 (3): 256–273.

Cullinan, C. P., H. Du, and G. B. Wright. 2008. Is there an association between director option compensation and the likelihood of misstatement?. *Advances in Accounting* 24 (1): 16–23.

Dai, L., J. T. Parwada, and B. Zhang. 2015. The governance effect of the media's news dissemination role: Evidence from insider trading. *Journal of Accounting Research* 53 (2): 331-366.

Davidson, W. N., B. Xie, and W. Xu. 2004. Market reaction to voluntary announcements of audit committee appointments: The effect of financial expertise. *Journal of Accounting and Public Policy* 23 (4): 279–293.

Davis, J., F. Schoorman, and L. Donaldson. 1997. Toward a stewardship theory of management. *Academy of Management Journal* 22 (1): 488-511.

DeAngelo, L. 1988. Managerial competition, information costs and corporate governance: the use of accounting performance measures in proxy contests. *Journal of Accounting and Economics* 10: 3-36.

Dechow, P. M., M. R. Huson, and R. G. Sloan. 1994. The effect of restructuring charges on executives' cash compensation. *The Accounting Review* 69 (1): 138–56.

Dechow, P. M. and R. G. Sloan. 1991. Executive incentives and the horizon problem: and empirical investigation. *Journal of Accounting and Economics* 14 (1): 51-89.

Dechow, P. M., R. G. Sloan, and A. P. Sweeney. 1996. Causes and consequences of earnings manipulation: An analysis of firms subject to enforcement actions by the SEC. *Contemporary Accounting Research* 13 (1): 1–36.

DeFond, M. L. and J. R. Francis. 2005. Audit research after Sarbanes-Oxley. *Auditing: A Journal of Practice & Theory* 24 (Supplement): 5–30.

DeFond, M. L., R. N. Hann, and X. Hu. 2005. Does the market value financial expertise on audit committees of boards of directors?. *Journal of Accounting Research* 43 (2): 153–193.

DeFond, M. L. and C. S. Lennox. 2017. Do PCAOB inspections improve the quality of internal control audits?. *Journal of Accounting Research* 55 (3): 591-627.

DeFond, M. and K. R. Subramanyam. 1998. Auditor changes and discretionary accruals. *Journal of Accounting and Economics* 25 (1): 35–67.

Demerjian, P. R., B. Lev, and S. McVay. 2012, Quantifying managerial ability: A new measure and validity tests. *Management Science* 58 (7):1229-1248.

Demerjian, P. R., B. Lev., M. F. Lewis., and S. E. McVay. 2013. Managerial ability and earnings quality. *The Accounting Review* 88 (2): 463-498.

Demerjian, P. R., 2017. Uncertainty and debt covenants. *Review of Accounting Studies* 22: 1156-1197.

Demsetz, H. 1983. The Structure of Ownership and the Theory of the Firm, *Journal of Law and Economics* 26(2): 375-390.

Denis, D. and T. Kruse. 2000. Managerial discipline and corporate restructuring following performance declines. *Journal of Financial Economics* 55: 391-424.

DeZoort, F. T. 1998. An analysis of experience effects on audit committee members' oversight judgments. *Accounting, Organizations and Society* 23 (1): 1-21.

DeZoort, F. T., D. R. Hermanson, D. S. Archambeault, and S. A. Reed. 2002. Audit committee effectiveness: A synthesis of the empirical audit committee literature. *Journal of Accounting Literature* 21: 38−75.

DeZoort, F. T., D. R. Hermanson, and R. W. Houston. 2003. Audit committee member support for proposed audit adjustments: A source credibility perspective. *Auditing: A Journal of Practice & Theory* 22 (2): 189−205.

DeZoort, F. T., D. R. Hermanson, and R. W. Houston. 2008. Audit committee member support for proposed audit adjustments: Pre-SOX versus post-SOX judgments. *Auditing: A Journal of Practice & Theory* 27 (1): 85−104.

DeZoort, F. T. and S. E. Salterio. 2001. The effects of corporate governance experience and financial reporting and audit knowledge on audit committee members' judgments. *Auditing: A Journal of Practice & Theory* 20 (2): 31−47.

Dhaliwal, D. S., V. Naiker, and F. Navissi. 2010. The association between accruals quality and the characteristics of accounting experts and mix of expertise on audit committees. *Contemporary Accounting Research* 27 (3): 787−827.

Dhaliwal, D. S., P. T. Lamoeaux, C. S. Lennox, and L. M. Mauler. 2015. Management influence on auditor selection and subsequent impairments of auditor independence during the Post-SOX period. *Contemporary Accounting Research* 32 (2): 575−607.

Dhole, S., S. B. Khumawala, S. Mishra, and T. Ranasinghe.

2015. Executive compensation and regulation-imposed governance: Evidence from the California nonprofit integrity Act of 2004. *The Accounting Review* 90 (2): 443-466.

Dikolli, S. S., V. Diser, C. Hofmann, and T. Pfeiffer. CEO power and relative performance evaluation. *Contemporary Accounting Research* 35 (3): 1279-1296.

Donelson, D. C., M. S. Ege, and J. M. McInnis. 2017. Internal control weaknesses and financial reporting fraud. *AUDITING: A Journal of practice & Theory* 36 (3): 45-69.

Dou, Y. 2017. Leaving before bad times: Do the labor market penalize preemptive director resignations?. *Journal of Accounting and Economics* 63 (2-3): 161-178.

Dou, Y., O.-K. Hope, W. B. Thomas, and Y. Zou. 2018. Blockholder exit threats and financial reporting quality. *Contemporary Accounting Research* 35 (2): 1004-1028.

Doyle, J., W. Ge, and S. McVay. 2007. Accruals quality and internal control over financial reporting. *The Accounting Review* 82 (5): 1141-1170.

Dragomir, V. 2008. Highlights for a history of corporate governance. *European Journal of Management* 8 (1): 32-43.

Drobetz, W., A. Schillhofer, and H. Zimmermann. 2004. orporate Governance and Expected Stock Returns : Evidence from Germany, *European Financial Management* 10 (2): 267-293.

Duellman, S. D., J. Guo. Y. Zhang, and N. Zhou. 2018. Expertise Rents from Insider Trading for Financial Experts on Audit Committees. *Contemporary Accounting Research* 35 (2): 930-955.

Dyck, A., A. Morse, and L. Zingales. 2010. Who blows the whistle on corporate fraud?. *Journal of Finance* 65 (6): 2213-2253.

Ege, M. S. 2015. Does internal audit function quality deter management misconduct. *The Accounting Review* 90 (2): 495-527.

Engel, E., R. M. Hayes, and X. Wang. 2010. Audit committee compensation and the demand for monitoring of the financial reporting process. *Journal of Accounting and Economics* 49 (1/2): 136–154.

Ertimur, Y. and F. Ferri. 2019. JAR Virtual issue on corporate governance—when is corporate governance research relevant to accounting? evidence from JAR 2002–2018. *Journal of Accounting Research* 57 (5): 1- 15.

European Commission, 2011. Proposal for a Regulation of the European Parliament and the Council on Specific Requirements Regarding Statutory Audit of Public Interest Entities. Brussels: European Commission.

Ewert, R. and A. Wagenhofer. 2019. Effects of Increasing Enforcement on Financial Reporting Quality and Audit Quality. *Journal of Accounting Research* 57 (1): 121-168.

Fama, E. 1980. Agency problems and the theory of the firm. *Journal of Political Economy* 88 (2): 288– 307.

Fama, E. F. 1985. What's different about banks? *Journal of Monetary Economics* 15 (1): 29–36.

Fama, E. and M. Jensen. 1983. Separation of ownership and control. *Journal of Law and Economics* 26 (2): 301-325.

Farber, D. B. 2005. Restoring trust after fraud: Does corporate governance matter?. *The Accounting Review* 80 (2): 539–561.

Ferreira, D., E. Ginglinger, M. A. Laguna, and Y. Skalli. 2018. Board quot as and director-firm matching.

Fich, E. M. and A. Shivdasani. 2007. Financial fraud, director reputation, and shareholder wealth. *Journal of Financial Economics* 86 (2): 306–336.

Filip, A., R. Labelle, and S. Rousseau. 2015. Legal Regime and Financial Reporting Quality. *Contemporary Accounting Research* 32 (1): 280–307.

Fiolleau, K., K. Hoang, and B. Pomeroy. 2019. Auditors' Communications with Audit Committees: The Influence of the Audit Committee's Oversight Approach. *AUDITING: A Journal of practice & Theory* 38 (2): 125–150.

Firth, M., P. M. Y. Fung, and O. M. Rui. 2007. Ownership, two-tier board structure, and the informativeness of earnings: Evidence from China. *Journal of Accounting and Public Policy* 26 (4): 463–496.

Fitzgerald, B. C., T. C. Omer, and A. M. Thompson. 2018. Audit partner tenure and internal control reporting quality: U. S. evidence from the not-for-profit sector. *Contemporary Accounting Research* 35 (1): 334–364.

Foster, A. and B. R. Hettler. 2019. Disproportionate Insider Control and the Demand for Audit Quality. *Audting: A Journal of practice & Theory* 38 (1): 171–191.

Francis, J., D. Philbrick, and K. Schipper. 1994. Shareholder litigation and corporate disclosure. *Journal of Accounting Research* 32 (2): 137–164.

Francis, J., A. H. Huang., S. Rajgopal., and A. Y. Zang. 2008. CEO Reputation and Earnings Quality. *Contemporary Accounting Research* 25 (1): 109-147.

Francis, J., K. Schipper, and L. Vincent. 2005. Earnings and dividend informativeness when cash flow rights are separated from voting rights. *Journal of Accounting and Economics* 39 (2): 329– 60.

Friedman, M. 1970. The Social Responsibility of Business Is to Increase Its Profits, The New York Times, Sep. 13,(Magazine at 33). Choper, Coffee & Gilson, Ibid. pp. 36–38에서 재인용함.

Fung, M. K. 2015. Cumulative prospect theory and managerial incentives for fraudulent financial reporting. *Contemporary Accounting Research* 32 (1): 55–75.

Gal-Or, R., R. Hoitash, and U. Hoitash. 2016. The Efficacy of

Shareholder Voting in Staggered and Non-Staggered Boards: The Case of Audit Committee Elections. *Audting: A Journal of practice & Theory* 35 (2): 73–95.

Gao. H., J. Luo, and T. Tang. 2015. Effect of managerial labor market on executive compensation: Evidence from job-hopping. *Journal of Accounting and Economics* 59 (2-3): 203-220.

Gao, X. and Y. Jia. 2016. Internal Control over Financial Reporting and the Safeguarding of Corporate Resources: Evidence from the Value of Cash Holdings. *Contemporary Accounting Research* 33 (2): 783–814.

Garcia-Meca, E., and J. P. Sanchez-Ballesta. 2009. Corporate governance and earnings management: A meta-analysis. *Corporate Governance: An International Review* 17 (5): 594–610.

Gaynor, L. M., L. S. McDaniel, and T. L. Neal. 2006. The effects of joint provision and disclosure of nonaudit services on audit committee members'decisions and investors' preferences. *The Accounting Review* 81 (4): 873–896.

Geiger, M. and P. Taylor. 2003. CEO and CFO certifications of financial information. *Accounting Horizons* 17 (4): 357-368.

Gendron, Y. and J. Bédard.. 2006. On the constitution of audit committee effectiveness. *Accounting, Organizations and Society* 31 (3): 211–239.

Gendron, Y., J. Bédard, and M. Gosselin. 2004. Getting inside the black box: A field study of practice in "effective" audit comittees. *Auditing: A Journal of Practice & Theoty* 23(1): 153-171.

General Accounting Office (GAO). 2002. Financial statement restatements: Trends, market impacts, regulatory responses, and remaining challenges. Report GAO-03-138 (October).

General Accounting Office (GAO). 2006. Financial restatements:

Update of public company trends, market impacts, and regulatory enforcement activities. Report GAO-06-678 (July).

Gerakos, J. J., C. D. Ittner, and D. F. Larcker. 2007. The structure of performance-vested stock option grants. In Essays in Accounting Theory in Honour of Joel S. Demski, edited by Demski, J. S., R. Antle, F. Gjesdal, and P. J. Liang, 227–250. New York, NY: Springer.

Ghosh, A. and C. Y. Tang. 2015. Assessing financial reporting quality of family firms: The auditors' perspective. *Journal of Accounting and Economics* 60 (1): 95-116.

Gold, A., P. Klynsmit, P. Wallage, and A. M. Wright. 2018. The Impact of the Auditor Selection Process and Audit Committee Appointment Power on Investment Recommendations. *AUDITING: A Journal of practice & Theory* 37 (1): 69–87.

Gŏx, R. and T. Hemmer. 2020. On the relation between managerial power and CEO pay. *Journal of Accounting and Economics* 69: 101300.

Gramling, A. A., M. J. Maletta, A. Schneider, and B. K. Church. 2004. The role of the internal audit function in corporate governance: A synthesis of extant internal auditing literature and directions for future research. *Journal of Accounting Literature* 23: 194–224.

Guan, Y., L. Su, D. Wu, and Z. Yang. 2016. Do school ties between auditors and client executives influence audit outcomes?. *Journal of Accounting and Economics* 61 (2): 506-525.

Gul, F. A. and J. Goodwin. 2010. Short-term debt maturity structures, credit ratings, and the pricing of audit services. *The Accounting Review* 85 (3): 877–909.

Guy, D. M. and S. A. Zeff. 2002. Retired Audit Firm Partners on Boards: Independence Considerations. Director's Monthly, February 2002. Arlington, VA: National Association of Corporate Directors.

Haka, S. and P. Chalos. 1990. Evidence of agency conflict among management, auditors, and the audit committee chair. *Journal of Accounting & Public Policy* 9 (4): 271-292.

Hanlon, D., M. Khedmati, and E. K. Lim. 2019. Boardroom Backscratching and Audit Fees. *AUDITING: A Journal of practice & Theory* 38 (2): 179–206.

Hansen, R. G. and J. R. Lott. 1996. Externalities and corporate objectives in a world with diversified shareholder/ consumers. *Journal of Finance and Quantitative Analysis* 31 (1):43-68.

Harris, E., C. M. Petrovits, and M. H. Yetman. 2015. The Effect of Nonprofit Governance on Donations: Evidence from the Revised Form 990. *The Accounting Review* 90 (2): 570–610.

Hay, D. C., W. R. Knechel, and N. Wong. 2006. Audit fees: A meta-analysis of the effect of supply and demand attributes. *Contemporary Accounting Research* 23 (1): 141–191.

He, K., X. Pan, and G. G. Tian. 2017. Political Connections, Audit Opinions, and Auditor Choice: Evidence from the Ouster of Government Officers. *AUDITING: A Journal of practice & Theory* 36 (3): 91–114.

He, L., R. Labelle, C. Piot, and D. B. Thornton. 2009. Board monitoring, audit committee effectiveness, and financial reporting quality: Review and synthesis of empirical evidence. *Journal of Forensic and Investigative Accounting* 1 (2): 1–41.

Hedge, K. K., E. Nico, and L. Fox. 2009. Advancing Good Governance: How Grantmakers Invest in the Governance of Nonprofit Organizations. Washington, DC, and FSG Social Impact Advisors. Boston, MA: BoardSource.

Hermanson, D. R., J. Krishnan, and Z. Ye. 2009. Adverse Section 404 opinions and shareholder dissatisfaction toward auditors. *Accounting Horizons* 23 (4): 391–409.

Hilary, G. 2006. Organized labor and information asymmetry in the financial markets. *Review of Accounting Studies* 11 (4): 525–48.

Hofstede, G. 1991. *Cultures and Organizations: Software of the Mind*. New York: McGraw Hill.

Hogan, C. and C. Lewis. 1999. The long-run performance of firms adopting compensation plans based on economic profits. Working Paper, Owen Graduate School of Management, Vanderbilt University.

Hoitash, R., U. Hoitash, and J. C. Bédard.. 2009. Corporate governance and internal control over financial reporting: A comparison of regulatory regimes. *The Accounting Review* 84 (3): 839–867.

Hoitash, R., U. Hoitash, and A. C. Kurt. 2016. Do accountants make better chief financial officers?. *Journal of Accounting and Economics* 61 (2-3): 414-432.

Holder-Webb, L. and D. S. Sharma. 2010. The effect of governance on credit decisions and perceptions of reporting reliability. *Behavioral Research in Accounting* 22 (1): 1–20.

Holthausen, R. W., D. F. Larcker, and R. G. Sloan. 1995a. Annual bonus schemes and the manipulation of earnings. *Journal of Accounting and Economics* 19 (1): 29-74.

Holthausen, R. W., D. F. Larcker, and R. G. Sloan. 1995b. Business unit innovation and the structure of executive compensation. *Journal of Accounting and Economics* 19 (2-3): 279–313.

Hope, O.-K. and H. Lu. 2020. Economic Consequences of Corporate Governance Disclosure: Evidence from the 2006 SEC Regulation on Related-Party Transactions. *The Accounting Review* 95 (4): 263–290.

Hossain, S., G. S. Monroe, M. Wilson, and C. Jubb. 2016. The Effect of Networked Clients' Economic Importance on Audit Quality. *Audting: A Journal of practice & Theory* 35 (4):

79–103.

Huang, S. and G. Hilary. 2018. Zombie Board: Board Tenure and Firm Performance. *Journal of Accounting Research* 56 (4): 1285-1329.

Hudson, C. D., J. S. Jahera Jr. and W. P. Lloyd. 1992. Further Evidence on the Relationship Between Ownership and Performance. *Financial Review* 27 (2): 227-239.

Hunt, A., S. Moyer, and T. Shevlin. 1997. Earnings volatility, earnings management and equity Value. Working Paper. University of Washington.

Hunton, J. E. and J. M. Rose. 2008. Can directors' self-interests influence accounting choices?. *Accounting, Organizations and Society* 33 (7/8): 783–800.

Hunton, J. E. and J. M. Rose. 2011. Effects of anonymous whistle-blowing and perceived reputation threats on investigations of whistle-blowing allegations by audit committee members. *Journal of Management Studies*. 48 (1): 75–98.

Indjejikian, R. 1999. Performance evaluation and compensation research: an agency perspective. *Accounting Horizons* 13 (2): 147–157.

Jensen, M. C. and W. H. Meckling. 1976. Theory of the firm: Capital managerial behavior, agency costs and ownership structure. *Journal of Financial Economics* 3 (4): 305-360.

Jensen, M. C. and K. Murphy. 1990. Performance pay and top management incentives. *Journal of Political Economy* 98 (2): 225–264.

John, T., and K. John. 1993. Top-management compensation and capital structure. *Journal of Finance* 48 (3): 949–74.

Johnstone, K. and J. Be'dard. 2001. Engagement planning, bid prcing, and client response in the market for initial attest engagements. *The Accounting Review* 76 (2): 199–220.

Jongjaroenkamol, P. and V. Laux. 2017. Insider versus outsider

CEOs, executive compensation, and accounting manipulation. *Journal of Accounting and Economics* 63 (2): 253-261.

Joo, J. H. and S. L. Chamberlain. 2017. The Effects of Governance on Classification Shifting and Compensation Shielding. *Contemporary Accounting Research* 34 (4): 1779−1811.

Joseph F. Brazel, J. F. and J. J. Schmidt. 2019. Do Auditors and Audit Committees Lower Fraud Risk by Constraining Inconsistencies between Financial and Nonfinancial Measures?. *Audting: A Journal of practice & Theory* 38 (1): 103−122.

Kachelmeier, S. J., S. J. Rasmussen, and J. J. Schmidt. 2016. When Do Ineffective Audit Committee Members Experience Turnover?. *Contemporary Accounting Research* 33 (1): 228−260.

Kalbers, L. P. and T. J. Fogarty. 1993. Audit committee effectiveness: An empirical investigation of the contribution of power. *Auditing: A Journal of Practice & Theory* 12 (1): 24-49.

Kalyta, P. 2009. Accounting discretion, horizon problem, and CEO retirement benefits. *The Accounting Review* 84 (5): 1553−1573.

Kaplan, S. E., K. Pany, J. A. Samuels, and J. Zhang. 2009. An examination of the effects of procedural safeguards on intentions to anonymously report fraud. *Auditing: A Journal of Practice & Theory* 28 (2): 273−288.

Kaplan, S. E., K. R. Pope, and J. A., Samuels. 2010. The effect of social confrontation on individuals' intentions to internally report fraud. *Behavioral Research in Accounting* 22 (2): 51−67.

Kaplan, S. E., and J. Schultz. 2007. Intentions to report questionable acts: An examination of the influence of anonymous reporting channel, internal audit quality, and setting. *Journal of Business Ethics* 71 (2): 109−124.

Karamanou, I., and N. Vafeas. 2005. The association between

corporate boards, audit committees, and management earnings forecasts: An empirical analysis. *Journal of Accounting Research* 43 (3): 453–86.

Ke, R., M. Li, and Y. Zhang. 2020. Directors' Informational Role in Corporate Voluntary Disclosure: An Analysis of Directors from Related Industries. *Contemporary Accounting Research* 37 (1): 392–418.

Keating, S., 1997. Determinants of divisional performance evaluation practices. *Journal of Accounting and Economics* 24 : 243–273.

Kerlinger, F. and H. Lee. 2000. *Foundations of Behavioral Research*. Harcourt Brace: New York.

Keune, M. B., and K. M. Johnstone. 2010. Audit Committee Members' and Executives' Financial Incentives and the Materiality of Financial Statement Misstatements. Working paper, University of South Carolina and University of Wisconsin.

Keune, M. B. and T. M. Keune. 2018. Do Managers Make Voluntary Accounting Changes in Response to a Material Weakness in Internal Control?. *Auditing: A Journal of practice & Theory* 37 (2): 107–137.

Khanna, V., E. Kim, and Y. Lu. 2015. CEO connectedness and corporate fraud. *The Journal of Finance* 70 (3): 1203–1252.

Khurana, I. and W. Wang. 2019. International Mergers and Acquisitions Laws, the Market for Corporate Control, and Accounting Conservatism. *Journal of Accounting Research* 57 (1): 241-290.

Kim, Y., H. Li, and S. Li. 2015. CEO Equity Incentives and Audit Fees. *Contemporary Accounting Research* 32 (2): 608–638.

Klein, A. 2002. Audit committee, board of director characteristics, and earnings management. *Journal of Accounting and Economics* 33 (3): 375–400.

Ko, D. Y., M. T. Kim, and S. S. Yoon. 2007. The Impacts of

Establishment and Independence of Audit Committee on Controlling Earnings Management. *Journal of Accounting, Tax, and Audit Review* 45: 69-90.

Kothari, S. P. 2019. Accounting Information in Corporate Governance: Implications for Standard Setting. *The Accounting Review* 94 (2): 357–361.

Kral, R. 2017. Management's annual report on ICFR.

Krishnamoorthy, G. 2002. A multistage approach to external auditors' evaluation of the internal audit function. *Auditing: A Journal of Practice and Theory* 21 (1): 95-121.

Krishnan, G. V. and G. Visvanathan. 2007. Reporting internal control deficiencies in the post-SarbanesOxley era: The role of auditors and corporate governance. *International Journal of Auditing* 11 (2): 73– 90.

Krishnan, G. V. and G. Visvanathan. 2008. Does the SOX definition of an accounting expert matter? The association between audit committee directors' accounting expertise and accounting conservatism. *Contemporary Accounting Research* 25 (3): 827-857.

Krishnan, G. V. and G. Visvanathan. 2009. Do auditors price audit committee's expertise? The case of accounting versus nonaccounting financial experts. *Journal of Accounting, Auditing and Finance* 24 (1): 115-144.

Krishnan, J. and J. E. Lee. 2009. Audit committee financial expertise, litigation risk and corporate governance. *Auditing: A Journal of Practice & Theory* 28 (1): 241-261.

Kruse, D. 2002. Research evidence on prevalence and effects of employee ownership. Testimony for the Subcommittee on Employer-Employee Relations, Committee on Education and the Workforce, U.S. House of Representatives.

Kwon, G. J., H. B. An, and K. D. Choi. 2011. Testing on the relationship between firms' innovation and management advisor service. *Korean Management Review* 40 (3): 573-604.

La Porta, R., F. Lopez-De-Silanes, A. Shleifer, and R. Vishny. 1997. Legal determinants of external capital. *Journal of Finance* 52 (3): 1131-1150.

La Porta, R., F. Lopez-De-Silanes, A. Shleifer, and R. Vishny. 1998. Law and finance. *Journal of Political Economy* 106 (6): 1113-1155.

La Porta, R., F. Lopez-De-Silanes, A. Shleifer, and R. Vishny. 1999. Investor protection and corporate valuation. Working Paper, Harvard University.

Lai, K. M. Y., B. Srinidhi, F. A. Gul, and J. S. L. Tsui. 2017. Board Gender Diversity, Auditor Fees, and Auditor Choice. *Contemporary Accounting Research* 34 (3): 1681–1714.

Larcker, D. F. 1983. The association between performance plan adoption and corporate capital investment. *Journal of Accounting and Economics* 5 (1): 3-30.

Larcker, D. F, S. A. Richardson, and I. Tuna. 2004. Does corporate governance really matter? Working paper, The Wharton School.

Larcker, D. F., S. A. Richardson, and I. Tuna. 2007. Corporate governance, accounting outcomes, and organizational performance. *The Accounting Review* 82 (4): 963-1008.

Larcker, D. F. and T. O. Rusticus. 2010. On the use of instrumental variables in accounting research. *Journal of Accounting and Economics* 49 (3): 186–205.

Lassila, D. R., T. C. Omer, M. K. Shelley, and L. M. Smith. 2010. Do complexity, governance, and auditor independence influence whether firms retain their auditors for tax services? *Journal of the American Taxation Association* 32 (1): 1–23.

Lau, S. T., K. Shrestha, and J. Yu. 2016. Corporate Governance and the Information Content of Earnings Announcements: A

Cross-Country Analysis. *Contemporary Accounting Research* 33 (3): 1238–1266.

Laux, V. 2008. Board independence and CEO turnover. *Journal of Accounting Research* 46 (1): 137-171.

Laux, C. and V. Laux. 2009. Board committees, CEO compensation, and earnings management. *The Accounting Review* 84 (3): 869–891.

Lee, H. Y., V. Mande, and R. Ortman. 2004. The effect of audit committee and board of director independence on auditor resignation. *Auditing: A Journal of Practice & Theory* 23 (2): 131–146.

Lee, G. and N. L. Fargher. 2018. The role of the audit committee in their oversight of whistle-blowing. *AUDITING: A Journal of practice & Theory* 37 (1): 167–189.

Lehmann, N. 2019. Do Corporate Governance Analysts Matter? Evidence from the Expansion of Governance Analyst Coverage. *Journal of Accounting Research* 57 (3): 721-761.

Lel, U. and D. Miller. 2014, Does takeover activity cause managerial discipline? Evidence from international M&A laws. Working Paper.

Lel, U. and D. Miller. 2015. Does Takeover Activity Cause Managerial Discipline? Evidence from International M&A Laws. *Review of Financial Studies* 28 (6): 1588–622.

Lel, U. and D. Miller. 2019. The labor market for directors and externalities in corporate governance: Evidence from the international labor market. *Journal of Accounting and Economics* 68: 101222.

Lennox, C. S. and C. W. Park. 2007. Audit firm appointments, audit firm alumni, and audit committee independence. *Contemporary Accounting Research* 24 (1): 235–258.

Lev, B. 2003. Corporate earnings: Fact and fiction. *Journal of Economic Perspectives* 17 (2): 27–50.

Li, N. and A. S. Wahid. 2018. Director tenure diversity and board monitoring effectiveness. *Contemporary Accounting Research* 35 (3): 1363–1394.

Liao, S. 2015. Outside Blockholders' Monitoring of management and debt financing. *Contemporary Accounting Research* 32 (4): 1373–1404.

Lin, J. W. and M. I. Hwang. 2010. Audit quality, corporate governance, and earnings management: A meta-analysis. *International Journal of Auditing* 14 (1): 57–77.

Lisic, L. L., T. L. Neal, I. X. Zhang, and Y. Zhang. 2016. CEO power, internal control quality, and audit committee effectiveness in substance versus in form. *Contemporary Accounting Research* 33 (3): 1199–1237.

Lisic, L. L., L. A. Myers, T. A. Seidel, and J. Zhou. 2019. Does audit committee accounting expertise help to promote audit quality? Evidence from auditor reporting of internal control weaknesses. *Contemporary Accounting Research* 36 (4): 2521–2553.

Lombardo, D. and M. Pagano. 1999. Legal determinants of the return on equity. Universit“ aa di Salerno, CSEF Working Paper no. 24, and CEPR Discussion Paper no. 2276, November.

Lublin, J. S. 2012. Are executives overboarded? Wall Street Journal (February 29): B8.

Lys, T., J. P. Naughton, and C. Wang. 2015. Signaling through corporate accountability reporting. *Journal of Accounting and Economics* 60 (1): 56-72.

Magilke, M. J., B. W. Mayhew, and J. E. Pike. 2009. Are independent audit committee members objective? Experimental evidence. *The Accounting Review* 84 (6): 1959–1981.

Maletta, M. J. 1993. An examination of auditors' decisions to use internal auditors as assistants: The effect of inherent risk.

Contemporary Accounting Research (9): 509–525.

Malmendier, U., and G. Tate. 2009. Superstar CEOs. *The Quarterly Journal of Economics* 124 (4): 1593-1638.

Martin, K. J. and J. J. McConnell. 1991. Corporate Performance, Corporate Takeovers, and Management Turnover. *Journal of Finance* 46 (2): 671-87.

McDaniel, L., R. D. Martin, and L. A. Maines. 2002. Evaluating financial reporting quality: The effects of financial expertise vs. financial literacy. *The Accounting Review* 77 (Supplement): 139–167.

Mcguire, S. T., S. S. Neuman, and S. C. Rice. 2020. Interim Effective Tax Rate Estimates and Internal Control Quality. *Contemporary Accounting Research* 37 (1): 603–633.

Menon, K. and J. D. Williams. 1994. The use of audit committees for monitoring. *Journal of Accounting and Public Policy* 13 (2): 121-139.

Miles, M. P., M. L. Verreynne, and B. Luke. 2014. Social enterprise and performance advantages of a Vincentian marketing orientation. *Journal of Business Ethics* 123 (4): 549-556.

Morck, R., A. Schleifer, and R. Vishny. 1988. Management Ownership and market valuation: An empirical analysis. *Journal of Financial Economics* 20: 293-316.

Morck, R., B. Yeung, and W. Yu. 2000. Why do emerging markets have synchronous stock price movements? *Journal of Financial Economics* 58 (1-2): 215–260.

Morse, A., V. Nanda, and A. Seru. 2011. Are incentive contracts rigged by powerful CEOs?. *Journal of Finance* 66 (5): 1779–1821.

Murphy, K. J. 1999. Performance standards in incentive contracts. Working Paper, University of Southern California.

Murphy, K. J. and J. L. Zimmerman. 1993. Financial performance surrounding CEO turnover. *Journal of Accounting and*

Economics 16 (1-3): 273-315.

Nagar, V., J. Schoenfeld, and L. Wellman. 2019. The effect of economic policy uncertainty on investor information asymmetry and management disclosures. *Journal of Accounting and Economics* 67 (1): 36-57.

Naiker, V., and D. Sharma. 2009. Former audit partners on the audit committee and internal control deficiencies. *The Accounting Review* 84 (2): 559−587.

Nelson, M., J. Elliot and R. Tarpley. 2002. Evidence from auditors about managers' and auditors' earnings management decisions. *The Accounting Review* (Supplement): 175-202.

Nenova, T. 2006. Takeover law and financial development. Working papre.

Noh, S., E. C. So, and J. P. Weber. 2019. Voluntary and mandatory disclosure: Do managers view them as substitutes?. *Journal of Accounting and Economics* 68 (1): 101243.

Norman, C. S., A. M. Rose, and J. M. Suh. 2011. The effects of disclosure type and audit committee expertise on Chief Audit Executives' tolerance for financial misstatements. *Accounting, Organization and Society* 35 (5): 546-557.

Organization for Economic Co-operation and Development (OECD). 1999. Principles of Corporate Governance.

Organization for Economic Co-operation and Development (OECD). 2004. OECD principles of corporate governance(Corporate Governance Principles).

Organization for Economic Co-operation and Development (OECD). 2009. Corporate governance and the financial crisis: Key findings and main messages (Report).

Organization for Economic Co-operation and Development (OECD). 2011. Corporate governance in Asia. Asian Roundtable on Corporate governance. OECD iLibrary.

Ortas, E., I. Álvarez, and A. Garayar. 2015. The Environmental,

Social, Governance, and Financial Performance Effects on Companies that Adopt the United Nations Global Compact. *Sustainability* 7 (2): 1932-1956.

Ortiz-Molina, H. 2006. Top management incentives and the pricing of corporate public debt. *Journal of Financial and Quantitative Analysis* 41 (2): 317−40.

Oswald, S. L. and J. S. Jahera(1991), The Influence of Ownership on Performance: An Empirical Study, *Strategic Management Journal* 12 (4): 321-326.

Palepu, K. 1986. Predicting takeover targets: a methodological and empirical analysis. *Journal of Accounting and Economics* 8 (1): 3−36.

Palmrose, Z-V. and S. Scholz. 2010. The Circumstances and legal consequences of non-GAAP Reporting: Evidence from restatements. *Contemporary Accounting Research* 21 (1): 139-180.

Park, J., J. Sani, N. Shroff, and H. White. 2019. Disclosure incentives when competing firms have common ownership. *Journal of Accounting and Economics* 67 (2-3): 387−415.

Patterson, E. R., J. R. Smith, and S. L. Tiras. 2019. The interrelation between audit quality and managerial reporting choices and its effects on financial reporting quality. *Contemporary Accounting Research* 36 (3): 1861−1882.

Peters, G. F. and A. M. Romi. 2015. The Association between Sustainability Governance Characteristics and the Assurance of Corporate Sustainability Reports. *Auditing: A Journal of Practice & Theory* 34 (1): 163−198.

Pizzini, M., S. Lin, and D. E. Ziegenfuss. 2015. The Impact of Internal Audit Function Quality and Contribution on Audit Delay. *Auditing: A Journal of Practice & Theory* 34 (1): 25−58.

Pomeroy, B. 2010. Audit committee member investigation of significant accounting decisions. *Auditing: A Journal of*

Practice & Theory 29 (1): 173−205.

Pomeroy, B. and D. B. Thornton. 2008. Meta-analysis and the accounting literature: The case of audit committee independence and financial reporting quality. *European Accounting Review* 17 (2): 305− 330.

Prawitt, D. F., J. L. Smith, and D. A. Wood. 2009. Internal audit quality and earnings management. *The Accounting Review* 84 (4): 1255−1280.

Prendergast, C. 1999. The provision of incentives in firms. *Journal of Economic Literature* 37: 7−63.

Public Company Accounting Oversight Board (PCAOB). Auditing standard No. 5: An audit of internal control over financial reporting that is integrated with an audit of financial statements.

Raghunandan, K. and D. V. Rama. 2003. Audit Committee Composition and Shareholder Actions : Evidence from Voting on Auditor Ratification. *Auditing : A Journal of Practice & Theory* 22 (2): 253-263.

Raghunandan, K., W. Read, and D. Rama. 2001. Audit committee composition, "gray directors" and interaction with internal auditing. *Accounting Horizons* 15 (2): 105-118.

Rajan, R. and L. Zingales. 1998. Financial dependence and growth. *American Economic Review* 88 (3): 559−586.

Rego, S. O. and R. Wilson. 2012. Equity Risk Incentives and Corporate Tax Aggressiveness. *Journal of Accounting Research* 50: 775−810.

Rezaee, Z. 2002. *Financial Statement Fraud: Prevention and Detection*, Wiley & Sons, Inc.

Rhodes, A. 2016. The relation between earnings-based measures in firm debt contracts and CEO pay sensitivity to earnings. *Journal of Accounting and Economics* 61 (1): 1-22.

Roberts, J., T. McNulty, and P. Stiles. 2005. Beyond agency

conceptions of the work of the nonexecutive director: Creating accountability in the boardroom. *British Journal of Management* 16:S5–S26.

Roussy, M. 2015. Welcome to the Day-to-Day of Internal Auditors: How Do They Cope with Conflicts?. *Auditing: A Journal of Practice & Theory* 34 (2): 237–264.

Rubbin, A. 2006. Diversification and corporate decision. *Corporate Ownership and Control* 3 (3):209-212.

Safieddine, A. and S. Titman. 1999. Leverage and corporate performance: Evidence from unsuccessful takeovers. *The Journal of Finance* 54 (2): 547-580.

Sarbanes-Oxley Act of 2002. Public Law No. 107-204. Washington, D.C.: Government Printing Office.

Schnati, S. F. and A. Wagenhafer. 2020. Dterrence of financial misreporting when public and private enforcement strategically interact. *Journal of Accounting and Economics* 70: 101311.

Schneider, A., A. Gramling, D. R. Hermanson, and Z. Ye. 2009. A review of academic literature on internal control reporting under SOX. *Journal of Accounting Literature* 28: 1–46.

Scott, W. 1997. Financial Accounting Theory. New York : Prentice-Hall Inc. 369-409.

Securities and Exchange commission(SEC). 2002. Pitt seeks review of corporate governance, conduct codes. Press release. February 13. Washington, D. C.: SEC.

Securities and Exchange Commission. 2003. Management's report on internal control over financial reporting and certification of disclosure in Exchange Act periodic reports.

Securities and Exchange Commission (SEC). 2010. Facilitating Shareholder Director Nominations. Release Nos. 33-9136, 34-62764. Washington, D.C.: SEC.

Seidel, T. A. 2017. Auditors' response to assessments of high control risk: Further insights. *Contemporary Accounting Research* 34 (3): 1340–1377.

Sengupta, P. and S. Zhang. 2015. Equity-based compensation of outside directors and corporate disclosure quality. *Contemporary Accounting Research* 32 (3): 1073–1098.

Sharma, D. S. 2006. Effects of professional and non-professional investors' perceptions of board effectiveness on their judgments: An experimental study. *Journal of Accounting and Public Policy* 25 (1): 91–115.

Sharma, D. S., E. Boo, and V. D. Sharma. 2008. The impact of corporate governance on auditors' client acceptance, risk and planning judgments. *Accounting & Business Research*, 38 (2): 105–120.

Sharma, D. S. and V. D. Sharma. 2011. Audit committee independence: Regulatory developments, the empirical literature and directions for future research. In Handbook on Emerging Issues in Corporate Governance, edited by C. Ingley and A. Tourani-Rad. Hackensack, NJ: World Scientific Publishing Co., Inc.

Sharma, D. S., V. D. Sharma, and B. A. Litt. 2018. Environmental Responsibility External Assurance, and Firm Valuation. *Auditing: A Journal of practice & Theory* 37 (4): 207–233.

Sharma, D. S., V. D. Sharma, P. N. Tanyi, and X. Cheng. 2020. Should audit committee directors serve on multiple audit committees? Evidence from cost of equity capital. *Auditing: A Journal of practice & Theory* 39 (2): 185–205.

Shliefer, A. and R. Vishny. 1997. A Survey of Corporate Governance. *Journal of Finance* 52 : 737-783.

Silvers, R. 2016. The Valuation Impact of SEC Enforcement Actions on Nontarget Foreign Firms. *Journal of Accounting Research* 54 (1): 187–234.

Simone, L. D., M. S. Ege, and B. Stomberg. 2015. Internal Control

Quality: The Role of Auditor-Provided Tax Services. *The Accounting Review* 90 (4): 1469–1496.

Skinner, D. 1994. Why firms voluntarily disclose bad news. *Journal of Accounting Research* 32 (1): 38–60.

Smith Committee. 2003. Audit Committees–Combined Code Guidance, Financial Reporting Council.

Solomon, J. 2007. Corporate Governance and Accountability. John Wiley &Sons, Ltd. Hoboken.

Souther, M. E. 2018. The effects of internal board networks: Evidence from closed-end funds. *Journal of Accounting and Economics* 66 (1): 266-290.

Srinivasan, S. 2005. Consequences of financial reporting failure for outside directors: Evidence from accounting restatements and audit committee members. *Journal of Accounting Research* 43 (2): 291-334.

Stewart, J. and L. Munro. 2007. The impact of audit committee existence and audit committee meeting frequency on the external audit: Perceptions of Australian auditors. *International Journal of Auditing* 11 (1): 51–69.

Strong, J. and J. Meyer. 1987. Asset writedowns: managerial incentives and security returns. *Journal of Finance* 42 (3): 643-661.

Sultana, N., S. F. Cahan, and A. Rahman. 2020. Do Gender Diversity Recommendations in Corporate Governance Codes Matter? Evidence from Audit Committees. *AUDITING: A Journal of practice & Theory* 39 (1): 173–197.

Sweeney, A. 1994. Debt-covenant violations and managers' accounting responses. *Journal of Accounting and Economics* 17 (3): 281–308.

Tricker, B. 2015. *Corporate Governance, Principles, Policies, And Practices*. Oxford University Press 3rd ed.

Trompeter, G. 1994. The effect of partner compensation schemes and generally accepted accounting principles on audit partner judgment. *Auditing: A Journal of Practice and Theory* 13 (2): 56-68.

Trotman, A. J. and K. R. Duncan. 2018. Internal Audit Quality: Insights from Audit Committee Members, Senior Management, and Internal Auditors. *Auditing: A Journal of practice & Theory* 37 (4): 235–259.

Turley, S., and M. Zaman. 2004. The corporate governance effects of audit committees. *Journal of Management and Governance* 8 (3): 305–332.

UNESCAP(United Nations Economic and Social Commission for Asia and the Pacific). 2007. What is Good Governance? Poverty and Development Division.

U.S. Congress. 2010. Dodd-Frank Wall Street Reform and Consumer Protection Act. Public Law 111-203.

U.S. House of Representatives. 2002. The Sarbanes-Oxley Act of 2002. Public Law 107-204. [H.R. 3763] Washington, DC: GPO

Velte, P. 2017. The link between audit committees, corporate governance quality and firm performance : A literature review. *Corporate Ownership & Control* 14 (4): 15-31.

Yangyang Chen, Y., W. R. Knechel, and V. B. Marisetty. 2017. Board Independence and Internal Control Weakness: Evidence from SOX 404 Disclosures. *AUDITING: A Journal of practice & Theory* 36 (2): 45–62.

Wahid, A. S. and K. Welch. 2019. Professional Directors and Governance Quality. *Contemporary Accounting Research* 36 (4): 2238–2282.

Wallace, J. 1997. Adopting residual income-based compensation plans: do you get what you pay for?. *Journal of Accounting and Economics* 24 (3): 275–300.

Wan-Hussin, W. N. and H. M. Bamahros. 2013. Do investment in and the sourcing arrangement of the internal audit function affect audit delay?. *Journal of Contemporary Accounting and Economics* 9 (1): 19-32.

Watts R. L. and J. L. Zimmerman. 1978. Towards a positive theory of the determination of accounting standards. *The Accounting Review* 53 (1): 112-134.

Watts R. L. and J. L. Zimmerman. 1983. Agency problems, auditing, and the theory of firm: some evidence. *Journal of Law and Economics* 26 (3): 613-633.

Watts R. L. and J. L. Zimmerman. 1986. *Positive Accounting Theory.* Englewood Cliffs: Prentice Hall.

Weiss, D. 2014. Internal controls in family-owned firms. *Euopean Accounting Review* 23(3): 463-82.

Williams, S. P. 2005. Meet the experts. *Accounting Horizons* 19 (4): 255-265.

Wright, A., G. Krishnamoorthy and J. Cohen. 2004. The impact of corporate board focus on auditors' program planning judgments. Working paper, Boston College.

Wruck, K. H. 1989. Equity Ownership Concentration and Firm Value: Evidence from Private Equity Financings, *Journal of Financial Economics* 23 (1): 3-28.

Wu, M. 2002. Earnings restatements: A capital market perspective. Working paper, New York University.

Wu, J. S. and I. X. Zhang. 2019. Mandatory IFRS Adoption and the Role of Accounting Earnings in CEO Turnover. *Contemporary Accounting Research* 36 (1): 168-197.

Zakaria, Z., N. Purhanudin, and Y. R. Palanimally. 2014. Board Governance and Firm Performance: A Panel Data Analysis. *Journal of Business Law and Ethics* 2 (1): 1-12.

Zhang, Y., J. Zhou, and N. Zhou. 2007. Audit committee quality, auditor independence, and internal control weaknesses. *Journal of Accounting and Public Policy* 26 (3): 300-327.

Zhao, Y., and K. H. Chen. 2008. Staggered boards and earnings management. *The Accounting Review* 83 (5): 1347–1381.

안홍복·이연희. 2021. 기업지배구조와 회계: 연구동향과 미래 제언. 회계저널(제30권 제5호): 337-424.

Ⅲ부 기업지배구조를 넘어 ESG 시대로

Asian Development Bank Institute, 2020. *Environmental, Social, and Governance Investment: Opportunities and Risks for Asia*.

Atkins, B. 2020. *ESG History & Status*.

Bassen, A. and A. M. Kovacs, 2008. Environmental, Social and governance key performance indicators from a capital market perspective, *Zeitschrift Für Wirtschaft-Und Unternehmensethik*, 9(2): 182–193.

Cek, K. and S. Eyupoglu. 2020. Does Environmental, Social and Governance Performance Influence Economic Performance?. *Journal of Business Economics and Management*, 21(4) : 1611-169.

FT. 2021. ESG demand prompts more than 250 European funds to change tack.

Galbreath, J. 2013. ESG in focus: 'The Australian evidence'. *Journal of Business Ethics*, 118(3): 529–541.

Inderst, G. and F. Stewart. 2018. *Incorporaig Environmental Social and Goernace(ESG) Factors into Fixed Income Investment*. World Bank Group.

Lomax, A. and J. Rotonti, J. 2019. What Is ESG Investing? The Motley Fool. https://www.fool.com/investing/what-is -esg-investing.aspx.

Moody's Pensions & Investments. 2021. After strong 2020, ESG investments forecast to grow more.

Nemoto, N. and P. J. Morgan. *Environmental Social Governance Invesmmen : Opportunities and Risk for Asia*. ADBInstitute.

NETFLEX. 2020. *Environmental Social Governance 2020*. Sustainability Accounting Standards Board(SASB) Report.

OECD. 2020. *ESG Investing: Practices, Progress and Challenges*. www.oecd.org/finance/ESG-Investing -Practices -Progress-and-Challenges.pdf.

Scotiabank. 2020. *ENVIRONMENT, SOCIAL AND GOVERNANCE (ESG) REPORT*.

S&P Global Ratings. 2020. *Environmental Social and Goernace Evaluation Analytical Approach*.

Taliento, M., C. Favino, and A. Netti, 2019. Impact of environmental, social, and governance information on economic performance: Evidence of a corporate "Sustainability Advantage" from Europe. *Sustainability*, 11(6): 1738.

Tarmuji, I., R. Maelah, and N. H. Tarmuji. 2016. The Impact of Environmental, Social and Governance Practices (ESG) on Economic Performance: Evidence from ESG Score. *International Journal of Trade, Economics and Finance*, 7(3): 67-74.

Telegraph Media Group. 2016. WEF and Davos: A brief history. The Telegraph. https://www.telegraph.co.uk/finance/0financetopics/davos/ 4314588/WEF-and-Davos-A-brief-history.html.

관계부처합동. 2021. K-ESG 가이드라인 v1.0

대한상공회의소. 2021. 대한상의 ESG 뉴스레터.(제3호)

매일경제. 2020. ESG 투자 5년새 60억弗서 1000억弗로…글로벌 자금 대이동.

삼정KPMG 경제연구원. 2020. ESG 경영시대, 전략 패러다임 대전환. Samjong INSIGHT 73.

삼정KPMG 경제연구원. 2021. ESG의 부상 기업은 무엇을 준비해야 하는가?, Samjong INSIGHT 74.
사회적가치연구원. 2021. ESG Handbook Basic.
임선영. 2021. 공개정보기반 ESG 평가기관의 평가체계 ㅂ;교분석 : 지수 및 데이터 사업자를 중심으로. KCGS Report 11(6): 20-34.
EY한영 Public Policy. 2021. 유럽연합 기업지속가능성보고지침.
한국거래소. 2021. ESG 정보 공개 가이던스.
한종수. 2021. 기업가치의 새로운 판단기준, ESG. 포스코 6월 PIUM 강연.
한국공인회계사회 . 2021. WEF-IBC 이해관계자 자본주의 메트릭스.

저자 소개

안홍복

경북대학교(경영학박사)

현) 계명대학교 경영대학 회계세무학부 교수

현) 한국가스공사 사외이사·감사위원장

전) 부산가톨릭대학교 조교수, 한국회계학회 감사 등

저서) 회계오류와 부정-이론과 실무적 대응방안

논문) 『R&D 지출정보가 B/M 효과를 설명할 수 있는가?』(경영학연구, 2002), 『지배주주의 지배-소유권 차이와 이익조정의 관련성 분석』(회계학연구, 2004), 『기업혁신성에 기초한 R&D 투자와 기업가치 관련성 분석』(회계학연구, 2006), 『기업지배구조와 회계: 연구동향과 미래 제언』(회계저널, 2021) 등

수상) 『한국회계학회 2007년 회계저널우수논문상』, 『한국공인회계사회, 2005년 최우수논문상』, 『한국회계학회 2003년 회계실무연구상』

관심연구분야) 기업지배구조와 회계, ESG 투자, ESG 공시 등

류지호

경북대학교(경영학박사)

현) 한국로봇산업진흥원 대외협력팀장(수석연구원)

대구광역시 시민감사관, KEIT 산업기술혁신평가단 정위원 등

전) 한국로봇산업진흥원 경영지원실장·로봇성장사업단장·전문위원 등,

안전성평가연구소 기획예산팀장 등, 대성그룹 그룹본부 재무실 대리 등

논문) 『경영자 유형 및 재벌기업의 소유구조가 R&D지출 행태에 미치는 영향』(회계학연구, 2021), 『기업지배구조와 R&D투자의 변동성: 변동계수와 재량적 변동성』(한국혁신학회지, 2021), 『최고경영자 교체와 연구개발투자』(경영학연구, 2020), 『연구개발지출의 지속성과 변동성이 감사보수에 미치는 영향』(국제회계연구, 2019), 『브랜드 구축으로 인한 광고 및 연구개발 지출의 이익효과 차이』(회계학연구, 2006) 등

수상) 『한국회계학회 2020년 학위논문상(우수상)』, 『2020 회계·세무 8개학회 통합학술대회 최우수 논문 발표상』, 『한국국제회계학회 2019년 우수논문상』등

관심연구분야) 기업지배구조, R&D투자 행태, 로봇산업 진흥정책 및 기술사업화, ESG 정보공시 등

이미숙

경북대학교(경영학박사)

현) 대구대학교 조교수

전) 경북대학교 대학원 경영학부 연구교수,

경북대학교 사회과학연구원 전임연구원,

계명대학교 교육대학원 특임교수,

Florida Atlantic University Visiting Scholar

논문) 『중소기업의 조직문화가 경쟁우위 향상에 미치는 영향』(디지털융복합연구, 2021), 『Effects of Personal Innovativeness on Mobile Device Adoption by Older Adults in South Korea』 (International Journal of Mobile Communications, 2019),『An Empirical Study of Home IoT Services in South Korea』 (International journal of human computer interaction, 2019), 『A study of antecedents influencing eWOM for online lecture website』 (ONLINE INFORMATION REVIEW, 2018) 등

김훈태

현) 포스코홀딩스 ESG팀 상무보

전) 포스코 기업시민실 ESG그룹장, 포스코경영연구원 경제분석센터 수석연구원, 고용노동부 서기관(울산종합고용지원센터 센터장), DBM Korea 상무